T0270939

الإعلام الجديد
والصحافة الإلكترونية

الأستاذ الدكتور
عبد الرزاق محمد الدليمي
عميد كلية الإعلام
جامعة الشرق الأوسط

دار وائل للنشر

الطبعة الأولى

2010

رقم الايداع لدى دائرة المكتبة الوطنية : (2010/6/2126)
الدليمي ، عبد الرزاق محمد
الإعلام الجديد والصحافة الإلكترونية / عبد الرزاق محمد الدليمي.
- عمان: دار وائل للنشر والتوزيع ، 2010 .
(323) ص
ر.إ. : (2010/6/2126)
الواصفات: الاتصال / الصحافة الالكترونية / رسائل الاتصال الجماهيري
* تم إعداد بيانات الفهرسة والتصنيف الأولية من قبل دائرة المكتبة الوطنية
****

رقم التصنيف العشري / ديوي : 070.72
ISBN 978-9957-11-904-1 (ردمك)

* الإعلام الجديد والصحافة الإلكترونية
* الأستاذ الدكتور عبد الرزاق الدليمي
* الطبعـة الأولى 2010

علم ينتفع به

دار وائـل للنشر والتوزيع
* الأردن - عمان - شارع الجمعية العلمية الملكية - مبنى الجامعة الاردنية الاستثماري رقم (2) الطابق الثاني
هـاتف : 00962-6-5338410 - فاكس : 00962-6-5331661 - ص. ب (1615 - الجبيهة)
* الأردن - عمـان - وسـط البـلد - مجمـع الفحيص التجـاري- هـاتف: 00962-6-4627627
www.darwael.com
E-Mail: Wael@Darwael.Com

الفهرس

المقدمــة

مثل التطور في وسائل الاتصال والإعلام في النصف الثاني من القرن الماضي قفزات كبيرة الأمر الـذي هيأ المناخ لظهور وسائل إتصال قادرة على ان تعبر عن روح العصر الذي شهد عولمة كل شيء ومن ابرز هذه الوسائل الاتصالية المتطورة ذات الصلة بالصناعة الإلكترونية، كانت الثورة الإلكترونيـة (ثورة الاتصال الثالثة) قد بدأت باستخدام الراديو بدايات القرن العشرين وسيلة لنقل الرموز عبر الاثير ثم جاء استخدام التلفزيون في النصف الاول من عشيرنات القرن الماضي ليكون من اهم الانجـازات لهـذه الثورة ثـم جاءت الاقمار الصناعية لتعبر بالاذاعة والتلفزيون وبشكل فعال وخطير ليصلا إلى كل ارجاء العالم وجاءت القنوات الفضائية كنتاج لامتزاج بـين تكنولوجيا الحاسب الآلي والاقمار الصناعة الخاصة بالاتصال وبعدها جاء الإنترنت واستقر كوسيلة اتصال حديثة (ذات صفة استقلالية عن سواها).

ان التطور الهائل في تكنولوجيا الاتصال غيرت انماط كثيرة من حياة الناس واضافت اعبـاءاً جديـدة لا سيما على الحريات ذلك لان هذه الابتكارات والاختراعات الحديثـة كانـت ولا تـزال تتطلـب تـوفر قـدرات مالية استثمارية لا يستطيع توفيرها الا اصحاب رؤوس الاموال الكبيرة سواء كانوا اشخاص أو شـركات كبـيرة أو حكومات وهنا يلاحظ ان تغيراً قد وجد طريقة إلى حياة المجتمعات ذلك الذي يتعلق بتغير الاسـتراتيجة الغربية لتقييد حرية التعبير بسياسة اكثر فاعلية عبر استغلال التكنولوجيا المتطورة.

فالإعلام التفاعلي الذي هو عبارة عن خصائص أو وسائط أو خدمة ملحقة بأي وسيلة إعلامية مطبوعة أو مرئية أو الكترونية تتيح للجمهور أن يشارك برأيه.

وهو أيضا صفحة القراء في كل مطبوعة وتعقيباتهم على موادها في مواقعها الإلكترونية. كما أنه مشاركات الجمهور في البرامج المرئية والإذاعية، ومداخلاته في قاعات المحاضرات والندوات. وهوكذلك منتديات إلكترونية ملحقة بمواقع النشر الإلكتروني أو مستقلة بذاته.

ان الاتصال الإلكتروني اضاف وسائل اعلامية جديدة إلى كثير من الحكومات مثلما وضع في يد خصومها أدوات اعلامية جديدة فمتاح اليوم أمام الاطراف المختلفة البريد الإلكتروني والفاكس والإنترنت وغيره... لقد أدى التطور التكنولوجي إلى فتح آفاق جديدة للاتصال الجماهيري خصوصاً بعدما باتت التكنولوجيا الحديثة في متناول اعداد كبيرة من الناس بسبب كونها اصبحت ارخص ثمناً واكثر وفراً الأمر الذي اتاح لهؤلاء امكانية اكتساب معارف اضافية في مجالات العمل الاعلامي وهو اقوى دفاع يملكه اي مجتمع في مواجهة السيطرة الاعلامية وتوجيه العقول ان التطور التكنولوجي في مجالات الاتصال والمعلومات قد زاد بشكل كبير من فرص تنويع مصادر المعرفة والمعلومات مثلما اتاح امكانية الانتفاع الحر عن هذه الفرص .

لقد حاولنا من خلال هذا الكتاب استطلاع طبيعة النتائج التي يمكن ان تترتب على التطور الهائل في تكنولوجيا الاتصال والمعلومات غير المسبوق وأثارها على طبيعة مسارات الصحافة لا سيما بعد بروز هذا الكم الهائل من الصحافة الإلكترونية حيث اصبحت شاشات الحاسوب الآلي وعبر الإنترنت وسيلة مفتوحة لنشر مضامين هذه الصحف إلى درجة انها شكلت اليوم ظاهرة فرضت نفسها على واقع الصحف التقليدية واصبحت نداً لا يستهان به لها.

وهناك قناعات متزايدة لدى كثير من المعنيين بشؤون الصحافة تدور حول امكانية صمود الصحافة التقليدية امام الصحافة الإلكترونية بل ذهب البعض إلى الاعتقاد بأمكانية تراجع الصحافة التقليدية واندثارها ثارحاً خصوصاً بعد هذه الطفرات المتسارعة في تطور وسائل الاتصال الحديثة وتقنيات الاجيال الجديدة من الحواسيب الالية والتي

شكلت ظاهرة فريدة لا يمكن حصر آثارها بسهولة ويسر. ويضاف إلى ماتقدم ايجاد المقتربات حـول شـكل ومضمون التطور المتسارع في تكنولوجيا الاتصال والمعلومات وأثرها على نمـو وتطور الصـحافة الإلكترونيـة وخصائصها وانتشارها وقدراتها على التأثير على حجم مقروئية الصحف الورقية التقليديـة.وعسى ـ ان نكـون قد وفقنا إلى ذلك

الأستاذ الدكتور
عبدالرزاق محمد الدليمي
عميد كلية الاعلام
جامعة الشرق الاوسط

الفصل الاول

مدخل إلى الإعلام التفاعلي

الإعلام التفاعلي

يقصد بالإعلام التفاعلي: مجموعة من الخصائص أو الوسائط أو الخدمات الملحقة بأي وسيلة إعلامية مطبوعة أو مرئية أو الكترونية تتيح للجمهور أن يتفاعل معها عبر المشاركه بابداء رأيه. وهو يعني أيضا صفحة القراء في كل مطبوع وتعقيباتهم على موادها في مواقعه الإلكترونية. اضافة إلى مشاركات الجمهور في البرامج المرئية والإذاعية، ومداخلاته في قاعات المحاضرات والندوات، وهو أخيراً منتديات إلكترونية ملحقة بمواقع النشر الإلكتروني أو مستقلة بذاتها. وتأسيسا على ذلك فأن فعاليات اعلامية كثيرة تدخل تحت هذه العناوين.

ان أدوات الضبط الببليوغرافي تلعب دوراً كبيراً في مساعدة الباحثين على متابعة ما هو منشور حول اهتماماتهم في الدوريات العربية، ومعرفة ما نشر من معلومات مصدرية ضمن حقول تخصصاتهم التي ما زالت إلى اليوم تفتقر إلى من يُديرها ويهتم بها في مجتمعاتنا العربية رغم اهميتها. فمثلاً تعتبر التقنيات المستعملة لتوفير خدمات المعلومات الإلكترونية التي تغطي الصحافة العربية، إحدى تقنيات الإعلام الحديث في العالم العربي الذي يحتاج إلى مزيد من التوضيح والتعريف به وباهميته والتأثير الذي أحدثه دخول تكنولوجيا النشر المكتبي والنشر الإلكتروني على هذه الصناعة الحديثة عربياً وهذا ما اشارت اليه الباحثة رزان الحسيني في دراسة نشرتها في صحيفة الحياة 2008/1/25.

حيث اطلق بعض المتخصصين على هذه التقنيات اسم وسائل الاتصال الحديثة او اسم وسائل الإعلام التفاعلية أو وسائل الإعلام الجديدة. هذه التسميات على رغم اختلافها اللفظي إلا أنها تفيد عن مدلول واحد هو تقنيات الإعلام الحديث، التي كانت ولا تزال تستخدم في عناوين كتب ومقالات تعالج قضايا تتعلق بالتلفزيون والراديو والصحيفة المطبوعة.

مرّت وسيلة الاتصال البشري في مراحل عدة، قبل ان تصل إلى ما هي عليه اليوم، فالمرحلة الأولى سادت فيها طرق اتصال تعتمد الكتابة اليدوية، المرحلة الثانية نمت فيها طريقة اتصال تعتمد تقنيات الطباعة، أما المرحلة الثالثة فشهدت ولادة الاتصالات السلكية واللاسلكية مع استخدام التلغراف عام 1844. ولكن هذا العصر الجديد خلق واقعاً مغايراً لعالم الصحافة المطبوعة، فقد حمل معه أبعاداً أخرى لمنظومة العمل الصحافي والإعلامي. تحققت المرحلة الرابعة، وهي مرحلة الاتصال التفاعلي، مع دخول أول كومبيوتر عالم التشغيل عام 1946 واستخدامه الفعلي كوسيلة اتصال، حتى باتت المؤسسات الصحافية تلجأ إلى الإنترنت كوسيلة لجذب القراء ونشر الإعلانات التجارية، بل حتى الاشتراكات في الصحف الإلكترونية عبر الإنترنت فبرز عالم الصحافة المطبوعة، وأبرزها التقنيات الإلكترونية الجديدة والأجهزة التي من المتوقع أن تشجع الأجيال الجديدة على هجر الصحف المطبوعة، والاكتفاء بجمع معلوماتهم من طريق الحواسيب والهواتف النقالة والحاسبات الكفية التي تستخدم أقلاماً معدنية للتعامل مع شاشاتها.

الصحف الورقية والإلكترونية

ويمكن لهذه التقنية الجديدة أن تغيّر طرق توزيع الصحف والأخبار، ويمكنها استخدام الإنترنت أيضاً وان كان بنسب كبيرة تختلف عن الورقية، الا انها لن تستطيع استبدال المؤسسات الصحافية الكبرى التي تقوم بجمع الاخبار واستقصائها وتحريرها؛ فمن دونها لن توجد محتويات للتوزيع على الإطلاق. ولكن حتى لو استمرت عائدات الصحف الإلكترونية في النمو بالمعدلات الحالية نفسها، فإنها لن تستطيع اللحاق بركب الصحف المطبوعة حتى سنة 2017، وذلك على افتراض أن الصحف المطبوعة ستظل تنمو بنفس النسبة الحالية بمقدار 3% فقط سنوياً. ولكن من الناحية الواقعية لا يزال أمام الصحف الإلكترونية سنوات عدة حتى تصل إلى مجال التنافس مع اقتصاديات الإعلام القديم، الممثل في الصحف المطبوعة والتلفاز، حتى في ظل انخفاض تكاليف توزيعها مقارنة بالصحف، وبالرغم من أن عدد قراء الصحف في تناقص، إلا أن معدل استهلاك

المعلومات يتزايد. وقد ذكر تقرير مؤسسة" نيمان" الذي يصدر بصفة دورية عن مؤسسة نيمان للدراسات الصحافية "التابع لجامعة هارفارد أن كل المؤسسات الصحافية تقريبًا في العالم اليوم قد أصبح لها مواقع على الإنترنت، وقد أصبح الإنترنت إضافة جديدة إلى قدراتهما وخصائصهما في جذب جماهير جديدة وشركات جديدة لوضع إعلاناتها في تلك المواقع. ولكن تبقى نكهة استخدام الصحف المطبوعة رمزاً بعيدا عن الانقراض.

اما في العالم العربي، فأن الصحافة الإلكترونية لا تتماثل مع النمو الهائل للمنشورات الإلكترونية عالميا، وخصوصاً في ما يتعلق بتناسب هذه الأرقام مع أعداد الصحف العربية وعدد سكان الوطن العربي. تواضع نسبة عدد مستخدمي الإنترنت العرب قياسا إلى العدد الإجمالي للسكان في الوطن العربي، لوجود ضعف في البنية الأساسية لشبكات الاتصالات، إضافة إلى بعض العوائق الاجتماعية والثقافية والاقتصادية وربما السياسية، مما أدى إلى تأخر في الاستفادة من خدمات شبكة الإنترنت، وأثر بشكل رئيسي- على سوق الصحافة الإلكترونية. وتعتبر صحيفة "الشرق الأوسط" أول صحيفة عربية ظهرت على الإنترنت وذلك في كانون الاول 1995 في حين تعتبر صحيفة "الجزيرة" أول صحيفة سعودية تطلق نسختها الإلكترونية على الإنترنت وذلك في نيسان 1997.

تقنيات محتوى الصحف الإلكترونية

تعتمد الصحف الإلكترونية العربية المتوافرة عبر الإنترنت في بثها المادة الصحافية على ثلاث تقنيات هي :

1. تقنية العرض كصورة
2. تقنية" بي دي إف PDF "
3. تقنية النصوص.

ان الصحف الإلكترونية في الغالب تلتزم الحرية الكاملة، التي يتمتع بها القارئ والكاتب على الإنترنت على السواء، بخلاف الصحافة الورقية احياناً **كذلك فأن تتمتع** بالسرعة في تلقي الأخبار العاجلة وتضمين الصور وأفلام الفيديو مما يدعم صدقية الخبر **اضافه إلى** سرعـة تـداول البيانـات عـلى الإنترنـت وسـهولتها بفارق كبير عن الصحافة الورقية.

لقد أتاحت الصحافة الإلكترونيـة امكانيـة مشاركة القـارىء مباشرة في عملية التحريـر مـن خلال التعليقات التي توفرها صحف الكترونية كثيرة للقراء، بحيث يمكن للمشارك أن يكتب تعليقـه عـلى أي مقال أو موضوع ويقوم بالنشر لنفسه في نفس اللحظة .

كما انها تجاوزت العقبات الجغرافية التي كانت تعترض الصحيفة الإلكترونيـة، فهي متاحـة في كـل مكان تتوافر فيه متطلبات الإنترنت، في حين أن الصحيفة مرتبطـة بعمليـات توزيع ونقـل وشـحن معقـدة ومكلفة **وقللت من** التكاليف الماليـة الضخمة التي كانـت عـائق في إصدار الصحيفة الورقيـة، بـدءاً مـن الحصول على ترخيص مروراً بالإجراءات الرسمية والتنظيمية، بينما الوضع في الصحافة الإلكترونيـة يختلف تماماً، اذ لا يستلزم سوى مبالغ مالية قليلة لتصدر الصحيفة الإلكترونية بعدها بكل سهولة **.عدا** عدم حاجـة الصحف الإلكترونية إلى مقر موحد لجميع العاملين إنـما يمكن إصـدار الصـحف الإلكترونيـة بفريـق عمـل متفرق في أنحاء العالم.

كما انها اصبحت أسـواق مركزيـة للتسـوق المبـاشر (Online malls) للـدخول في مـزادات حيـة عـبر الإنترنت. ومكنت من الدخول إلى أرشيف الأعداد السابقة للصحيفة والبحث مـن خلالهـا بسـهولة عـن المعلومات عن طريق محركات البحث خدمات الأسهم ذات الطابع الشخصي وغيرها من معلومات مصممة خصيصاً وفق رغبة القارئCustomizednews .

خصائص قراء الصحف الإلكترونية

تشير الاحصاءات إلى ان قرّاء الصحف الإلكترونية في الغالب هـم مـن الشـباب، يشـكل الطلبـة والمهاجرون العرب حول العالم نسبة كبرى منهم وان نصفهم يقـرون بـأن تصـفحهم للصـحف الإلكترونيـة يشكّل ركيزة يومية من حياتهم، ويعنـي ذلـك أنهـم راضـون ومقبلون عـلى الصـحافة الإلكترونيـة، وتعـود الأسباب إلى أنها متوافرة طوال اليوم، ولا تحتاج إلى دفع رسوم، كما أنها تمكنهم من متابعة الأخبـار مـن أي مكان وعن أي بلد مهما تباعدت مواقعهم لاحتواء الشـبكة العنكبوتيـة عـلى أكـثر مـن صـحيفة الكترونيـة تشمل بلدان العالم المختلفة .

الصعوبات التي تواجه الصحافة الإلكترونية ؟

تواجه الصحافة الإلكترونية صعوبات كثيرة ومن أهمها:

- تعاني صحف الكترونية كثيرة صعوبات مادية تتعلق بتمويلها وتسديد مصاريفها.

- غياب التخطيط وعدم وضوح الرؤية المتعلقة بمستقبل هذا النوع من الإعلام

- ندرة الصحافي الإلكتروني.

- عدم وجود عائد مادي للصحافة الإلكترونية من خلال الإعلانات كما الحال في الصحافة الورقية، حيث أن المعلن لا يزال يشعر بعدم الثقة بالصحافة الإلكترونية.

- غياب الأنظمة واللوائح والقوانين، علماً أنها بحاجة ماسة اليها.

- التحديات التي تواجه الصحافة العربية

- ضعف عائدات السـوق يعتـبر مـن أبـرز التحـديات التـي تواجـه الصـحافة العربيـة عـلى شـبكة الإنترنت، سواء من القراء أو المعلنين، كما عدم وجود صحافيين

مؤهلين لإدارة تحرير الطبعات الإلكترونية، إضافة إلى المنافسة الشرسة من مصادر الأخبار والمعلومات العربية الدولية والأجنبية التي أصدرت "مطبوعات" إلكترونية منافسة باللغة العربية، اضافة إلى عدم وضوح مستقبل النشر- عبر الإنترنت في ظل عدم وجود قاعدة مستخدمين جماهيرية واسعة. الا ان أهمية الصحف الإلكترونية العربية عبر الإنترنت تبقى اساسية رغم المعوقات لاكتساب الخبرة، وتحجيم المنافسة الخارجية، وتفعيل خاصية التفاعل مع القراء التي تعتبر أهم مميزات خدمات شبكة الإنترنت.

المصادر الإخبارية على الإنترنت

سعت جهات كثيرة، وبخاصة المؤسسات الإعلامية، إلى الاستفادة من خدمات الإنترنت اقتصاديا وإعلامياً فأصبح هناك الكثير من المواقع والصفحات الإلكترونية العامة والمتخصصة تؤدي خدمات ومهمات إعلامية منوعة وعلى وجه الخصوص مصادر الخدمات الإخبارية أو ما يسمى بالخيارات الإخبارية لمستخدمي الإنترنت ومن أهم هذه المصادر:-

1-   الصحف الإلكترونية Electronic Newspapers

2-   المواقع الإخبارية على الإنترنت.Web- Based News

3-   القوائم البريدية MailingList

4-   مجموعات الأخبار على الإنترنت News groups

5-   منتديات أو ساحات الحوار Forums

6-   خدمة " الويب" الإخبارية WAP

سلامة الصحف والمواقع الإلكترونية وأمنها

دخلت مصطلحات جديدة عالم الأمن المعلوماتي والحاسب الآلي والإنترنت مثل hackers – crackers . فهؤلاء المخربون أو القراصنة أو المتطفلون يدخلون على الأنظمة والبرامج والمواقع والشبكات والحاسبات من دون تصريح ويسببون أضرارا للهدف. وثمة أمثلة حية عن عمليات التسلل والتعطيل والتخريب التقني. فقد أقدمت مجموعة من القراصنة الإسرائيليين على اختراق موقع صحيفة "غولف نيوز Gulf News" وتخريبه، على الشبكة الدولية للمعلومات – الإنترنت، وقاموا بإزالة الموقع ورفع العلم الإسرائيلي مقرونا بعبارة "تحيا إسرائيل". وقد بيّنت التحقيقات التي قامت بها مجموعة من خبراء الكومبيوتر في الصحيفة من خلال مواقع عدة في الولايات المتحدة الأميركية أن مصدر التخريب هو مجموعة من الحاسبات الإلكترونية بالدولة العبرية، مرتبطة بمزود الخدمة" نتفجن". ويستخدم القراصنة عادة عددا من الأساليب التقنية في التخريب منها تشويه المواقع، اختراق النظم، حملات تشويه المعلومات واستخدام الفيروسات أو حصان طروادة لشن حروبهم على الشبكة. لهذه الاسباب يتعاظم الاهتمام بأمن المعلومات الإلكترونية وسلامتها. هكذا انعقد الاجتماع الاقليمي التحضيري الثاني لمنظمات المجتمع المدني العربية في اطار التحضيرات للمرحلة الثانية للقمة العالمية لمجتمع المعلومات الذي أقيم في بيروت في تموز 2005 ، والذي كان من بعض توصياته:

- تأكيد الديمقراطية واحترام حرية الصحافة و تطبيق المادة 19 من الإعلان العالمي لحقوق الإنسان والمبادئ الأساسية لحرية الصحافة.

- تأكيد أهمية دور الدولة في ادارة المواقع وتنظيمها من دون المساس بالحريات الأساسية.

- متابعة التنظيم القانوني لمجتمع المعلومات على المستوى الاقليمي والدولي وايجاد قانون واضح للمطبوعات ينظم عمل شبكة الإنترنت بالتشاور مع أصحاب المصلحة من منظمات وهيئات مجتمع مدني.

- توفير الدعم المالي من الحكومات للاستفادة من تكنولوجيا المعلومات والاتصالات.

- الالتزام باستخدام اللغة العربية في المواقع البيانية والتوثيقية عبر الإنترنت.

- حض المؤسسات القانونية المختلفة، بما فيها نقابات المحامين على توفير القوانين والتشريعات عبر الإنترنت، بشكل يمكن الافراد من معرفة حقوقهم والتزاماتهم.

ان معظم شركات و دور النشر الصحافية العالمية تتجه إلى التنويع في تقديم إنتاجها، وذلك بدخول مجالات الراديو والتلفزيون والأقراص المدمجة من خلال شركات تعنى بتوفير المعلومات الإلكترونية، ومن خلال المطبوعات والملاحق المتخصصة وإعداد المؤتمرات ومن خلال الإنترنت. اما في ما يتعلق بالعالم العربي ومنتجي المعلومات العرب لا بد من قيام تعاون وإيجاد لغة مشتركة بين منتجي المعلومات ومطوري التقنيات والبرمجيات، لأن الهوة القائمة بين هاتين الفئتين من عناصر مجتمع المعلومات تؤخر انتشار المحتوى العربي على الإنترنت وتقديمه إلى المستفيدين بوسائط مختلفة. فهل ستستفيد الصحافة العربية الورقية من هذه التقنيات ان صح التعبير اكثر؟ فهذه الثورة التقنية والإنترنت والشبكات تركض بسرعة نحو الأسهل، فالبنوك بدأت بالتعاملات الإلكترونية والتجارة الإلكترونية آتية وقد بدأها البعض، والحكومة الإلكترونية اصبحت امرا لا مفر منه في دول عديدة.

الفصل الثاني

التكنولوجيا الحديثة وأثرها
على الإعلام

التكنولوجيا الحديثة وأثرها على الإعلام

تشكل التكنولوجيا الحديثة في أهم جوانبها حصيلة مهمة من المعارف المنظمة التي تتصل بالميادين والاكتشافات والاختراعات لا سيما في حقول الاتصال ووسائله المختلفة والتي تعبر بشكل جلي عن الاسلوب الذي اختارته المجتمعات في التعامل مع محيطها للاستمرار في الحياة وبلوغ التقدم المنشود.

واذا ما حاولنا سبر أغوار المتغيرات التكنولوجية الحديثة وحجم تأثيرها على علوم الاتصال وفي المقدمة منه مجالات الإعلام فنلاحظ حجم التغير الواسع بعدما دخلت المكننة والالات في كل تفاصيل العملية الاتصالية الأمر الذي أثر بشكل عميق عل مخرجاتها مما جعل الإعلام كوسيلة وغاية توصل المتلقي إلى ادراك مكنون الرسالة الاعلامية وجانب مهم من جوهرها بطريقة اقرب وأيسر. ناهيك عن سهولة بث الرسالة من قبل من يهمه ايصالها إلى الشخوص أو الجمهور المستهدف بغض الطرف عن حجم وحسابات عملية التأثير والاقناع فيهم وهذا ما افرز اشكالية باتت اليوم مثار للجدل والاختلاف بل ومعوقاً ومشوشاً للافكار اذا ما سلمنا بحقيقة امكانية ان تكون هذه التكنولوجيا المستخدمة في الإعلام تسهل ايصال كم هائل من الرسائل الاتصالية التي تتضمن آراء وافكار وتصورات ذات طبيعة مختلفة تصل في كثير من الاحيان إلى التقاطع الأمر الذي يترتب عليها خلق تشويش وعدم وضوح بل وتناقض وقلق لدى الجمهور أو الاشخاص المتلقين.

ان التطور الحديث في التكنولوجيا المستخدم في وسائل الاتصال غيرت جذرياً جانب مهم من معتقدات وقناعات المجتمعات وثقافاتها وهذ ما انعكس بشكل واضح في تغير مجرى حياتها مادياً واعتبارياً ، ولعلنا لا نبالغ اذا قلنا ان الإعلام ربما كان الاكثر تأثيراً من سواه في ثورة التكنولوجيا بسبب ضرورات استخدام هذه التكنولوجيا وما نتج

عنها من تغيير في اساليب صياغة الرسالة الاعلانية وطريقة ايصالها وتلقيها من المستهدفين منها افراداً وجماعات.

لقد كان ابتكار الحاسب الآلي نقلة نوعية في حياة الانسان الطامح إلى متابعة مستجدات الحياة العصرية وقد استخدم الحاسوب في شتى مجالات الحياة لا سيما بعد بروز الاجيال الاكثر تطوراً وفي الإعلام تعزز تأثير الحاسوب المتطور مع بروز ظاهرة الإنترنت والتي حولت فضاءات العالم من اطر ضيقة إلى رحاب واسعة وهذا ما يسر عملية التخادم بين آلة الحاسوب المتطور من جهه وتطويع فضاءات الإنترنت ورحابها الواسعة لتجد للانسان والمجتمعات قنوات اتصالية جديدة كان يفتقر اليها ليس من ناحية الخصوصية حسب بل في الشكل والمضمون وسرعة وصولها ويسر استلامها ولعل الصحافة الإلكترونية باب صحفي فرض وجودة وسلطته المتزايدة على سلع التداول المعلوماتي والاخباري لكل بقاع الارض دون أن توقفه بوابة حدودية مغلقة أو مقص رقيب فاعل.

ان الخطورة المتزايدة لاستخدام التكنولوجيا المتقدمة في الاتصال والإعلام عندما نقرأ بدقة بين سطور التقرير المرقم 1352 في 1964/4/27 الذي تمت مناقشته في دورة الكونغرس الأمريكي رقم (88) حيث أكد على ما يأتي (يمكننا ان نحقق بعض اهداف سياستنا الخارجية من خلال التعامل مع شعوب الدول الاجنبية بدلاً من التعامل مع حكوماتها من خلال استخدام ادوات وتقينات الاتصال الحديثة، يمكننا اليوم أن نقوم بأعلامهم والتأثير في اتجاهاتهم بل وممكن في بعض الاحيان ان نجبرهم على سلوك طريق معين لهذه المجموعات يمكنها بدورها ان تمارس ضغوط ملحوظة وحتى حاسمة على حكوماتها) وهذا ما يحدث الان في اغلب دول العالم.

لقد احدثت التكنولوجيا الحديثة في وسائل الاتصال ثورة في واقع العلاقات بين الغرب والشرق وبين الدول المتقدمة والمتأخرة وتحديداً بعدما يسرت الاقمار الصناعية

ايصال كل ما من شأنه التأثير على الشعوب (الغائبة) لادخالها في قالب واحد ما دام حجم الاختلاف وعدم التوازن قائمان.

ومن مظاهر استمرار الهيمنة الغربية على تكنولوجيا الاتصال والإعلام سيطرة الولايات المتحدة الأمريكية على اكثر من 65% من تدفق الانباء في العالم و 35% من عمليات النشرـ و 64% من الإعلام و 45% من التسجيلات و90% من اشرطة الكاسيت و C.D وعمليات الاخبار و 28% من الاغاني الاذاعية و75% من البرامج التلفزيونية و 72% من صناعة أجهزة الحاسوب وباقي الاجهزة الإلكترونية واكـثر مـن 90% من المعلومات المخزنة في البنوك والمراكز الخاصة بالمعلوات في العالم.

ان طبيعة النتائج التي يمكن ان تترتب على التطور الهائل في تكنولوجيا الاتصال والمعلومات وبشكل غير مسبوق ترك اثاره كذلك على طبيعة مسارات الصحافة لا سيما بعد بروز هذا الكم الهائل مـن الصحافة الإلكترونية حيث اصبحت شاشات الحاسوب الآلي وعبر الإنترنت وسيلة مفتوحـة لنشرـ مضامين هذه الصحف إلى درجة انها شكلت اليوم ظاهرة فرضت نفسها على واقع الصحف التقليدية واصبحت نداً لها لا يستهان به.

فهناك اليوم قناعات متزايدة لدى كثير من المعنيين بشؤون الصحافة تدور حول امكانية صمود الصحافة التقليدية امام الصحافة الإلكترونية بل ذهب البعض إلى الاعتقاد بأمكانية تراجع الصحافة التقليدية واندثارها خصوصاً بعد هـذه الطفرات المتسارعة في تطور وسـائل الاتصـال الحديثة وتقنيات الاجيال الجديدة من الحواسيب الالية والتي شكلت ظاهرة فريدة لا يمكن حصر آثارها بسهولة ويسر.

ان محاولة ايجاد المقتربات حول شكل ومضمون التطور المتسارع في تكنولوجيا الاتصـال والمعلومات وأثرها على نمو وتطور الصحافة الإلكترونية وخصائصها وانتشارها وقدراتها على التأثير على حجم مقروئية الصحف الورقية التقليدية بات امرا ملحا. تمليه طبيعة مـا حصل مـن متغيرات خصوصا اعتماد اسلوب منطقي وواضح في الاستدلال

على طبيعة العلاقة بين العامل المؤثر والمؤثر عليه ومناقشة النتائج من خلال عرضها بشكل مبرر أمين وكامل.

الثورة الإلكترونية

كانت الثورة الإلكترونية ثورة الاتصال الثالثة والتي بدأت باستخدام الراديو بدايات القرن العشرين وسيلة لنقل الرموز عبر الاثير ثم جاء استخدام التلفزيون في النصف الاول من عشرينات القرن الماضي ليكون من اهم الانجازات لهذه الثورة ثم جاءت الاقمار الصناعية لتعبر بالاذاعة والتلفزيون وبشكل فعال وخطير ليصلا إلى كل ارجاء العالم وجاءت القنوات الفضائية كنتاج لامتزاج بين تكنولوجيا الحاسب الآلي والاقمار الصناعة الخاصة بالاتصال وبعدها جاء الإنترنت واستقر كوسيلة اتصال حديثة (ذات صفة استقلالية عن سواها).

ان التطور الهائل في تكنولوجيا الاتصال غيرت انماط كثيرة من حياة الناس واضافت اعباءً جديدة لا سيما على الحريات ذلك لان هذه الابتكارات والاختراعات الحديثة كانت ولا تزال تتطلب توفر قدرات مالية استثمارية لا يستطيع توفيرها الا اصحاب رؤوس الاموال الكبيرة سواء كانوا اشخاص أو شركات كبيرة أو حكومات وهنا يلاحظ ان تغيراً قد وجد طريقة إلى حياة المجتمعات ذلك الذي يتعلق بتغير الاستراتيجية الغربية لتقييد حرية التعبير بسياسة اكثر فاعلية عبر استغلال التكنولوجيا المتطورة ناهيك عن ان الاتصال الإلكتروني قد اضاف وسائل اعلامية جديدة إلى كثير من الحكومات مثلما وضع في يد خصومها أدوات اعلامية جديدة فمتاح اليوم أمام الاطراف المختلفة البريد الإلكتروني والفاكس والإنترنت وغيره... لقد أدى التطور التكنولوجي إلى فتح آفاق جديدة للاتصال الجماهيري خصوصاً بعدما باتت التكنولوجيا الحديثة في متناول اعداد كبيرة من الناس بسبب كونها اصبحت ارخص ثمناً واكثر وفرةً الأمر الذي اتاح لهؤلاء امكانية اكتساب معارف اضافية في مجالات العمل الاعلامي وهو اقوى دفاع يملكه اي مجتمع في مواجهة السيطرة الاعلامية وتوجيه العقول ان التطور

التكنولوجي في مجالات الاتصال والمعلومات قد زاد بشكل كبير من فرص تنويع مصادر المعرفة والمعلومات مثلما اتاح امكانية الانتفاع الحر عن هذه الفرص .

التكنولوجيا الرقمية

شهد الانسان على مر العصور كثير من الثورات: الصناعية، والتكنولوجية، والمعرفية، وأصبحنا الآن نشهد ؛ التكنولوجيا الرقمية (الثورة الرقمية) والتي تشمل على شبكات الاتصال الرقمي(الإنترنت، الانترانت، الاسكترانت) والحاسب والبرامج ، وقد يسمى بتسميات اخرى حيث انتشر استخدام التكنولوجيا الرقمية في كل مجال من مجالات الحياة، وأصبحت المعلومات الرقمية تحيط بنا من كل جانب، ونتيجة للثورة الرقمية تبدلت أهداف التربية وتطورت، وتغير شكل مؤسساتها التعليمية؛ فأصبحت تسعى نحو تحقيق الأهداف التي تساعد الأفراد على التكيف والتجاوب مع متغيرات وتطورات هذا العصر، والبحث عن تنمية مهارات التفكير لدى المتعلمين ليكونوا شركاء في هذا التطور السريع والمذهل.

بعض المكونات الاساسية للثورة الرقمية

1- البنيه التحتية Infrastructure وتشمل:

- شبكة الاتصالات السلكية واللاسليكة.
- Hardware
- Software
- الاقمارالصناعية
- العنصرالبشري المدرب
- خدمات الويب والمواقع الإلكترونية

2- عمليات الاعمال الإلكترونية Electronic Business Processing

أرقام لها معنى

رغم كل ما يحصل في العالم من تغيير تكنولوجي الا ان العالم العربي لايزال في جوانب كثيرة وكأنه بعيد عنه وعلى سبيل المثال لا الحصر لا يزيد عدد مستخدمي الإنترنت في العالم العربي 11 مليونا و755 الف شخص بحسب احصاءات الاتحاد الدولي للاتصالات الذي نظم المؤتمر العالمي لتنمية الاتصالات 2006 في العاصمة القطرية. ولا تتجاوز نسبة من يحصلون على الخدمة 3.71 في المئة. وفي المقابل، فان انتشار الهاتف النقال في الدول العربية يزداد باضطراد حيث بلغ عدد المشتركين فيه عـام 2004 نحو 45.9 مليون مشترك مع نسبة حصول على الخدمة تبلغ 14.51 في المئة .

ويتجاوز الاقبال عليه الاقبال على الهاتف الثابت الذي يشترك فيه 27.1 مليون شخص بنسبة حصول على الخدمة تقـدر بـ 59.8 في المئة، بحسب المصـدر نفسـه .ويذكر ان مجموعـة الـدول الثمـاني الصناعية الكبرى تضم 429 مليون مستخدم للإنترنت في حين ان عـدد المستخدمين لهذه التقنيـة في بقيـة انحاء العالم يقدر بـ 444 مليون مستخدم.

غير ان تطور استخدام شبكة الإنترنت يختلف من منطقة إلى أخرى في العالم العربي، كما يشير إلى ذلك الاتحاد الدولي للاتصالات في المنطقة العربية والتطور يختلـف مـن بلـد إلى اخر .ويلاحظ ان الـدول الخليجية تتقدم بشكل أسرع في هذا المضمار في حين ان اغلب الـدول العربية لاتـزال تعـاني اجـمالا مـن "ضعف البنية التحتية إضافة إلى الأمية العادية والأمية الإلكترونية رغم انه لا يوجد بيـنهم (بـالقول) مـن يرفض التجارة الإلكترونية او الخدمات الرقمية، ان بعض منهم في الطريق نحو تجسير الهوة الرقميـة، علـما انه حتى الان نصف الدول العربية تملك هيئات او أجهزة اتصالات مستقلة مما يساعد على تجاوز المشاكل التشريعية ويشجع المستثمرين على الدفع بأموالهم في هذا الاتجاه كـما ان الـدول العربية حـررت 43 % من شركاتها الكبرى في مجال الاتصالات وفتحت قطاع الإنترنت بنسبة 76 في المئة للقطاع الخاص، في حين فتحت قطاع الهاتف النقال بنسبة 87 في المئة.

كذلك فان "الاتحاد الدولي وافق سابقا على مساندة تطبيق ستة مشاريع عربية إقليمية منها مشروع 'الذاكرة العربية' الذي ستحتضنه المغرب اضافه إلى مشروع نقاط النفاذ العربية التي يفترض انها ربطت شبكات الإنترنت اقليميا بحيث تنتفي الحاجة إلى المرور بأوروبا او بالولايات المتحدة بما سيخفض التكلفة ، حيث ان الكلفة الإجمالية لانجاز هذا المشروع تقدر بمئتي مليون دولار .وكان البنك الدولي حث الدول النامية على تعزيز دور القطاع الخاص في مجال تكنولوجيا المعلومات والاتصالات الذي سيستقطب سنويا استثمارات بقيمة مئة مليار دولار، وفق بيان نشر على هامش مؤتمر الدوحة الذي كان يبحث في سبل ردم الهوة الرقمية بين شمال الكرة الأرضية وجنوبها.

ان السبب السياسي المتعلق بأمن الأنظمة كان أحد أهم أسباب انخفاض نصيب العرب من الثورة الرقمية ، لأن اغلب الحكومات في الدول العربية هي من تتحكم فيما يمكن للمواطن أن يقرأ ويتابع على الإنترنت! لاسيما وان هناك أعداد كبيرة من المواطنين يسجنون لمحاولاتهم التعبير عن الرأي على الإنترنت أو عبر وسائل أخرى. وبالتالي التفائل في التطور في هذا المجال مرتبط مع تغيير قوانين كل دولة على حدا. وهناك اليوم تقنية تحتاج لمن يتبناها وهي قادرة على ربط جميع الدول العربية مع بقية العالم عبر نظام يجعلها تدخل في مجال التجارة العالمية من باب عريض. حيث يمكن للمواطن العربي شراء ما يحتاجه من احدى المناطق الحرة العربية عبر التلفزيون أو الإنترنت وهو جالس في بيته. وبامكان التاجر العربي جعل متجره الإلكتروني عالميا، وليس مقتصراً فقط على عشرات أو مئات من الزبائن.

علما ان بطاقات الإئتمان التي يعتمد عليها في التجارة الإلكترونية، صممت قبل عصر الإنترنت وهي غير قادرة على التأقلم مع هذه التكنولوجيا، وهي تنتقي زبائنها. أما النظام الذي سينتقيه المستهلك فهو الذي سيكون المسيطر على هذه التجارة في المستقبل، وعلى المستثمرين في هذا المجال ألتنبه لهذه الإشكالية.

بعض خصائص التكنولوجيا الرقمية

للتكنولوجيا الرقمية عدة خصائص تميزها عن غيرها من الوسائل التكنولوجية الأخرى، نذكر منها ما يأتي:-

• وفرت مصادر معلومات واسعة ومتنوعة مثل: الكتب الإلكترونية المكتوبة والمنطوقة، والمكتبات الرقمية، والمعامل الإلكترونية.

• تنمي لدى المتعلمين التفكير الناقد فيما يعرض عليهم من آراء وأفكار ومصادر علمية عبر شبكة الإنترنت، كما تنمي لديهم المسئولية الذاتية في التعلم.

• تعمل على تنمية مهارات التعلم الذاتي وتشجع على الاستقلالية والاعتماد على النفس في البحث عن المعرفة والحصول على مصادر التعلم المختلفة.

• توفر الوقت والجهد والتكلفة في كثير من مهام التعلم وأنشطته.

• سهولة النقل من مكان إلى أخر فى أسرع وقت؛ مما يسر الاتصال بين الأفراد في أي وقت ومن أي مكان.

• سهولة الاحتفاظ بها، وتخزينها، وإعادة استخدامها دون قيود أو حدود.

• سهولة تطويرها وتحويلها، وتعديلها بما يتفق مع متغيرات العصر.

• مناسبتها لمختلف المجالات العلمية: الطبية، والصناعية، والإقتصادية، والتجارية.

• سهولة تداولها، وسرعة معالجتها للمعلومات، مع إمكانية تحويلها من شكل إلى أخر.

• ساعدت على إيجاد بيئات تعليمية جديدة مثل الفصول الافتراضية والجامعات الافتراضية.

• وفرت وسائل الاتصال التزامني واللاتزامني بين المعلم والمتعلمين، وبين المتعلمين وبعضهم البعض.

• أتاحت فرص تبادل الآراء والأفكار والخبرات بين المتخصصين والخبراء من مختلف دول العالم؛ مما يجعل المعرفة متجددة ومتطورة باستمرار.

• ساعدت على حل بعض المشكلات التعليمية مثل:-

- قلة المباني الدراسية؛ حيث وفرت مؤسسات تعليمية افتراضية بدون مباني أو جدران.

- عالجت النقص في الإمكانيات المدرسية من معامل ومختبرات؛ حيث وفرت المعامل الإلكترونية الافتراضية التي يتعلم منها الطلاب ويجرون تجاربهم في بيئة آمنة دون مخاطر.

- تعالج النقص في أعداد المعلمين، حيث توفر برامج تعليمية جماهيرية.

- تساعد على حل مشكلة ازدحام الفصول؛ حيث وفرت أساليب للتعلم من بعد.

أنواع التكنولوجيا الرقمية المرتبطة بالتعليم:-

1- الحاسوب التعليمي:

يُعد ظهور الكمبيوتر واستخدامه في كثير من المجالات بداية لثورة التكنولوجيا الرقمية، ومع انشاره الواسع ساعد على تطوير هذه التكنولوجيا، وكذلك تطوير البرمجيات المختلفة، وقد تعددت طرق استخدام الحاسوب في التعليم، وكذلك تعددت استراتيجياته، فظهرت برامج التعليم الخصوصي، وبرامج التدريب والممارسة، وبرامج المحاكاة، وبرامج الذكاء الاصطناعي، وبرامج الحوار، وحل المشكلات....إلخ.

الصناعة الثقافية والصناعة الرقمية

أصبحت الصناعات الثقافية مسألة مركزية اليوم وصولا إلى القول بوجود رأسمالية ثقافية، كما أن الإنتاج الناجم عن الصناعات الرقمية اخذ يتعمم محدثا بذلك خللا بالتوازنات الكلاسيكية بين ما هو صناعي وبين ما هو ثقافي.

ولقد وصل هذا التعميم حدا بحيث أننا أمام «حضارة رقمية» حسب تعبير بعض الأخصائيين والباحثين كما اشار إلى ذلك كل من (فيليب شانتيبي وآلان لوديبردير) في

كتابهما القيم : الثورة الرقمية والصناعات الثقافية الذي صدر عن لاديكفورت بـاريس 2005. ويفسـح هـذا الاختلال المجال أمام انتعاش اقتصادي من نمط جديد، لكنـه في المقابـل يطرح قضايا عديدة مـن قبيـل الحديث عن انتعاش قابل للاستمرار والاقتصاد الجديد و استخداماته كما تطرح (الحضارة الرقمية) من جانبها العديد من التساؤلات من مثل : هل يمكن توجيه التكنولوجيات الرقمية أم أنها تفرض نفسها عـلى سير الإنسانية؟ وماهي ألاخطار التي يمكن ان تحملها وهل تحمل آمالا واعدة؟ ام هي مجرد حضارة فعـلا؟ لقد عرفت الصناعات الثقافية تطورا هائلا خلال العقود الثلاث الاخيرة.

ان هـذا التطور الـذي اسـميناه بالرقمية يتميـز بعلاقـات جديـدة بـين الصناعات الثقافيـة والصناعات الرقمية تحديدا، فالأولى تغطي حقل المنتجين والنـاشرين والمـوزعين للمحتويات الثقافية في مجال الكتب والسينما والتلفزيون والإذاعة.. والثانية تشمل منتجات البنى التحتية المادية والإلكترونيـات ذات الجمهور الواسع والمعلوماتية وشبكات الاتصال الإرسالية وصناعة البرامج المعلوماتية.

لقد كانت مسألة الصناعة الثقافية، وراء أول تفكير اجتماعي واقتصادي وحقوقي أو جـمالي منـذ بدايات القرن التاسع عشر. ومع بروز مفهوم قابلية النسخ للمنتج الثقافي والآثار التي يعيشها الفرد في ظل ثقافة جماهيرية انطوت على تحاليل جديدة. وهذا ما حدث مع مدرسة فرانكفورت الألمانية التي انتقلت إلى أميركا مع صعود الفاشية النازية.

لقد كان ذلك تمهيدا لقيـام الاختصاصين في عـلم الاقتصاد والاجتماع بتطويـر هـذه التحاليـل وتمركزها حول الصورة الفوتوغرافية حول السينما، وحول الاسطوانة المسجلة بوجـه خـاص. ولقد امتـدت فكرة الصناعة الثقافية إلى الاذاعة والتلفزيون والسينما لتشمل جميع نشاطات وسائل الاتصـال الجماهيري خاصة مع تبين العلاقة الوثيقة بينها وبين هذه الوسائل.

وبدءا من العام 1990، فإن ثمة انشطة دخلت إلى ميدان الصناعات الثقافية، ابرزها الألعاب التلفزيونية المختلفة، ومواقع الويب على الإنترنت، لاسيما مواقع التجارة الإلكترونية والخدمات والإعلام، هذه النشاطات التي تغطي قطاعا واسعا من المؤلفين والمنتجين والناشرين. والتي اكتسبت أهمية كبيرة من الناحية الاقتصادية تجسدت في صناعة المحتويات الثقافية التي بلغت عام 2003 أرقاما تجارية عالمية هائلة، 480 مليارا من الدولارات بالنسبة للتلفزيون والصحافة المكتوبة، و 170 مليارا من الدولارات بشأن الراديو والاسطوانات المسجلة المختلفة والألعاب التلفزيون ومواقع الويب) .

ان القرن الحادي والعشرين افرز واقع اقتصادي جديد للصناعات الثقافية مزدوج بما تقدمه الصناعات الرقمية، بعدما شهد العالم ولادة الاتصالات الإرسالية قبل اكثر من قرن مضى، وإذا كانت الصناعات الإلكترونية والمعلوماتية قد تحولت باتجاه الجمهور الواسع في أعوام الستينات بالنسبة للأولى وفي أعوام الثمانينات بالنسبة للثانية، فلقد عرفتا قفزة أوسع في أرقام أعمالها التجارية العالمية عام 2003: (1182 مليارا من الدولارات بالنسبة للاتصالات الإرسالية، 1328 مليارا من الدولارات بخصوص المعلوماتية، و280 مليارا بشأن الإلكترونيات ذات الجمهور الواسع).

لقد افرز الواقع الصناعي الجديد تحولا اقتصاديا مسايرا له، إلا أن ضبطه في إنهاء الاحتكارات بفتح سوقه للمنافسة قد استلهم التجربة الأميركية التي فرضت نفسها منذ منتصف الثمانينات على الاتحاد الأوربي،ولم تكن النتائج كما كان متوقعا بل ان الذي حدث هو العكس تماما، فسوق الصناعات الرقمية عرف احتكارات أقلية فيه، فمثلا تم دمج ومركزة سوق الموسيقى المسجلة في أربع شركات تجارية رئيسية تحوز على 75% من السوق الدولي وهي: (سوني، بي إم جي، يونيفرسال ميوزك، وارنر، إي إم آي). وهذه الشركات لا تتحكم بحيثيات سوق الموسيقى فقط بل وبالإنتاج والتوزيع والأسعاركذلك وبمعرفة كل سوق وطنية وكيفية غزوها بما وضع العالم أمام صناعات رقمية رأسمالية احتكارية.

ان المشكلة لم تعد في التقارب الذي حدث بين الصناعات الثقافية والصناعات الرقمية خلال العقدين الأخيرين ، وإنما وبوجه أساسي بدخول الثورة الرقمية كافة الميادين وبالآثار التي نجمت عنها. فالصناعة التلفزيونية لم تعرف اضطرابا كبيرا نتيجة ذلك، كما أن تطور التلفزيونات الأوروبية جرى بوجه أساسي حسبما كان عليه منذ عشرين عاماً، وتعدد الأقنية، تنام مستمر للاستهلاك التلفزيوني (بكل اشكاله المجاني والمدفوع الثمن) .

إن الثورة الرقمية كان لها دور رئيسي بتقنيات ما بعد الإنتاج أي (مجمل العمليات التي تجري بعد الالتقاط التصويري)، وأنها ادت إلى حدوث التلاشي التدريجي لندرة الموجات التواترية للبث، وزادت وتنوعت العروض للمستهلكين، وخفضت التكاليف التقنية للإنتاج.

أما على مستوى السينما، فإن الثورة الرقمية دخلت بشكل فاعل في تقنيات الإنتاج وتوزيع الأفلام ، فإذا كان إنتاج الصور ما زال على الطريقة الكلاسيكية تقنيا وجماليا، فإن الكاميرا الرقمية سمحت بتخفيض جزء ملحوظ من تكاليف التقاط المناظر خاصة فيما يتعلق بالأفلام القصيرة والوثائقية. كما ان العرض الرقمي للأفلام في الصالات اصبح اكثر مردوداً اقتصاديا واسعاً، وإن كان يتطلب توظيفات كبيرة، ومحصلة كل ذلك ازدياد عدد المخرجين الذين اصبحوا يستخدمون التقنية الرقمية.

ان الهاجس الكبير الذي يشغل بال من يهمه هذا المضمار يتلخص في مسألة الاحتكار، حيث تسيطر تسع شركات كبرى أميركية على الإنتاج والتوزيع وتحصل على الحصة الأكبر من الأرباح التجارية، ابرزها: كولومبيا، إم بي سي، وارنر، وأوريون فيلم. أما صناعة الألعاب التلفزية التي ولدت عام 1972، والتي فرضت نفسها كوليد جديد في الصناعات الثقافية فقد بلغ سقف نشاطها التجاري العالمي اكثر من 35 مليارا عام2003.

وميزة هذه الصناعة انها بعيدة عن تدخل السلطات العامة، بحيث إنها تجري في إطار من القواعد الدنيا لضبطها وحسب البلدان، إنها تقدم بمختلف أشكالها سلعا وخدمات متممة لبعضها البعض، محافظة قدر الامكان على الخصوصيات الوطنية وإن كانت متنافسة فيما بينها خاصة فيما يتعلق بصناعة جهاز المفاتيح الإلكترونية والتي تقودها 3 شركات احتكارية هي سوني، نينتيندو، ميكروسوفت.

لقد خلفت الثورة الرقمية آثارا بدت واضحة عبر انتشار صناعة المحتويات الثقافية واستهلاكها بحيث ان نموذجا اقتصاديا جديدا فرض نفسه بالعلاقة مع النموذج الاقتصادي الكلاسيكي الذي استلهم اقتصاد الطباعة، فالأمر لا يتعلق ببيع المنتج الثقافي بالقطعة أو بطابعه الحرفي. وإنما بالاستعمال المجاني له أو الذي يمول بشكل لا مباشر عبر الإعلانات التجارية أو بضريبة الدولة كما بالنسبة للتلفزيون العام في أوروبا.

ان مشكلة ضبط وإعطاء قواعد للاتصال الرقمي، كانت وستبقى معضلة فالحرب في الصناعات الثقافية ليست جديدة بين المؤلفين والناشرين، أو بين الناشرين والتجار، الأمر الذي يفرض تدخل الدول واللجوء إلى المحاكم طوال القرن التاسع عشر، وهذا ما أدى أيضا إلى فتح عدة جبهات على مستوى ضرورة اكتمال وضع قواعد دولية ناظمة، وعلى مستوى إعادة النظر بحقوق الملكية الأدبية والفنية، وأخيرا على مستوى قدرة حق المنافسة على تنظيم العلاقة بين الصناعات التقنية وصناعة المحتويات. فحتى عام 1980 كانت مختلف الصناعات الثقافية مؤطرة بجملة من القوانين والاتفاقيات المهنية، والقواعد التي كانت مرعية بالنسبة للسينما لم تكن هي نفسها بالنسبة للموسيقى، وكان التلفزيون يمتلك ضوابط ليست هي نفسها بالنسبة للصحافة. وما فعلته الثورة الرقمية هو أنها نقضت جزءا ملحوظا من هذه القواعد والضوابط غير المحكمة. ففي الصناعات الرقمية نقف أمام اقتصاد النماذج أكثر من اقتصاد المعايير، فالأول يخضع لقانون الأقوى الصناعي المعروف منذ القرن التاسع عشر أو قانون الأمر الواقع الذي تفرضه الشركات الصناعية الكبرى. اما الثاني فيقوم على التفاوض والتعاون لإيجاد حل

مشترك للإشكاليات نفسها كما هو حاصل في الاتحاد الدولي للتلغراف الذي أسس عام 1865 في باريس.

والحقيقه فإن آلية الصناعات الرقمية بنيت على اساس المنطق التنافسي- القائم على الملكية الصناعية للشهادات الاختراعية المسجلة، وعلى توفير ارباح ترتبط باستراتيجيات رأسمالية ثقافية احتكارية. ولذلك فان الرهانات الحقوقية تطرح في إطار القوة الرقمية. فالشركات الصناعية تصارع على جبهة تدعيم الحقوق الصناعية التي حصلت عليها والتشديد على محاربة التقليد والتزوير. اضافة إلى تحسين الشروط الاقتصادية لاستثمار المحتويات الثقافية.

لقد ولدت الحضارة الرقمية في رحم المجتمعات الغربية ، ولذلك فهي تثير كثيرمن الإشكاليات و التخوفات نتيجة الوضع الاستثنائي لمجتمعنا العربي وكذلك لدول العالم الثالث، وهذا لايعني انعدام الفائده من هذه الحضارة بالنسبة للمستقبل. فالتقنيات الرقمية يمكن ان تكون نقلة نوعية في ممارسة العمل الإعلامي فبواسطتها يمكن سماع كل شيء، وتسجيل كل شيء، والتسلل إلى كل شيء .

لقد شهد العقد الحالي (2000 – 2009) بروز ظاهرة الهيمنة من قبل الولايات المتحدة الأميركية لاسيما بعد احداث ايلول ومنها السيطرة الاقتصادية على العالم وهذا ما يدفع نحو مرحلة جديدة لاعادة هيكلة التنظيم الاجتماعي وأنماط التفكير والعلاقات التي يوجهها الدافع السلعي، في واقع يشهد تزايد فقر الفقراء وطفح غنى الأغنياء ناهيكم عن تزوير الحقائق والوقائع وفقا لما يخدم مصالح القوى المهيمنة على هذه الحضارة.

السينما والثورة الرقمية

يشيرالمخرج **ستيفن آشر** ان السينمائيين استخدموا التكنولوجيا الرقمية لأول مرة في عقد الثمانينيات لتشكيل أنواع رائعة جديدة من الصور للشاشة الفضية. ومنذ

ذلك الوقت، أتاحت أدوات متقدمة بصورة متزايدة إمكانية إنتاج وتسويق وتوزيع الأفلام السينمائية رقميا. ستيفن آشر مخرج أفلام وثائقية طويلة، بينها فيلم "كثير جدا وسريع جدا" (2006) و"الجدول المتعب: فيلم عن الغرب الأوسط" (1996)، الذي رشح لجائزة الأوسكار. وتم نشر طبعة جديدة لكتابه الرائج جدا "دليل المخرج السينمائي: دليل شامل للعصر الرقمي" في صيف عام 2008.

شهد تاريخ الأفلام السينمائية لحظات حاسمة غيرت فيها تكنولوجيا جديدة كل شيء. ففي العام 1927، كان فيلم "مغني الجاز" - أول فيلم سينمائي ناطق - بداية عصر السينما الناطقة. وفجأة، اختفت الأفلام الصامتة وظهر نوع جديد من النجوم ونوع جديد من القصص السينمائية، مما غيّر كيفية كتابة وتصوير وعرض الأفلام السينمائية.

وتحدث التكنولوجيا الرقمية في هذه الأيام ثورة حتى أكثر أهمية. ولا يدرك الشباب الذين نشأوا في عصر الإنترنت قوة الزلزال الذي أحدثته تلك التكنولوجيا. وسوف يغير هذا الأفلام، بل وجميع وسائل الإعلام في الواقع، إلى الأبد.

وما تعنيه كلمة رقمي من الناحية التقنية هو أن الصور والأصوات تحوّل إلى بيانات رقمية (آحاد وأصفار) يمكن تخزينها ومعالجتها وإرسالها بواسطة أجهزة الكمبيوتر. وعند إدخال البيانات بصيغة رقمية، ينفتح عالم من الاحتمالات.

بدأ العصر الرقمي في الأفلام السينمائية في عقد الثمانينيات، إلا أنه اكتسب زخما كبيرا حوالي العام 1990. ومنذ البداية، استخدمت التكنولوجيا الرقمية لابتكار أنواع جديدة من الصور. وكانت شركة المخرج السينمائي جورج لوكاس (Industrial Light and Magic) رائدة في المؤثرات المرئية الخاصة المذهلة التي جعلت القصص الفضائية الخيالية تبدو واقعية بشكل مذهل. وقد أصبح بإمكاننا الآن، باستخدام برامج مثل (Photoshop)، أن نغير الصور رقميا - على سبيل المثال، إزالة شخص أو إضافة بناية - مما غيّر إدراكنا الأساسي للواقع المصور. وأصبح من الواضح أن أقوالاً متداولة مثل "الصور لا تكذب" و"المشاهدة تقود إلى التصديق" غير صحيحة في العصر الرقمي. وساعدت

أنظمة المونتاج الرقمي في تكوين أساليب وتقنية سينمائية جديدة، كاستخدام لقطات قريبة جداً، وصور وأشكال تطير حول الشاشة، وأشكال تتغير وتتحول إلى أشكال أخرى أمام أعين المشاهدين. وما كان سيكون من الممكن تقديم الإعلانات التلفزيونية بالشكل الذي تظهر فيه في هذه الأيام لولا توفر الأدوات الرقمية.

وشهد عقد التسعينيات زيادة هائلة في الفيديو الرقمي (DV) وآلات (Camcorders) الصغيرة (MiniDV) التي منحت الهواة القدرة على تصوير ومونتاج أشرطة فيديو زهيدة الكلفة رفيعة المستوى. وسارع المخرجون السينمائيون المستقلون إلى تبني واستخدام كاميرات الفيديو الرقمي في إخراج أفلام أصبحت فجأة تعرض على التلفزيون وفي المهرجانات السينمائية المرموقة. أما في نموذج الإنتاج التقليدي في هوليوود، فيتم التصوير بكاميرات أفلام 35 ملمترا تتطلب طاقماً كبيراً من الفنانين والفنيين. ومع أن الفيديو الرقمي لا يصل إلى مستوى جودة فيلم الخمسة وثلاثين ملمترا، إلا أنه جيد بما فيه الكفاية ورخيص بما فيه الكفاية بحيث أنه أمكن استخدام الفيديو الرقمي في طائفة واسعة من المشاريع السينمائية المبنية على قصص خيالية وفي أفلام وثائقية كان إنتاجها سيكون مستحيلا، أو مكلفا إلى حد يجعلها مستحيلة، قبل ظهور الفيديو الرقمي.

وصادف أنه مع انطلاق الفيديو الرقمي انطلقت أيضا شبكة الإنترنت عالمية النطاق. ولم تعرف هوليوود في البداية كيف تستفيد منها. ويعتبر فيلم "مشروع ساحرة بلير"، وهو فيلم أنتج بميزانية ضئيلة في العام 1999 وصور بكاميرات فيديو صغيرة، أول فيلم يستغل قدرة الإنترنت على التسويق. فقد أثار منتجو الفيلم، من خلال نشرهم تلميحات على الإنترنت بأن الرعب الموجود في الفيلم حقيقي، نقاشا حادا ساعد الفيلم على تحقيق إيرادات عالمية إجمالية بلغت 248 مليون دولار. وقد أصبحت الآن المواقع والمدونات الإلكترونية أو البلوغز والنقد المنشور على الإنترنت والمناقشات على المواقع الإلكترونية مثل (MySpace.com) عناصر أساسية في إثارة "ضجة" حول فيلم جديد.

وتفتح الشبكة العنكبوتية الباب أمام نموذج جديد من الإنتاج والتوزيع السينمائي. فإنتاج وتوزيع معظم الأفلام يتم حالياً من قبل شركات ضخمة - كاستوديوهات السينما وشبكات التلفزيون وشركات التوزيع الضخمة. إلا أن شبكة الإنترنت تجعل من السهّل إنتاج فيلم لجمهور محدد وبيع أقراص فيديو رقمية (DVD) مباشرة لذلك الجمهور، فتمكن المنتج بذلك من تجاوز صناع القرار في الشركات الذين كانوا سيرفضون المشروع على الأرجح بسبب افتقاره إلى القدرة على استقطاب عدد كبير من المشاهدين. ويشير خبير التوزيع السينمائي بيتر برودريك إلى أن فيلم "انعكاس" وهو فيلم درامي يتعلق بالمصارعة في المدارس الثانوية لم يعرض أبدا في دور السينما أو على التلفزيون أو يقدّم حتى في محلات بيع أو تأجير أشرطة الفيديو، ولكنه حقق رغم ذلك أكثر من مليون دولار عن طريق بيع أقراص الفيديو الرقمية (DVD) والتسويق عبر شبكة الإنترنت. ويصف المؤلف كريس أندرسون في كتاب "الذيل الطويل: سبب كون مستقبل التجارة هو بيع الأقل من الأكثر" كيف تمكن شبكة الإنترنت المنتجين والموزعين من استهداف جماهير معينة بمنتجات لا تبيع بكميات كافية في الطرق التقليدية للبيع بالتجزئة. وتزداد القدرة على تحقيق الربح لدى إنتاج أنواع أصغر أو غير معتادة من الأفلام كلما ابتعدنا أكثر عن بيع أو استئجار أشياء مادية مثل أقراص الفيديو الرقمية (DVD) وتوجهنا نحو إنزال الملفات الإلكترونية.

خضوع السينما والتلفزيون للوسائل الرقمية

في غضون ذلك، حقق التقدم الذي تم إحرازه في وضوح البث التلفزيوني عالي التحليل (HDTV) المعروف باسم (هاي دفنشن) في الآونة الأخيرة قفزة هائلة إلى الأمام في نوعية الصورة والصوت. ويعرف كل من زار محل بيع أجهزة إلكترونية أخيراً وضوح الشاشات المسطحة الجديدة الذي لا يمكن تصديقه وضخامتها. ويتكون كل إطار من الفيديو الرقمي من نقاط ضوئية صغيرة تعرف باسم (Pixels). وكلما ازداد عددها، كلما كانت الصورة أفضل وأكثر وضوحا، خاصة عندما تعرض على شاشة كبيرة.

ويستخدم الفيديو التقليدي الذي يقدم وضوحا عاديا حوالي 345 ألف نقطة ضوئية (Pixel) لكل إطار. في حين تستخدم أفضل الأنظمة ذات الوضوح الشديد (هاي دفنشن) حوالي مليوني نقطة ضوئية (Pixel). وعندما ترى فيلما جيد التصوير معروضا على شاشة كبيرة بوضوح شديد، فإنك لن تريد العودة إلى مشاهدة الأفلام ذات الوضوح العادي.

وقد بدأت تقنية (الهاي دفنشن) بإحداث تغيير جذري في أفلام هوليوود وبرامجها التلفزيونية (باستخدام تكنولوجيا كاميرا كان رائدها، مرة أخرى، جورج لوكاس). وأصبحت أنواع كثيرة من المشاريع التي كانت تصور على أفلام تصور حالياً بأسلوب التحليل العالي (هاي دفنشن) لتوفير الوقت والمال. وقد وصلت النوعية الآن إلى مستوى من الجودة لم يعد المشاهدون معه قادرين على التمييز بين الهاي دفنشن والتصوير بكاميرات أفلام الـ 35 ملمتراً. وأصبحت جميع الأفلام تقريباً تمر حالياً بمرحلة رقمية في وقت ما في عملية إنتاجها.

قُدّمت مبادرة السينما الرقمية من قبل مجموعة استوديوهات لنقل التكنولوجيا الرقمية إلى دور العرض. وعندما تذهب حاليا إلى دار السينما المحلية، فإنك تشاهد على الأرجح فيلماً يعرض باستخدام آلة عرض سينمائي. وتستخدم آلات العرض الرقمية الجديدة من نوع (K4) تسعة ملايين نقطة ضوئية (Pixel) تقريبا وتعرض صورة رائعة لن تتعرض أبدا للخدش أو للأوساخ. وقد قاومت دور العرض الاستثمار في الأجهزة المكلفة، ولكن نظراً لكون الاستوديوهات ستوفر ملايين الدولارات لدى التوقف عن طبع وشحن نسخ الأفلام الثقيلة، فقد تقوم في نهاية المطاف بدعم تمويل الأجهزة الجديدة. إلا أن هوليوود تشعر بالرعب من احتمالات وقوع أعمال القرصنة وسرقة أفلامها الجديدة لدى صدورها في شكل رقمي. وتشكّل القرصنة مشكلة هائلة. وعلى سبيل المثال، عندما قدم العرض الافتتاحي لأحدث أفلام جيمس بوند أخيرا في صالات

العرض الأجنبية، كانت النسخة المسروقة من أقراص الفيديو الرقمية (DVD) قد سبقتها إلى الأسواق.

ولكن في الوقت الذي تدخل فيه صالات السينما على عتبة العصر الرقمي، أصبح يتوفر للمستهلكين عددا يتزايد بسرعة هائلة من الخيارات لمشاهدة الأفلام على شاشات مسطحة ضخمة في غرف جلوسهم، وعلى شاشات الكمبيوتر الأصغر حجما على مكاتبهم، وعلى شاشات تليفوناتهم المحمولة الصغيرة في الشارع. واصبح التلفزيون الرقمي المتاح حاليا في قنوات ذات وضوح شديد ووضوح عادي بديلا كليا محل التلفزيون العادي التقليدي في الولايات المتحدة منذ17 شباط 2009. وسوف نتمكن قريبا، من خلال توفر الفيديو تحت الطلب، والإنزال على الإنترنت، و(TiVO) (وهو نوع من مسجلات الفيديو الرقمية يسمح للمرء بتسجيل برنامج ما أثناء مشاهدة برنامج آخر)، وبرامج البث على الإنترنت، من مشاهدة أي شيء، في أي مكان، وفي أي وقت تقريبا. وقد يعني ذلك نهاية واحد من أعظم التقاليد المنتشرة في جميع أنحاء العالم - أي الذهاب إلى دور السينما لمشاهدة فيلم ونحن محاطون بجمهور يضحك ويبكي معنا.

ان كثير من الناس ربما توجّهوا بأنظارهم إلى جورج لوكاس كدليل يهديهم إلى ماهو قادم. نظراً لكون إصدار الفيلم في دور السينما عملاً مكلفاً جداً وينطوي على مجازفة هائلة، تُدفع الاستوديوهات إلى التوجه نحو عقلية الأفلام الضخمة الميزانية، أي إلى تقديم منتج يجذب أوسع جمهور ممكن ويحقق أرباحاً هائلة. ومع ذلك، فإن معظم الأفلام تتعرض لخسائر مالية في دور السينما. وكان جورج لوكاس، الذي قدّم من الأفلام الضخمة الإنتاج التي حققت إيرادات ضخمة أكثر مما قدمه أي شخص آخر تقريبا، قد أبلغ مجلة "دايلي فريتي"، "إننا لا نريد أن ننتج أفلاما سينمائية. إننا على وشك التحول إلى التلفزيون". وقال إنه بدلا من إنفاق 100 مليون دولار لإنتاج فيلم واحد و100 مليون دولار أخرى لتوزيعه في دور السينما، سيصبح بإمكانه أن ينتج 50 إلى 60 فيلما

للتلفزيون وللتوزيع عبر الإنترنت. أما في ما يتعلق بذهاب الجمهور إلى صالات السينما لمشاهدة الأفلام في المستقبل فقال لوكاس: "لا أعتقد أن ذلك سيكون عادة في المستقبل".

عندما يأخذ المرء بعين الاعتبار أن التكنولوجيا الرقمية هي في الأساس وببساطة وسيلة لتحويل الأفلام إلى مجموعة من الآحاد والأصفار، يصاب بالصدمة والذهول للقدر الذي غيرت فيه طريقة صنع الأفلام السينمائية، والقصص التي تقدمها، وأمكنة عرضها، وكلفة إنتاجها، ومشاهديها. ولم تنته التطورات بعد وما علينا سوى انتظار ما سيأتي به الغد من تغييرات.

الفصل الثالث

الإنـــترنت

ظاهرة الإنترنت

الإنترنت

إن الإنترنت شبكة الشبكات العنكبوتية؛ وهي نتاج اندماج ظـاهرة المعلوماتيـة والاتصـال وهـي مكونة مـن آلاف الشبكات المحلية (LAN) والواسـعة (WAN) وتتكـون مـن ملايـين الحواسـيب المنتشرة في العالم وترتبط مـن خـلال الأقمـار الصناعية والهواتف والأليـاف الضـوئية، كـما إنها أكبر أداة للاتصالات المعلوماتية فهي شبكة حواسيب دولية تحمل كمية لا تصـدق مـن المعومـات بعضها حكومى وبعضها شخصي، وهي تكـاد تماثـل شبكة الإذاعـة أو التليفزيـون التي تـربط مجموعـة مـن محطات الإذاعـة أو التلفزيون التي تتقاسم ما تبثه من برامج مع فارق واحد هو أن شبكات التلفيزيـون تقـوم بإرسـال نفس المعلومات لجميع المحطات في نفس الوقت،وهي ماتعرف بشبكة البث بينما شبكات الكمبيوتر، فـإن كـل رسالة أو معلومة يتم توجيهها إلى جهاز كمبيوتر واحد ومحدد من الأجهزة المتحدة بالشبكة.

إن شبكة الإنترنت تمثل الأفراد الـذين يستخدمونها والمعلومـات المتراكمة داخلهـا بالإضـافة إلى الاستخدامات الكبيرة التي توفرها من إرسال البريد الإلكتروني والدردشة وخدمات الأخبار والتعليم، ويبتكـر المشتركون فيها طرقاً جديدة، وباعتماد الإنترنت على لأفراد الذين يستخدمونها فإن لهم محاولات دؤوبـة في ابتكارات جديدة ومثيرة من الاستخدام وكان أخرها إمكانية البث المباشر عبر الإنترنت للصـور والصـوت والاتصالات الهاتفية بالصوت والصورة عبر نظام الفيديو والكاميرا.

الإنترنت مفهومه ومراحله وخدماته

أولاً: مفهوم الإنترنت

تعرف الإنترنت بأنها مجموعة من الشبكات المحلية والعامة تديرها شركات خاصة معظمها يؤمن المكالمات الهاتفية البعيدة مثل MCI, Sprint, AT&T ومن شأن هذه الخطوط الهاتفية ربط الشبكات الخاصة والحكومية وكذلك الحواسيب المنزلية بعضها ببعض.

ان التسمية العلمية للإنترنت مكونة من مقطعين (Inter) وتعني الدخول والثاني (Net) وتعني الشبكة ليكون المعنى بشكل مبسط الدخول إلى الشبكة.

وتعد الشبكة العنكبوتيه واحدة من اخطر الوسائل الاتصالية وتأسست هذه الشبكة في الولايات المتحدة الأمريكية لاغراض عسكرية في ستينيات القرن الماضي كمشروع خاص بوزارة الدفاع الأمريكية باسم (أربنت) وفي بداية الثمانينات تحول الاهتمام بهذه الشبكة من اقتصارها على المؤسسة العسكرية لتكون تحت ادارة الجامعات الاردنية وسرعان ما انتشرت إلى الجامعات الأمريكية ثم الاسيوية واصبحت وسيلة مهمة لنقل المعلومات وتبادل البريد الإلكتروني متاحة للجميع (ولا يفوتنا هنا الاشارة إلى الاستخدام الواسع للإنترنت في حملة الرئيس الأمريكي الحالي اوباما والخاصة في الانتخابات كما لا ننسى- ان تنظيم القاعدة استخدمها قبله). ففي حين كان عدد من يستخدم هذه الشبكة محدود جداً تشير الاحصائيات إلى تجاوز اعدادهم اليوم إلى اكثر من 300 مليون شخص وتقدم الشبكة خدمات عديدة ابرزها البريد الإلكتروني والمحادثة الحية أو ما يسمى بالهاتف المكثوب ونقل الملفات مهما كان نوعها وحجمها اضافة إلى خدمة غوفر فضلاً عن امكانية اقامة الحوارات الحية والمحادثات المباشرة والمشاركة في

الندوات عن طريق المؤتمرات الفديوية بالصوت والصورة والاستفادة من بنوك المعلومات المتلفزة والدخول إلى الوثائق والمعلومات المختلفة.

للإنترنت من أهمية وحيوية في عصرنا هذا، حتى أنه اعتبر في الكثير من المجتمعات أداة أساسية للحياة العصرية.فهي ثمرة اندماج الحاسبات والاتصالات والتي يمكن من خلالها الحصول على مزايا عديدة، فإزالة حاجز الزمان والمكان اختلاف اللغات، جعلت الإنسان على اطلاع بالعالم وما يحدث ويستجد فيه.

لقد استخدم مصطلح الإنترنت أول مرة عام 1983 فالإنترنت (Internet) في اللغة الانكليزية " عبارة مشتقة من (International Network) أي الشبكة العالمية، وتعني لغوياً الترابط بين الشبكات".

مع كثرة التسميات التي تطلق على الإنترنت، إلا أن الجميع يتفق على أنها أهم ثورة في مجال تطور وسائل الاتصال، وتمثلت الثورات بتطور اللغة ثم الكتابة فالطابعة فوسائل الاتصال الجماهيري وأخيراً الثروة الخامسة والمتمثلة بالإنترنت.

ومن هذه التسميات:

أم الشبكات: تربط الملايين من أجهزة الكومبيوتر والأشخاص حول العالم، وتقدم معلومات تغطي مختلف المجالات ولذلك اطلق عليها أم الشبكات: " لأنها تحتضن بين ذراعيها المئات من الشبكات الصغيرة وعدداً من الشبكات الواسعة ".

الشبكة العالمية: لكونها تربط الحواسيب في العالم عن طريق تقنيات الاتصال ومنها الأقمار الصناعية، وخطوط الهاتف، لتوفير الخدمات لجميع أفراد المتجمع.

نظام معلوماتي: " يتم من خلالها خزن واسترجاع ونقل المعرفة ".

شبكة معلومات: مصدر للمعلومات مكمل للوسائط الأخرى ومنها الأفلام، الفيديو، فضلاً عن سرعة وانتشار وتبديل المعلومات وسهولة استعمالها.

وسيلة الإعلام الجديدة: نظراً لقدرتها على احتواء وسائل الإعلام(صحافة، إذاعة، تلفزيون) مـن خـلال نشر ـ الأخبار، وبث برامج الراديو والتلفزيون.

الفضاء السبراني Cyber Space: " يشير إلى العوالم الافتراضية   التي تخلقها الشبكات المعلوماتيـة العالميـة ". نافذة العالم: نطل من خلالها على العالم لمعرفة آخر تطوراتـه والمشـاركة في أحداثـه، أي حولـت العـالم إلى قرية كونية.

طريق المعلومات السريع: " تشبه إلى حدٍ كبير الطريق السريع من حيث أسـلوب المـرور داخلهـا وأسـلوب التغذية والتفرع، وكما هو الحال في الطريق السريع الذي يتم ربطه بشكل مستمر بشـبكات طـرق أخـرى ويتم زيادة طوله ليصل إلى أماكن جديدة، كذلك الحال في شبكة الإنترنت التي تضم إليها بشـكل مستمر شبكات جديدة ومستخدمين وأجهزة كومبيوتر جديدة

الإمبراطورية التي لا تغيب عنها الشمس: لكونها تغطي الكـرة الأرضية مـن قطبهـا الشـمالي إلى قطبهـا الجنوبي وترتبط بعشرات الأقمار الصناعية الموجودة في فلكها، على أساس لا مركزي، وبنـاء عـلى ذلك فهـي تحتاج إلى مئات البحوث المختلفة في مجال (الأدب، التاريخ،..) لتغطية أبعادها.

أما الإنترنت فهي التسمية الأكثر شهرة في العالم والتسمية المستخدمة في دول الغـرب والشرق والوطن العربي: إنها تتضمن.." الأفراد والمجتمعات، والمؤسسات، والمدارس والجامعات، وفعاليات الخدمات التجارية، والشركات والجهات الرسمية، والشبكات المجانية التي تستخدم بروتوكولات TCP/IP وتبقى عادةً على اتصال مع الشبكة على مدار الساعة ".

إن اللغة الأكثر شيوعاً للإنترنت هي اللغة الإنكليزيـة إضافة إلى أن الإبحـار فيهـا مجـاني، ولكـن لتوفير الخدمة يتطلب دفع ثمن لها.

وبناء على ما تقدم فالإنترنت عبارة عن شبكات حواسيب موزعة في أنحاء العالم، وتشكل نظاماً واحداً، يتولى إدارته وتمويله عدد من المنظمات الخاصة، والجامعات والوكالات الحكومية.

ثانياً: نشأة وتطور الإنترنت

في عام 1950 ساور القلق وزارة الدفاع الأمريكية من قيام حروب نووية تقضي على نظام الاتصالات المحرك لكل الأعمال، الأمر الذي طرح سؤالاً عن كيفية ضمان واستمرار الاتصال في حال قيام هذه الحرب، وكانت الإجابة تكوين شبكة اتصالات لا مركزية إذا دمرت أحداها فإنها تستمر في العمل وهذه الشبكة هي الإنترنت . وبهذا كانت فكرة الإنترنت حكومية عسكرية امتدت إلى قطاع التعليم ثم التجارة حتى أصبحت في متناول الأفراد. دليل الهاتف، والخدمات الإدارية المتعددة. توفر جميع خدمات الإنترنت من بريد إلكتروني، ومؤتمرات الفيديو، الحوار.. الخ. من خلالها يمكن تبادل البيانات النصية والصوتية والفيديوية والصور والرسوم.

مرت الشبكة العنكبوتيه التي نتعامل معها اليوم بسلسلة طويلة من عمليات التطوير وعلى مدى اربعين سنه من الان (من عام 1969 -2009) ويمكن اجمالها كما يلي :

- 1957م: أسست وزارة الدفاع الأمريكية لمشاريع الأبحاث المتقدمة أربا (ARPA) اختصار لـ (Advanced Research Projects Agency)، وكانت تهتم بتطوير العلوم خلال فترة الحرب الباردة. وهذه الوكالة كانت رداً على إطلاق الاتحاد السوفيتي أول قمر صناعي (Sputnik).

- 1962: اقترح بول باران (Poul Baran) وهو باحث أمريكي يعمل في شركة (RAND) الحكومية، نظاماً لربط الحواسيب مع بعضها في الولايات المتحدة كافة، من خلال شبكة لا مركزية إذا دمر بعضها، فإنها تستمر في اتصالاتها.

- 1968: وافقت وزارة الدفاع الأمريكية دعم هذا الاقتراح من خلال وكالة مشاريع الأبحاث المتقدمة أربا (ARBA)، حيث قدمت هذه الوكالة الكثير من التسهيلات للباحثين، لتطوير العلم، ولتشجيع من خلال تطبيق أفكارهم على الحواسيب بدلاً من النقاشات النظرية.

- 1969: أسست وكالة (ARBA) شبكة اربانيت (ARPANET) ووضعت أول أربعة نقاط اتصال لشبكة " أربانيت " في مواقع جامعات أمريكية منتقاة بعناية وهذه الشبكة ربطت بين أربع جامعات أمريكية وهي:

- جامعة كاليفورنيا في لوس أنجلوس، ومعهد أبحاث ستانفورد وجامعة كاليفورنيا في سانتاباربارا وجامعة اوتا.

- 1972: ظهر البريد الإلكتروني (E-mail) والذي طوره راي توملينسون (Ray Tomlinson) وظهر كذلك أول عرض عام لشبكة " أربانيت " في مؤتمر العاصمة واشنطن بعنوان العالم يريد أن يتصل، والسيد راي توملنسون يخترع البريد الإلكتروني ويرسل أول رسالة على " أربانيت

- 1973 إضافة النرويج وإنجلترا إلى الشبكة

- 1974 الإعلان عن تفاصيل بروتوكول التحكم بالنقل ، إحدى التقنيات التي ستحدد " إنترنيت

- 1977 أصبحت شركات الكمبيوتر تبتدع مواقع خاصة بها على الشبكة

- 1979: ظهر اليوزنت (USENT) وهو إحدى وسائل الإنترنت المتخصص بالأخبار، ويضم مجمعات الأخبار (News Groups).

- 1982: ظهور البروتوكول TCP/IP.

- 1983 تم تقسيم (ARPANET) إلى جزئان (ARPANET) و (MILNET)، فالأولى تستخدم للأبحاث المدنية والثانية للاستخدام العسكري

- 1983 أصبح البروتوكول TCP/IP معيارياً لشبكة " أربانيت "

- 1984 أخذت مؤسسة العلوم الأمريكية NSF على عاتقها مسئولية " أربانيت " ، وتقديم نظام أعطاء أسماء لأجهزة الكمبيوتر الموصولة بالشبكة المسمى Domain Name System (DNS.

- 1985 أول شركة كمبيوتر تسجل ملكية "إنترنت " خاصة بها

- 1986: أنشئت شبكة مؤسسة العلوم الوطنية_شبكتها الأسرع (NSFNET) وهي اختصار إلى (National Science Foundation Net Work)_مع ظهور بروتوكول نقل الأخبار الشبكية Network News Transfer Protocol جاعلا أندية النقاش التفاعلي المباشر أمرا ممكنا ، وإحدى شركات الكمبيوتر تبني أول جدار حماية لشبكة " إنترنيت" واستحوذت هذه الشبكة على دور (ARPANET) لتصبح البنية التحية للإنترنت، وهي شبكة حكمية تربط المؤسسات التعليمية.

- 1989: إنشاء النسيج العنكبوتي للمعلومات www اختصار إلى (World Wide Web).

- 1990: توقفت اربانيت (ARPANET) عن العمل وحلت محلها الإنترنت.

- 1991: جامعة مينيسوتا الأمريكية تقدم برنامج " غوفر" Gopher وهو برنامج لاسترجاع المعلومات من الأجهزة الخادمة في الشبكة اضافة إلى ظهور أنظمة البحث مثل وايس (WAIS).

- 1992 مؤسسة الأبحاث الفيزيائية العالمية CERN في سويسرا ، تقدم شيفرة النص المترابط Hypertext المبدأ البرمجي الذي أدى إلى تطوير الشبكة العالمية Wide Web Word

- 1993: ابتدأ الإبحار ، من خلال إصدار أول برنامج مستعرض الشبكة " موزاييكMOSAIC وهو برنامج يستخدم للإبحار في صفحات www الوب. " ثم تبعه آخرون مثل برنامج " نتسكيب " وبرنامج " مايكروسوفت "

- 1995 اتصل بشبكة " إنترنيت " ستة ملايين جهاز خادم و50.000 شبكة ، وإحدى شركات الكمبيوتر تطلق برنامج البحث في الشبكة العالمية .

- 1996 أصبحت "إنترنيت " و " Web" كلمات متداولة عبر العالم . في الشرق الوسط أصبحت " إنترنيت " من المواضيع الساخنة ، ابتداء من التصميم الأول لشبكة وحتى اليوم ، واصبح هناك عدد من مزودي خدمة " إنترنيت " يقدمون خدماتهم .كذلك ظهور برامج تجول متاحة في الأسواق مثل نت سكيب (Net Scape) وكشاف الشبكة (Internet Explorer).

- 1997: ظهور إنترنت الجيل المقبل NGI(Next Generation Internet)، الهدف منه مضاعفة سرعة الإنترنت حوالي 1000 مرة ويعمل في هذا المشروع كل من وكالة نانسا (NASA) وداربا (DARPA) ومؤسسة (NSF) إضافة إلى وزارة الطاقة الأمريكية Department of Energy.

- 1999: ظهور إنترنت 2 (Internet 2)، الهدف منه تسريع ونشر تطبيقات وخدمات الإنترنت وهو برعاية (Corporation for Advanced Internet Development) اتحاد الجامعة والمؤسسات للتطوير المتقدم لشبكة الإنترنت ويعمل على تطويره أكثر من 170 جامعة و 60 شركة عالمية في قطاع تكنولوجيا المعلومات إضافة إلى إشراك الحكومة الأمريكية.

ان الإنترنت هو حق طبيعي لكل الناس ويجب ان يتاح للجميع ولا يمتلكه احد ولكن يتحكم في توزيع موارد الإنترنت الشركات العالمية التي تملك خطوط الربط (وسائط الاتصال) وتملك بيعها وتأجيرها لمن يريد الاستفادة من الإنترنت. وهنا ينتهي

دورها، فبمجرد أن يتصل أي فرد بالإنترنت أصبح هو أحد مالكين الشبكة وله الحق في وضع أي معلومات يريدها لتكون متداولة خلال الشبكة. وهناك حاليا بعض الشركات المحلية الخاصة التي تقوم بتأجير خطوط الربط من الشركات العالمية، وتؤجرها للأفراد والشركات مقابل اشتراك سنوي .وتسمى شركات تقديم خدمة الإنترنت "internet service providers . كما تعد قضية السيطرة الأمريكية على شبكة الإنترنت من المسائل الشائكة ، فأمريكا غير مستعدة لتسليم هذه الإدارة إلى أية جهة حتى لو كانت هيئة تابعة للأمم المتحدة، كما جاء على لسان سفيرها في جنيف ديفيد غروس ومنسق سياسة الاتصالات والمعلوماتية في وزارة الخارجية الأمريكية، في الوقت الذي انتشرت فيه في أروقة الأمم المتحدة أراء ووجهات نظر ترى أن السيطرة على الإنترنت لا تخص دولة واحدة بعينها. ومن وجهة نظر أمريكية فإن سيطرتها على الإنترنت مسألة تاريخية لأنها هي من قام بتمويل وبناء أنظمتها الأساسية في البداية.

وهي بالتالي موضوع غير قابل للنقاش لان له أبعاد ترتبط بالمصالح القومية، كما أضاف غروس. وتقر كثير من الدول، خصوصاً النامية منها بذلك، ولكن هناك دول أخرى بدأت تبدي عدم رضاها لأن الكثير من عناوين ربط الكومبيوتر محجوزة منذ وقت طويل. فتقدمت باقتراح ينقل السيطرة على قاعدة حفظ العناوين من إدارة الإنترنت ICANN الموجودة في الولايات المتحدة الأمريكية إلى هيئة دولية يُفضل أن تكون تحت إشراف الأمم المتحدة.

إيجابيات وسلبيات الإنترنت

يتمتع الإنترنت بالعديد من الفوائد والمميزات، ولكنه لا يخلو من بعض السلبيات والمساوئ، حيث أن الفوائد طغت على المساوئ وجعلت الاهتمام بالإنترنت يزداد شيئاً فشيئاً ويمكن إيجاز الإيجابيات والسلبيات بالآتي:

الإيجابيات:

للإنترنت إيجابيات كثيرة لا تعد ولا تحصى فهي تفيد الباحثين والقراء في الحصول على المعلومات التي يبحثون عنها، كما أنها تفيد المؤسسات على اختلاف تخصصاتها سواء كانت رسمية أو غير رسمية، ويمكن إيجازها بالآتي:

- الإنترنت قمة التطور التكنولوجي المعاصر

أصبح الإنترنت قمة التطور لمختلف أنواع الاختراعات والتكنولوجيا حيث اصبح الإنسان في الوقت الحالي يستخدم جهاز الحاسوب الشخصي كأداة للبحث الآلي المباشر وكذلك البحث بالأقراص: كتنزة والوسائط المتعددة بالاتصال عن بعد وإرسال واستلام الرسائل والوثائق عن بعد (الفاكسملي)، وكذلك خدمات أنظمة بنوك الاتصال المتفلزة (الفيديوتكست)، واستخدام تسهيلات الشبكة للاتصالات الهاتفية، والبث التسجيلي الفيديوي، والبث التلفزيوني المباشر.

- الطب عن بعد

تقدم الإنترنت تسهيلات وخدمات كثيرة في التعاون الطبي وإنقاذ أرواح الآلاف من البشر في مختلف أرجاء العالم. حيث يمكن أن يقوم طبيب جراح مبتدئ القيام بعمليات جراحية متقدمة بإشراف طبيب متخصص وعالي المهارةعن بعد إضافة إلى إجراء التحليلات المخبرية عن بعد، وغيرها من التسهيلات الطبية الكثيرة التي تقدمها شبكة الإنترنت.

- وحدة اللغة والمصطلحات بين الأعضاء في الاتحاد العالمي للإنترنت

سوف يؤدي انتشار شبكة الإنترنت، وزيادة أعضائها إلى انتشار اللغة التي تستخدمها الشبكة ومصطلحاتها.

- التعليم عن بعد

يمكن التعاون في مجال الإشراف على الرسائل الجامعية، وإلقاء المحاضرات، والمشاركة في كتابة البحوث، والتحضير إلى المؤتمرات والندوات والأنشطة العلمية والثقافية الأخرى، والمشاركة فيها والتحاور مع المشاركين الاخرى، كل ذلك يتم عن بعد، كل في موقعه وبلده.

- المساعدة في محو الأمية التكنولوجية

تستطيع شبكة الإنترنت نشر الوعي ألمعلوماتي وكسر حواجز ما يسمى بالأمية التكنولوجية، والتي تعتبر عائق كبير تقف في وجه الملايين من الناس الذين يحتاجون إلى استثمار خدمات وتطبيقات هذه الشبكة وما يرتبط بها من تكنولوجيات.

- التقارب والتفاهم العالمي

فالإنترنت جعلت العالم قرية صغيرة، ينظر إليها من خلال شاشة الحاسوب لأنها تمثل اختراقاً طبيعياً للحدود الجغرافية والسياسية للدول، لذا يمكن استثمار هذا التقارب بين شعوب العالم، والتفاهم بين الأمم والشعوب

- تأمين الاتصال الفوري المتزامن

تؤمن شبكة الإنترنت اتصال آلي ومباشر، بالنصوص والأصوات والصور الثابتة والمتحركة، عن طريق حواسيب في مواقع وشبكات مختلفةوبتكلفة مالية أقل من الطرق والوسائل الأخرى المعروفة مثل الفاكسملي والاتصالات الهاتفية وغيرها.

- زيادة التجارة الإلكترونية بين دول العالم

سوف يؤدي انتشار شبكة الإنترنت إلى زيادة حجم التجارة الإلكترونية على شبكة الإنترنت.

- الإنترنت كمكتبة إلكترونية متعددة ومتطورة الخدمات

تقدم شبكة الإنترنت العديد من الخدمات والمعلومات والمواد التي تعجز عن تقديمها أكبر مكتبـات العـالم العامة والجامعية والوطنية لمختلف شرائح المجتمع وجميع أفراد الأسرة، فهناك موقع علـى الشبكة يـزود القراء والمستخدمين بخدمة تصفح وقراءة أكثر من (1900) مجلـة دوريـة، بالإضافة إلى عـدد كبـير مـن الصحف التي تصدر في دول العالم وبمختلف اللغات. أما بالنسبة لقراء الكتب فنـاك الآلاف مـن عنـاوين الكتب الإلكترونية بإمكان مستخدمي الشبكة الوصول إليها من خلال اسم المؤلف أو العنوان أو الموضـوع وغيرها من نقاط الوصول إلى الكتب المطلوبة.

- زيادة وسائل الترفيه والترويح

تضم شبكة الإنترنت عدداً كبيراً من مواقع الترفيه والترويح والألعاب لشغل وقت الفراغ.

- الوصول إلى كافة الوثائق والمعلومات المطلوبة

فشبكة الإنترنت تحدد وبشكل كفء الوثائق أو الملفات المطلوبة والحصول عليها عن طريق تقنيـة النـص المتشعب أو المترابط، حيث يستطيع المستخدم بواسطة روابط تشعبية ذات طبيعة دلالية من الوصـول إلى الوثائق والمعلومات المطلوبة والموجودة في مختلف المجاميع والمناطق.

- توفر البرمجيات والبروتوكولات

توفر شبكة الإنترنت مختلف أنواع البرمجيات والبروتوكولات، وهي سهلة الاستخدام من قبل الأفراد الـذين لا يحتاجون إلى مهارات حاسوبية، كما توفر العديد مـن الآلة الإرشـادية المطبوعـة المسـاعدة والتعلـيمات التفصيلية عن استخدام الشبكة وتسهيلاتها وباللغات المختلفة ومنها اللغة العربية.

- ممارسة العمل عن بعد

فمثلاً يستطيع المهندس المعماري أن يقوم بإرسال تصاميمه الهندسية للشركة التي يعمل بهـا عـن طريـق شبكة الإنترنت وهو في منزله.

- توفر أدوات ومستلزمات الارتباط المادية والفنية

لقد أصبحت أدوات ومستلزمات الربط والارتبـاط الماديـة والفنيـة بالشـبكة يسـيرة ومتـوفرة، كالحاسـبات والمحولات (المودم) السريعة بمختلف أنواعها وملحقاتها المطلوبة في الأسواق المحليـة والعربيـة، وبتكـاليف مادية ليست مرتفعة.

- إمكانية استثمارها من قبل شرائح المجتمع

لا تقتصر خدمات وتطبيقات شبكة الإنترنت على شريحة واحدة من شرائح المجتمـع، بـل جميعهـا تقريبـاً، حيث يستخدمها طلبة الجامعـات وأسـاتذتها وطلبة المـدارس والفنيـون والباحثون والإداريـين والأطبـاء والمهندسون وغيرهم.

- الاستماع إلى الراديو والموسيقى ومشاهدة الأفلام حسب الطلب.

- الحوار مع الآخرين حول موضوع أو قضية بحثية عن طريق ما يسمى بمجاميع النقاش.

سلبيات هذه التكنولوجيا:

1. الافتقار إلى سرية المعلومات.

2. توفير كمية كبيرة من المعلومات وبالتالي صعوبة الحصول على الكمية المفيدة منها.

3. التحديث المستمر لمعلوماتها،مما يسبب الإرباك عند الرجوع إلى معلومات سابقة.

4. احتوائها على معلومات غير أخلاقية وتافهة، أي انتشار ما يسمى بالإباحية الإلكترونية مثل تبادل الصور الفوتوغرافية المؤذية للأخلاق والقيم.

5. ضياع كثير من الوقت، خصوصاً للأفراد غير المتخصصين حيثُ توجد نسب كبيرة منهم لا يقومون باستعمالها بالوجه الأكمل.

6. تؤدي إلى كسر أواصر العلاقة الأسرية فالتعرض للإنترنت يختلف عن التعرض لوسائل الإعلام الأخرى، والسبب ان التعرض للإنترنت يكون بشكل فردي. فضلاً عن إهمال المسؤوليات بسبب الإدمان عليه.

7. الترويج لمعلومات متطرفة دينياً وسياسياً وعنصرياً.

8. إنها ستغير أموراً كثيرة منها سلوك الفرد، مبادئه ، قيمه وأخلاقه، لأن ما يراه الفرد صحيحاً في مجتمع ما، يكون خطأ في مجتمع آخر.

9. المشاكل الصحية الناجمة عن استخدام الكومبيوتر ومنها شاشات العرض وما تسببه من مرض التعب والمتكرر الذي يصيب الرسخ والأيدي والرقبة، فضلاً عن الإشعاع والمجالات الكهرومغناطيسية والتي تؤثر على خلايا المخ، وتكون أكثر خطورة للأشخاص المصابين بالصرع والنساء الحوامل، أما بالنسبة لمشاكلها السيكولوجية يعود إلى القلق والخوف من الفشل والشعور بعدم التحكم بالنسبة للأشخاص الذين لا يتمتعون بالخبرة في استخدام الكومبيوتر فضلاً عن تعب العين والصداع والرؤية المزدوجة والمشوشة وغيرها من المشاكل التحديق لفترة طويلة على شاشة الكومبيوتر.

10. انتشار الجريمة الإلكترونية والمتمثلة بالكثير من الأمور منها جرائم الملكية الفكرية، سرقة البرامج، والاحتيال المالي من خلال بطاقات الائتمان.

11. استغلال خدمات الإنترنت بإرسال رسائل تحرش ومضايقة أو تشويه وتحقير شخص من خلال البريد الإلكتروني فضلاً عن إمكانية اختراق البريد الإلكتروني والاطلاع على معلوماته.

12. أصبحت مقراً للإرهابيين والجواسيس فالإرهابي يستطيع ان يسمع صوته إلى كل العالم، فضلاً عن سهولة الاختراق والتجسس على سبيل المثال تعرض وزارة الدفاع الأمريكية إلى أكثر من 300 مرة لاختراقها في عام 1994.

13. انتشار الفيروسات ، بسبب عدم وجود حماية منها، وهذا يعني إصابة المعلومات المختزنة بالتلف، فهو يشبه الفيروس الذي يصيب الإنسان.

14. انشار ظاهرة إدمان الإنترنت : حيث أكد بعض علماء النفس على انشار الأمراض النفسية والعصبية نتيجة لاستخدام التكنولوجيا وعلى رأسها الإنترنت،فإن الإنترنت قديتحول إلى إدمان في حالة الإكثار من استخدامه دون وعي.

15. تجاوز حقوق النشر : تعد حقوق الطبع والنشر للإنتاج الفكري من الأمور المهمة والحساسة للمؤلفين والناشرين، والتي يترتب عليها أمور قانونية ومالية. وهذه مشكلة مثيرة للجدل للوثائق والمعلومات المتوفرة على شبكة الإنترنت، وخاصة الوثائق والمطبوعات الإلكترونية المستنسخة من قبل بعض المواقع،وكذلك برمجيات الحاسوب المختلفة المتوفرة على شبكة الإنترنت.

16. التأخير أو الانقطاع في الاتصال : إن هناك أوقاتاً معينة خلال اليوم يصعب فيها الحصول على اتصال عن بعد لكثرة أعداد المستخدمين في تلك الفترة التي تسمى بفترة الذروة، وهذا يستدعي الانتظار الذي قد يصل إلى النصف الساعة أحياناً، وفي هذه الحالة ينزعج المستخدم لطول الانتظار ويغلق الحاسب الآلي ولا يعاود الاتصال مرة أخرى.

17. يواجه الكثير من المستخدمين مشكلة في فهم بعض من برمجيات الإنترنت. وهذا يستدعي الانضمام إلى دورات متخصصة، وإنفاق الساعات الكثير في التطبيق.

18. شبكة الإنترنت تقلل مشاهدة التلفزيون وقراءة الصحف لدى الشباب: أشارت الدراسة التي أجرتها الدكتورة نجوى عبد السلام على أن هناك علاقة معنوية بين مستوى التعليم واستخدام الإنترنت بدافع التسلية والترفيه، فكلما زاد المستوى التعليمي قل استخدام الإنترنت للتسلية والترفيه. وأن هناك علاقة مؤكدة بين مستوى التعليم واستخدام الإنترنت بدافع تكوين الصداقات، فكلما زاد المستوى التعليمي قل استخدام الإنترنت في تكوين الصداقات.

19. تأثير الإنترنت على النشاط العقلي للإنسان : يعتقد البعض بأن الوصول إلى المعلومات والمعارف أصبح سهلاً عن طريق الإنترنت والحاسبات الإلكترونية المتطورة، وبشكل لا يحتاج إلى جهد عقلي أو إبداع، لذا يعتقد هؤلاء أن ذلك يدعو إلى تهميش دور الجهد العقلي للإنسان وبالتالي قدراته الإبداعية الخلاقة في التحليل والتفكير.

20. المشاكل والمعاكسات الأخلاقية : تتضمن شبكة الإنترنت عدد هائل من الصور أو الروايات الجنسية الخليعة، كما أن هناك معلومات تعطى لبعض المستخدمين عن عناوين بيوت الدعارة في العديد من دول العالم، والأكثر من ذلك وجود أحاديث هاتفية منافية للأخلاق والأعراف تؤديها بعض الفتيات المدربات من خلال بعض المؤسسات المشتركة في الشبكة. وقد وضعت العديد من الدول ومنها العربية على وضع ضوابط وتعليمات تؤمن حماية مستخدمي الشبكة في هذا النوع من الخدمات وتجنب تأثيراتها الأخلاقية والاجتماعية والسلبية.

21. الغزو الفكري : تساعد الإنترنت على بث الكثير من المواد التي تساعد على الغزو الفكري، وبخاصة فيما يتعلق بمساعدة المبشرين في إيصال رسالتهم إلى الأقطار العربية والإسلامية. مما ينتج عنه من تهديد الثقافة العربية والتراث العربي الإسلامي.

22. انشار جرائم الإنترنت : أدى الإنترنت إلى ظهور نوعية جديدة من الجرائم التي ترتكب باستعمال الشبكة. فمثلاً هناك كتاب بالإنجليزية عنوانه (إرشاد الإرهابيين) موجود نصه على شبكة الإنترنت تم الربط بين معلوماته وبين حادثة تفجير المبنى الحكومي في ولاية أوكلوهاما من قبل أحد أعضاء الكونغرس المعروفين.

23. سرية المعلومات في شبكة الإنترنت غير آمنة : فالرسائل مثلاً معرضة للقراءة من قبل الآخرين، لذا فالإنترنت لا توفر بيئة آمنة تماماً للمؤسسات والمستخدمين.

24. تهريب أموال عصابات المخدرات : تستخدم شبكة الإنترنت كأداة التهريب الأموال المجمعة من تجارة المخدرات، والتي تطلق عليها اسم الأموال القذرة، ويشير تقرير أعتدته منظمة الأمم المتحدة وصندوق النقد الدولي أن (28.5)مليار دولار من الأموال القذرة تهرب سنوياً إلكترونياً عبر شبكة الإنترنت، لتخترف وتورط (67) دولة من بينها الولايات المتحدة الأمريكية وبعض الأقطار العربية والإسلامية، وقد تعرضت هذه الدول إلى انتقادات حادة من قبل الهيئة الدولية لمكافحة الجرائم الاقتصادية.

25. المشاكل والمحاذير المالية والتجارية : يعتقد الكثير من المستخدمين أن التعامل التجاري والمالي عبرشبكة الإنترنت في موقف محرج، لعدد من الأسباب أهمها عدم كفاية الأمان والحماية للحقوق وضعف التشريعات القانونية في هذا الجانب. فقد يوظف بعض اللصوص من ذوي القدرات المعلوتية العالية، معلومات انترنت نحو ابتزاز أو إفساد متعمدلأنظمة معلومات الغير في المواقع المختلفة، أو الحصول على بضائع وأموامل وخدمات من دون دفع ثمنها.

أدوات الإنترنت:

إن اتساع أنشطة مجالات الإنترنت قد أدى إلى تنوع أدواتها ومنها:

1-أف تي بي FTP (File Transfer Protocol) خدمة نقل الملفات:

خدمة نقل الملفات على الإنترنت من جهاز لآخر ومن فوائده استخدامه للحصول على البرامج والوثائق والصور والفيديو والصوت، من حاسوب بعيد خلال ثوان.. يعمل الـ FTP وفق أسلوب(العميل/الخادم) (Client /Server) أي أن برنامج العميل (المستعرض) يعمل على حاسوب المستخدم يرسل طلباً بالمعلومات المطلوبة إلى برنامج الخادم، والذي يعمل على حاسوب آخر في مكان ما على شبكة الإنترنت وعندما يتلقى الطلبات يرسل إلى المستعرض المعلومات المطلوبة وبعدها يظهر المستعرض ما تلقاه على شاشة المستخدم.

بعض مواقع الـ FTP يتطلب الوصول إليها رقم حساب وكلمة سر ، بينما المواقع الأخرى تسمح للجميع بالدخول إليها باستخدام الهوية العامة (Anonymous). إن مستخدمي الهوية العامة يطلعون على بعض ملفات الـ FTP بينما الإطلاع على الملفات الخاصة والأكثر يتطلب رقم حساب وكلمة سر.

وللوصول إلى ملفات FTP لابد من استخدام أدوات بحث ومن أشهرها أرشي (ARCHIE).

ارشي Archie: هي أداة بحث تستخدم الكلمات المفتاحية (Keywords) ، أو جمل (Phrases) لإيجاد الملفات المطلوبة.

أي عبارة عن قاعدة بيانات لمواقع FTP، ومن فوائدها عندما تسمع عن مقال أو منشور لا تعرف أين تجده، فارشي يساعدك في إيجاده لأنه لا يتطلب اسم الملف كاملاً، فضلاً عن كونه بمثابة دليل تليفون يحتوي على فهارس بمحتويات مواقع FTP، أي عبارة عن كومبيوتر مضيف يحتوي على قوائم بالملفات المتاحة.

2-وايس WAIS (Wide Spread Information Server) خدمة مناطق ومعلومات واسعة.

أداة تساعدنا للبحث عن المستندات من خلال البحث في محتواها باستخدام الكلمات المفتاحية والعوامل البوليانية، وتتكون العوامل البوليانية من: (Not-or-And) ومن خلال هذه العوامل يمكن صياغة الطلب بشكل أبسط وأسهل فمثلاً البحث عن معارك الحرب العالمية الثانية بين فرنسا وألمانيا أو بين ألمانيا وإنكلترا سيكون صياغتها بالشكل التالي: (معارك الحرب العالمية الثانية " - و " فرنسا" و " ألمانيا - أو " ألمانيا" و " إنكلترا) كما يمكن استخدام العامل Not وبهذا أنشأ وليس بعد ان قصر كل من غوفر وفيرونيكا عن تلبية حاجات المستفيدين لأنهما يقتصران على فهرست العناوين دون البحث في محتوى الملفات.

3- غوفر Ghoper

" أداة مستخدمة على نطاق واسع في الإنترنت تستطيع من خلالها القيام باستعراض المعلومات دون ان تكون لديك المعرفة المسبقة عن مكان هذه المعلومات "

وهو يعمل استناداً على مبدأ العميل والخادم (Client –Server) وتتمثل عيوبه باعتماده على البنية الشجرية أي لا يمكن الانتقال إلا من قائمة أم إلى قائمة ابنه أو بالعكس، فضلاً عن اعتماده على الإشارات المرجعية Bookmarks ، إضافة إلى اقتصار بحثه على فهرسة العناوين دون البحث في محتوى الملفات أي لا يمكن صياغة طلبات بحث فيه لكونه أداة بحث للتصفح فقط.

يعتبر غوفر الخطوة الأولى لظهور شبكة الوبب العالمية من خلال مفهومه ووظائفه بالرغم من عدم استخدامه للارتباطات التشعبية Hyperlinks والعناصر الرسومية ومن أشهر أدوات البحث في غوفر أداة فيرونيكا.

فيرونيكا Veronica: نظام بحث عن المعلومات في غوفر، أي يحتوي على فهرس ومحتويات غوفر، علماً أن علاقة غوفر بفيرونيكا هي نفس علاقة FTP بارشي.

ظهرت فيرونيكا لأن التصفح بغوفر ليس فعلاً، فالوصول إلى معلومة ما يتطلب إجراء عملية تصفح طويلة وبهذا أنشئت فيرونيكا للوصول إلى معلومة ما خلال ثوان.

إن البحث في فيرونيكا يعتمد على الكلمات المفتاحية Keyword والعوامل البوليانية وهي (AND, OR, NOT) أي أنها تشبه محركات البحث Search Engines الموجودة في الويب من حيث اعتمادها على الكلمات المفتاحية، عيبها الوحيد إنها تبحث في العناوين Titles دون الدخول إلى نصوص الوثائق Text of Documents.

4-الويب www (World Wide Web) شبكة المعلومات الواسعة:

تحتوي على معلومات في مجالات شتى، وتتضمن عادةً نصوصاً وصوراً وأصواتاً، وهي منظمة بطريقة يسهل الوصول إليها، إختصارها www أو w3 وتحتوي على العديد من صفحات النصوص الفائقة الـ Hyper Text ويمكن الإبحار فيها من خلال المستعرض Browser، أما البحث فيها فيكون من خلال محركات البحث ومن أشهرها yahoo.

ومن أسباب نجاح الويب:

- استخدامها لا يتطلب إلا مهارات قليلة.
- إحتواؤها على كل من الصوت والصورة والنص والحركة عكس البرامج الأخرى التي تحتوي على النصوص فقط.

يمكن من خلال الويب ان يعلن أي تاجر عن سلعته مدعومة بإمكانيات الأوساط المتعددة Multimedia وتسمى أيضاً الأقراص المدمجة أو المتعددة الأغراض، أو الأقراص الليزرية، ومعلوماتها مرئية ومسموعة والرسومات، الصور الثابتة والمتحركة وتأثيرات

صوتية وتسجيلات فديوية إضافة إلى المعلومات المكتوبة أو المطبوعة، والمخططات البيانية و.. الخ، ويتم تجهيزها باستخدام الحاسوب وعبر قناة واحدة) وهناك ايضا (الوسائط الفائقة Hypermedia: " تعميم النصوص الفائقة، إذ تكون فيها المعلومات من أي نوع من الوسائط (صوت، صورة، نص، فـديو..) بعبارة أخرى يمكن القول إن الوسائط الفائقة هي المزاوجة بين النصوص الفائقة والوسائط المتعددة).

إن خدمة الوب كانت وراء انتشار الإنترنت على الرغم من بعض عيوبها ومنها الضياع حيث يفقد استخدام طريقة ولا يعرف كيف يعود إلى نقطة البداية، وهذا بسبب كثرة الارتباطات، فضلاً عن عدم دقة نتائج البحث ولكن هذا لا يقلل من أهمية الـوب. علـماً إن الـوب يعمـل وفـق أسـلوب العميـل والخـادم (Client /Server)

وظائف الإنترنت:

إن تنوع وظائفها يجعلها شبكة عامة ذات صفات متعددة، ومن أهم وظائفها هي:

1. **الدليل الإلكتروني:** وهو يشبه دليل الهاتف إذ يمكن من خلاله الحصـول عـلى البريد الإلكترونـي أو رقـم الهاتف لأي مشترك.

2. **الحوار(الجات)Chats :** أي التحدث مع طرف آخر صوتاً وصورة وكتابة، وهي عملية سهلة تتطلب فقط أن يكتب المستخدم رسالة تعرض مباشرة إلى المستخدم الآخر والـذي يقـوم بـالرد عليهـا مبـاشرة، أي يتميز بكونه متزامناً فضلاً عن عدم اختيار الطرف الآخر.

3. **مجموعات الاخبار:** News Groups يتيح لنا معرفة العديد من المعلومات عن أمور مختلفة.

4. **إنشاء مواقع على الإنترنت:** ويتألف هذا الموقع من مجموعة منظمة أو شركة على الإنترنت، ويتألف هذا الموقع من مجموعة من الصفحات المرتبطة مع بعضها من

خلال الـ Hyperlinks وتدعى الصفحة الأولى من الموقع بـ Home Page، وإنشاء الموقع يتطلب المعرفة ببعض لغات البرمجة HTML

5. الاتصال عن بعد : نظام يتيح لك طريقة للدخول إلى الحاسيب الأخرى المرتبكة بالشبكة، أي بإمكان المستخدم أن يصل بحاسب آخر من خلال Telnet ويستخدمه كما لو كان جالساً أمام ذلك الجهاز الذي يمكن ان يكون في اليابان مثلاً. .

6. الترفيه: إذ يمكن المستخدم ان يلعب الشطرنج مع مستخدم آخر في دولة أخرى، فضلاً عن ما توفره من برامج ترفيهية أخرى مثلاً الموسيقى، المعارض الفنية.. الخ.

7. وظيفة النشر الإلكتروني تجهيز واختزان وتوزيع المعلومات باستخدام الحاسبات والاتصالات عن بعد والمنافذ الطرفية".فالنشر ـ الإلكتروني يشمل " الكتب والوثائق والمجلات والدوريات الإلكترونية والرسائل الأخبارية.. ومواقع المعلومات على الإنترنت "

8.وظيفة البريد الإلكتروني E-mail هو النظام الأكثر استخداماً على الإنترنت ويمكنك عن طريق هذه الخدمة إرسال الرسائل وقواعد البيانات والصور والتسجيلات الصوتية والبرامج والكثير غير ذلك، هي خدمة تمكن الأفراد والمؤسسات من تبادل مختلف أنواع الرسائل بسرعة واقتصادية فكل مشترك له عنوان إلكتروني خاص به وبمراسلاته.

ومن أهم خدمات البريد الإلكتروني القوائم البريدية MAILS LISTS " وهي شكل مفتوح من القوائم، تمكن المشاركين من تقديم إرشادات أو طرح أمثلة، والإجابة عنها مع تبادل الخبرات. ويحق لكل راغب من المشاركين الذين سجلوا أنفسهم في عدد المستقبلين لأخبار هذه القائمة المشاركة في خدماتها، دون دفع أية رسوم ما عدا رسوم الالتقاط ". بمعنى آخر " قائمة بعناوين إلكترونية لعدة أشخاص. كل شخص مشترك في

هذه القائمة يرسل موضوعاً يخص اهتمامات هذه القائمة إلى كومبيوتر رئيسي يقوم بتحويل هـذه الرسـالة إلى جميع المشتركين في القائمة البريدية ".

ويمكن الاشتراك بهذه اللوائح عبر:

أ- التدخل المباشر

أي قيام شخص معين يدعى (المنظم) بتحمل مسؤولية إضافة أو حـذف عضـو إلى اللائحـة، أمـا طريقة تقديم الطلب فيكون أما بالهاتف، أو البريد الإلكتروني أو العادي أما قرار الموافقة عـلى إضافتـه إلى اللائحة أو رفضه فيعود إلى المنظم، ويكون الرفض في حالات معينة منها كأن تكون اللائحـة خاصـة بفئـة معينة(أعضاء في منظمة معينة).

ب- البرنامج خاص:

هو الذي يتولى تسلم طلبات الانتساب أو الانسحاب من اللائحة، ووسيلة التخاطب مـع هـذا البرنامج هي البريد الإلكتروني.

مميزات البريد الإلكتروني:

- سهولة وسرعة عملية التعاون العملي بين العلماء والباحثين على نحـو شـبه آني بغـض النظـر عـن المسافة.

- يمكن قراءة رسائل البريد الإلكتروني في الوقت المناسب لأن الصندوق يحتفظ بها.

- لا يمكن لغير صاحب الصندوق فتحه ومعرفة محتوياته.

- اقتصادي حيث يمكن استخدامه فترة أطول بدلاً من الاتصالات الهاتفية.

- يمكن إرسال رسالة واحدة إلى عدد كبير في وقت واحد وبكلفة أقل

- إعادة إرسال الرسالة القادمة إلى أشخاص آخرين، بعد إضافة بعض التعليقات عليها من خلال الـ Forward.

- إمكانية إرسال الرسائل وإن كان المستقبل غير موجود أثناء إرسالها.

- يمكن من خلاله إرسال برامج وملفات وصور وأصوات دون الحاجة إلى وسائط تخزين لها مثلما هو الحال في البريد العادي.

- يمكن من خلال تصفح البريد معرفة تواريخ الرسائل القادمة والمرسلة.

- يعتبر أكثر تماشياً مع العصر لكون عصرنا هو عصر البريد الإلكتروني.

عيوب البريد الإلكتروني:

- عدم توفر الأمن في البيانات المرسلة أي بالإمكان اختراق الـ Password الخاصة بأي أيميل لذا يفضل عدم إرسال بيانات هامة مثل أرقام بطاقات الضمان.

- لا يمكن ان نرسل شيئاً مادياً من خلاله.

- إذا كان صاحب البريد شخصاً معروفاً فإنه سيتلقى الكثير من الرسائل بحيث لا يستطيع قراءتها أو الرد عليها كلها.

- قد يحوي على رسائل غير مرغوب فيها مثل رسائل تهديد أو ذم أو محاولات نصب أو فيروسات.

- قد يحوي على رسائل تدفعك إلى نشاطات أو مواقع ممنوعة وتحاسب عليها.

- يشجع على إجابات سريعة تندم عليها.

اسباب زيادة استخدام النشر الإلكتروني:

1. التطورات الحاصلة في تكنولوجيا المعلومات والمقصود بها " عبارة عن كل التقنيات المتطورة التي تستخدم في تحويل البيانات بمختلف أشكالها إلى معلومات بمختلف أنواعها والتي تستخدم من قبل المستفيدين منها في مجالات الحياة كافة" فمكونات تكنولوجيا المعلومات متمثلة بـ أجهزة الحاسوب وشبكات الاتصالات فضلاً عن مكون ثالث وهو إلكترونيات المستهلك والتي تشمل الدسك، وأجهزة الستيريو..الخ. وهذا بدوره له تأثيره الكبير في تغيير أوعية المعلومات.

2. ارتفاع كلفة اليد العاملة والورق والحبر في دور النشر التقليدية.

3. التضخم الهائل في حجم المطبوعات الورقية.

4. ظهور بنوك المعلومات والأقراص المضغوطة وانتشار استخدامها.

5. انتشار استخدام الحاسب الآلي في المكتبات.

6. انتشار استخدام الخط المباشر on-line في المكتبات لاسترجاع المعلومات من الحاسب المركزي عن طريق Server.

7. توسع مجالات المعرفة وتطور صناعتها.

8. تطور صناعة النشر في تحرير ومراجعة الكتب والمجلات وتوزيعها إلكترونياً.

9. إنشاء وتطور نظم المكتبات الإلكترونية (Electronic Library System).

الفصل الرابع

الإنترنت والثورة الرقمية

مدخل :

اشرنا في موضع سابق إلى طبيعة التطور الذي رافق الشبكة العنكبوتية ونضيف هنا اشارات إلى احداث مهمة رافقت هذا الانجاز الكبير.

بدأت فكرة إنشاء شبكة معلومات من قبل إدارة الدفاع الأمريكية في عام 1969م. عن طرق تمويل مشروع من أجل وصل الإدارة مع متعهدي القوات المسلحة، وعدد كبير من الجامعات التي تعمل على أبحاث ممولة من القوات المسلحة ، وسميت هذه الشبكة باسم (أربا) ARPA اختصار الكلمة الإنجليزية Advanced Research Project Administration The وكان الهدف من هذا المشروع تطوير تقنية تشبيك كمبيوتر تصمد أمام هجوم عسكري ، وصممت شبكة " أربا " عن طريق خاصية تدعى طريقة إعادة التوجيه الديناميكي Rerouting Dynamic وتعتمد هذه الطريقة على تشغيل الشبكة بشكل مستمر حتى في حالة انقطاع إحدى الوصلات أو تعطلها عن العمل تقوم الشبكة بتحويل الحركة إلى وصلات أخرى . فيما بعد لم يقتصر أستخدم شبكة " أربانيت " على القوات المسلحة فحسب ، فقد استخدمت من قبل الجامعات الأمريكية بكثافة كبيرة ، إلى حد أنها بدأت تعاني من ازدحام يفوق طاقتها ، وصار من الضروري إنشاء شبكة جديدة ، لهذا ظهرت شبكة جديدة في عام 1983 م سميت باسم " مل نت " MILNET لتخدم المواقع العسكرية فقط ، وأصبحت شبكة " اربانيت" تتولى أمر الاتصالات غير العسكرية ، مع بقائها موصولة مع "مل نت " من خلال برنامج أسمه بروتوكول " إنترنيت "و بعد ظهور نظام التشغيل " يونيكس " Unix الذي اشتمل على البرمجيات الازمة للاتصال مع الشبكة وانتشار أستخدمه في أجهزة المستفدين أصبحت الشبكة مره أخرى تعاني من الحمل الزائد ، مما أدى إلى تحويل شبكة " أربانيت " في عام 1984 إلى مؤسسة العلوم الوطنية الأمريكية National Science Foundation (NSF) التي قامت بدورها وبالتحديد في عام 1986 بعمل شبكة أخرى أسرع أسمتها NSFNET ، وقد عملت هذه

الشبكة بشكل جيد لغاية عام 1990 الذي تم فصل شبكة "أربانيت" عن الخدمة بعد 20 عام بسبب كثرة العيوب فيها، مع بقاء شبكة NSFNET جزءاً مركزياً من "إنترنيت"

الإنترنت والثورة الرقمية

استغرق وصول المذياع إلى 50 مليون شخص 38 عاماً، والتلفزيون 13 عاماً. كما يشير إلى ذلك الباحث ايار احمد أما الإنترنت فقد أصبح يستخدمها عدد مماثل من الناس في غضون أربع سنوات فقط. وفي عام 1993 كانت هناك 50 صفحة على الشبكة العالمية؛ أما اليوم وحسب احدى الاحصائيات لشهر اذار 2009 التي تبين انه تم رصد حوالي 244,749,695 صفحة . وفي عام 1998 كان عدد الموصولين بشبكة الإنترنت 143 مليون شخص فقط، كما كشفت شركة "كومسكور" المتخصصة أن عدد رواد شبكة الإنترنت في العالم تجاوز المليار وان القسم الاكبر منهم في الصين. ووصل عدد رواد شبكة الإنترنت إلى هذا الرقم الرمزي في كانون الثاني/ 2008، لكن عددهم قد يكون اكبر على الارجح لان الشركة لم تأخذ في الاعتبار سوى الرواد الذين تزيد اعمارهم عن 15 سنة ويستخدمون الشبكة من مركز عملهم او منزلهم، كما أنها لم تأخذ في الاعتبار مقاهي الإنترنت ولا مستخدمي الإنترنت عبر الهواتف النقالة.

وأصبح للإنترنت بالفعل نطاق من التطبيقات يفوق في اتساعه أي وسيلة أخرى سبق اختراعها من وسائل الاتصال. وما زالت توجد في العالم حاليا فجوة من حيث التكنولوجيا الرقمية آخذة في الاتساع. فعدد الحواسيب في الولايات المتحدة الأمريكية يفوق ما يوجد منها في بقية العالم بأجمعه. ويوجد في طوكيو عدد من الهواتف يعادل كل ما في أفريقيا بأسرها. ليس هناك بلد من البلدان النامية استفاد من الثورة الرقمية أكثر من الهند، التي يتوقع أن تزيد صناعة البرامجيات الحاسوبية فيها بحلول سنة 2008 بحوالي ثمانية أمثال، بحيث تبلغ قيمتها 85 بليون دولار. وقد ولدت هذه الصناعة قدرا كبيرا من العمالة والثروة، وأدت إلى إيجاد طبقة جديدة من منظمي مشاريع التكنولوجيا العالية. ومع ذلك فلا تزال الهند، مثل الكثير من البلدان الأخرى، تواجه تحديات "الفجوة

الرقمية". ولا تزال هناك فجوة هائلة داخل البلد بين الذين يعتبرون جزءا من ثورة الإنترنت والذين ليسوا كذلك. وذكر رئيس جمهورية الهند، عشية الذكرى السنوية الخمسين لإنشاء الهند كجمهورية دستورية، أن بلده يمتلك "أحد أكبر الأرصدة من الأفراد التقنيين في العالم، إلا أن لديه أكبر عدد من الأميين في العالم أيضا، وأكبر عدد من البشر الذين يعيشون تحت خط الفقر، وأكبر عـدد مـن الأطفـال الـذين يعانون مـن سـوء التغذية"

الكومبيوتر والثورة الرقمية

مكنت عملية الانتشار الواسع في استخدام أجهزة الكمبيوتر وحيازتها بواسطة الإنترنت، المزيد من الناس من مشاهدة البرامج التلفزيونية وقراءة الصحف الإلكترونية ومطالعة المواقع المفتوحة الخاصة بالمدونات الإلكترونية التي تركز اهتماماها على الأحداث الراهنة، وقد يفتحون مدونات خاصة بهـم عـلى الإنترنت. وقد أنجز مشروع بيو لدراسة المواقف العالمية، كجـزء مـن مسـح أجراه في العـام 2007 لدراسـة الرأي حول العولمة الاقتصادية، استطلاعا للرأي في 47 بلدا خلص فيه إلى أن حوالي 39 في المئة مـن سـكان العالم يستخدمون بالفعل الإنترنت أحيانا على الأقل اما عنا نحن في منطقة الشرق الاوسط فقد كشفت احدى الدراسات حول الشرق الاوسط وجنوب اسيا أن 33.2 في المئة يستخدمون الإنترنـت. وقد تراوحت النسب المئوية بين العالية في الكويت حيث بلغت 71 في المئة والمنخفضة جدا في بنغلاديش حيث بلغت 2 في المئة فقط وكشفت الدراسة ذاتها أن 50.6 في المئة من الأوروبيين يستخدمون الإنترنـت. وقد تراوحت النسب المئوية بين العالية في السويد حيث بلغت 79 في المئة إلى 19 في المئة في أوكرانيا.

كما ظهرت ابوابا كثيرة اعتمدت على الإنترنت كواسطة معتمدة وفُتحت ابوابا جديـدة تتطـور يوما بعد اخر وبسرعة فائقـة بحيـث يصعب اللحـاق بها مثل التجـارة والتعليم عـن بعد والصـحافة الإلكترونية والمكتبات الإلكترونية. فبالنسبة للبنوك فان غالبية البنوك تستخدم الشبكة في أعمالها اليوميـة ، لمتابعة البورصات العالمية ، وأخبار الاقتصاد هذا عدا البيع والشراء مـن خـلال الشبكة، اما عـن الصحافة اصبح الآن ليس

صعباً نقل الأخبار من دولة إلى أخرى أو مكان إلى آخر بعد استخدام شبكة " الإنترنت "، فيستطيع الصحفي كتابة الموضوع أو المقال وإرساله بسرعة إلى المحررين في الصحفية أو المجلة التي يعمل بها في غير بلده وهناك استخدامات اخرى منها استخدام الشبكة في المنزل ، الشركات ، السياحة ،... الخ.

وببساطة اصبح ليس من السهل تعداد جميع ما يتم عبر هذه الشبكة العنكبوتية. وباختصار يمكن القول بان الثورة الرقمية التي انتجت الحاسوب قد تفوق في اهميتها الثورة الصناعية في بداية القرن التاسع عشر بالسرعة والتعددية التي نلاحظها جميعا فقد بدات بعض مفاصل الحياة تتبدل وتنتفي الحاجة لكثير من الاعمال التي كنا نعملها بيدنا نحن البشر فقد اصبح من النادر تحميض افلام الصور الفوتغرافية وتحول الجميع إلى الصورة الرقمية والكاميرا الرقمية التي اقصت هذا المهنة ووضعتها على رفوف التاريخ هذا عدا البرامج الخاصه بالانتاج السينمائي والتقطيع والمونتاج إلى غيرها مما يحتاج اليه العاملون في هذا المضمار واخذت الكاميرات الرقمية دور رجل الامن في عدد كبير من الاماكن التي تحتاج إلى المراقبة المستمرة كما اخذت السيطرة على الانتاج ومكائنه تتم عبر الحاسوب ونظم الحاسوب جداول حركة الطائرات والقطارات بحيث تفتح باشارة منه المعابر لمرور السيارات والقطارات وإلى اخره مما لايمكن حصره في مقالة واحدة.

وتتميز الثورة الرقمية بأنها ثورة معرفية تتضاعف فيها المعلومات بشكل مذهل، فلم يحدث تغيير كبير في البنية الحركية والتطورية للعالم مثلما يحدث اليوم، فقد احتاج الإنسان إلى 1750 عاماً لمضاعفة معارفه التكنولوجية، بعدها أخذت القفزات تتسارع، ففي 150 عاماً تضاعفت مرة أخرى علوم البشر، ثم مرة أخرى خلال خمسين عاماً، هذه الخبرة البشرية تضاعفت مرة خامسة بين عامي 1960 - 1980م، وقد قدرت موسوعة المستقبل Encyclopedia of the Future أن المعلومات العلمية العامة تتضاعف كل 12 سنة، وأن المعلومات العامة تتضاعف كل سنتين ونصف السنة، مما يعنى أن ما كان يقتضي آلاف السنين من التطور أصبح يتم خلال عقد واحد وربما أقل .

وهناك موضوع اخر ربما يحتاج وحده لدراسة خاصة وهو التعليم عن طريق الإنترنت والذي ازداد باضطراد كبير في كثير من البلدان المتقدمة والذي اتاح المجال الواسع لتغيير احوال الناس.

الثورة الرقمية تلغي تداول الورق

استطاعت مجتمعات عديده من تجاوز الاساليب التقليديه في اغلب مناحي الحياة وفي مقدمتها الوسائل الإعلامية.... وهذا ما دفع مدير إحدى الصحف العربية البارزة في لندن، اثناء نقاش شخصي، القول أن أولاده عبروا مراحل الدراسة الابتدائية والتكميلية من دون شراء دفاتر، بل أنهم نادراً ما يستعملون الأقلام. وقارن المُدير هذا الأمر مع الكميات الكبيرة من الدفاتر المتنوعة (والأقلام) التي دأبت على خلب لبّه خلال عبوره تلك المراحل عينها. وقد لا يبدو منطقياً القول أن التكنولوجيا المعاصرة ربما أدت إلى اختفاء الورق من التداول اليومي، إذ تشير أرقام التجارة العالمية إلى زيادة كبيرة عالمياً في الطلب العالمي عليه.

أن واقع الحال يشير إلى ان الجيل الذي يكبر راهناً وأيديه تتعامل يومياً مع الكومبيوتر والخليوي، سيوصل استعمال الورق إلى نقطة الصفر في مستقبل قريب والحق أن المستعمل العادي للأدوات الإلكترونية المعاصرة، بات يستغني عن الورق في كثير من التعاملات، وخصوصاً البريد الإلكتروني والفواتير وحجز بطاقات السفر وتعبئة الاستمارات المتنوعة. ويتشارك الكومبيوتر مع الأنواع المتطورة من الخليوي في تحفيز الجمهور الإلكتروني على الاستغناء عن الورق. فمثلاً، لم يعد حجز بطاقة طائرة يحتاج غير رقم الحجز الإلكتروني. ولا يحصل مستعمل أجهزة الصيرفة الإلكترونية سوى ورقة صغيرة عليها أرقام الأموال التي تداولها. كما حلّ الكتاب الإلكتروني ومجموعة كبيرة من أدوات تخزين المعلومات والبيانات والصور محل الكتاب التقليدي. وفي الغرب، استُبدلت أطنان الكتب التي تحتوي على خرائط للشوارع والمدن والبلدات، بخرائط رقمية تظهر على شاشة الهاتف النقّال أو على أجهزة متخصصة بات لها ركن في طرف السيارة قرب

السائق. ويزيد من انتشار تلك الأجهزة ان معظمها يتصل بالأقمار الصناعية ويرشد السائق إلى حال المواصلات واختناقات المرور، إضافة إلى ربطه مع اجهزة الشرطه. كما ان بقاء الورق وصموده قد يؤشر ان هذه الإنجازات الإلكترونية ستفضي إلى قرب اختفاء الورق من الأسواق وإن انتشار الوسائل الإلكترونية يمكن ان يخفض الطلب على السلع المصنوعة من الورق ...ومع كل هذه التطلعات لا يبدو أن الامور تسير بهذه الانسيابيه ، إذ تؤكد أرقام مؤسسة "فوريست ستيواردشب كاونسل" Forest Stewardship Council " العالمية المتخصصة في صناعة المنتجات الورقية، ان استهلاك الغرب من تلك السلع تزايد في الاعوام القليلة الماضية بنسبة تراوح بين 40 و60 في المئة! وتضاعف استهلاك كندا 3 مرات خلال العقود الثلاثة الماضية ليصل إلى قرابة 7 ملايين طن خلال عام 2006 .ويبلغ استهلاك الفرد الأميركي من الورق سنوياً 344 كيلوغراماً. ويبلغ الرقم عينه 221 كيلوغراماً في كندا و183 كيلوغراماً في دول الاتحاد الأوروبي.ويبلغ ذلك الرقم في الوطن العربي 215 كيلوغراماً، لكنه يتوزع بصورة متفاوتة بين تلك الدول. فيبلغ 38 كيلوغراماً في الكويت و0.6 كيلوغرام في السودان، مع معدل وسطي مقداره 13.6 كيلوغرام. ويستهلك العالم العربي 4 ملايين طن ورقاً سنوياً، تستعمل في طباعة قرابة 1.3 مليون كتاب ودورية. واستُقِيتْ معظم الأرقام السابقة من ندوة عن النشر الإلكتروني استضافتها القاهرة أخيراً. وتشير تلك الأرقام إلى أن الثورة الرقمية أبقت جبلاً من الورق قيد الاستعمال، ولو أن العلاقة مع الورق دخلت فعلياً في منعطف تاريخي، وخصوصاً لجهة تضاؤل تعامل الأجيال الشابة معه.

أن هناك من يعتقد بان الوقت لايزال مبكرا كي نعلن عن وفاة الصناعة الورقية. والصحيح أن الاستغناء عنها ربما يكون في اطار زمني قد يستغرق وقتا ليس بالقصير. رغم ان مثل هذا الراى قد لا يعجب بعض انصار الثورة الرقمية، الذين يراهنون على اختفاء استخدام الورق من معظم المؤسسات التجارية والخدماتية والتربوية والثقافية والاستعمالات اليومية في زمن لا يرونه بعيداً. ويعتقد هؤلاء ان الاستغناء عن الورق

يُشبه انتقال البشر من العصور البدائيه إلى عصر الصناعة. ويشيرون إلى أن مقياس التقدم بين الأمم بات محكوم بمدى استخدام الفرد للإنترنت وبموقعه داخل المنظومة الرقمية، وكذلك بالمسافة التي تفصله أو تدنيه من حدود القرية الكونية الإلكترونية.

ان الإعلام اليوم، أمام حقبة جديدة، وكل الحقب الجديدة تُحدثُ رجّة على كافة المستويات. وكلما تأخرنا في تمثل حقيقة هذه التحولات، تأخر انتقالنا وتباطأت مشاركتنا في هذه التحولات. لذلك، ينبغي تأسيس تفاؤليتنا بهذه الثقافة الرقمية على معرفة حقيقة هذه التحولات. فما حصل مع الثورة الرقمية لم يحصل في أية حقبة من الحقب الشفوية والكتابية، لأننا سنجد أن كل القيم المضافة التي كانت في المرحلة الشفوية والمرحلة الكتابية أو الطباعية، تتحقق مجتمعة مع الثورة الرقمية وظهور الوسائط المتفاعلة من صوت وصورة ونص، محقِّقة بذلك حلم الإنسان الأكبر في صون الذاكرة الثقافية. إن كل ما كان متفرقا في وسائط متعددة، صار مشتركا وموحدا في وسيط وحيد متداول وسهل الحصول عليه من طرف الناس كلهم، في الفضاء الشبكي. هذا الفضاء الذي استجمع كل المعارف وجعلها متاحة للإنسان أنى كان. والوعي بأهمية هذا الوسيط هو أول تحدٍّ. وما عجزنا عن تحقيقه في المرحلة الشفوية والمرحلة الطباعية، يمكن أن ننجزه الآن. فالكثير من أمهات مصادر الثقافة العربية ما تزال مخطوطة، وعبر الوسائط الرقمية يمكن ـ على الأقل ـ تمكين الباحثين منها وتوفيرها ولو في الصورة المخطوطة. وأي تأخر في هذا الوعي، يجعلنا نتأخر في الوصول إلى ما وصلت إليه الثقافات في العالم. إن ترقيم الثقافة صار واحدا من أهم الأسس التي يقوم عليها عصر المعلومات أو مجتمع المعرفة. لاسيما وان اشكالية المعرفة لم تعد وارده، فالخلل يكمن أساسا في فك عقدة التحول من حقبة المطبعة إلى الحقبة الرقمية الحالية. وفي استيعاب المعرفة الكمية، والكيفية. التي يمكن عبرها تطوير المعرفة وتحقيق الانجازات الفكرية الكبرى، وإبتكار البرامج القادرة على تطويع الثقافة بحيث تستجيب للإنتاج والتلقي. وهذا لايتحقق الا من خلال المجتمعات المتطورة التي تساهم في إنتاج هذه البرمجيات.

لقد كانت المشكلة الاساس التي تواجه مجتمعاتنا وستبقى هي في كيفية استعمال التقنيات المعلوماتية والثقافة الرقمية؟ ان الإحاطة بهذا السؤال لاتنحصر في صنع البرمجيات وإنتاج المعرفة والأدوات الأساسية لجعل المعرفة متداولة، ولا في الانخراط في العصر الرقمي، الذي يجعلنا داخل الثورة الرقمية. فالمشكلة كما يراها البعض، تكمن في مسألة الوعي بهذه الثقافة الرقمية والاشتغال وفق متطلبات العصر الرقمي.

هذا هو رهان الثقافة الرقمية الجديدة، التي تقتضي معرفة جديدة بهذه الآليات، لخلق الإنسان الجديد. وهذا المشروع الحضاري بحْر شاسع لا يمكن تعميقه إلا بالحوارات البناءة، في اطار المسؤولية الكبيرة التي تحرك مجتمعاتنا إلى أمام وتستند على اسس قويمه وتوفر القدر المطلوب من الإمكانيات .

الأقمار الصناعية والإنترنت

تحتشد السماء اليوم بأحدث طرق ووسائل التكنولوجيا في مجال البث والإرسال عبر الأقمار الصناعية الخاصة بشبكة الإنترنت، التي تمتاز بالنطاق الواسع للإرسال، وبالمرجعية العالية للبيانات والمعلومات، ففي الوقت الذي كان العالم فيه منهمكاً بالتحدث عن مداخل الإنترنت السريعة بنوعيها عبر خط هاتفي، أو عن طريق الاشتراك بخط رقمي غير متماثل ADSL فإن البديل الجديد أحدث هزة في مجال الإنترنت والتكنولوجيا بشكل عام، وبعد عام 2004م فإن المشترك العادي، أصبح يستقبل الإرسال الخاص بشبكة الإنترنت عن طريق القمر الصناعي، وذلك تبعاً لتصريحات شركة .Pioneer Consulting وقد تجاوز حجم خدمات الإرسال بالقمر الصناعي إلى أكثر من 20 بليون دولار بعد عام 2005م. وفي الولايات المتحدة الأمريكية تقوم شركة Hughes Wet work systems بتقديم الخدمات في مجال مداخل الإنترنت عن طريق القمر الصناعي الخاص بها، بينما تتولى شركة جديدة تدعى Line Europeon هذا الأمر في أوروبا منذ الخريف الماضي. هذا وستواجه شركة Hughes تحديات كبيرة من قبل شركة Gilat to Home وهي الشركة الوسيطة بين Gilat satallite Net work وشركة

Microsoft حيث تخطط هذه الشركة الجديدة لإنتاج معدات خاصة بإرسال الإنترنت عبر القمر الصناعي، عن طريق شركة MSN في الولايات المتحدة الأمريكية في نهاية هذه السنة. لكن سيطرة (هيوز) على السوق لن تستمر، فشركة Gilat وهي عبارة عن شركة سريعة التطور والنمو في مجال شبكات الاتصال والأقمار الصناعية تقوم ببيع صحون أقمار صناعية وشبكات رخيصة الثمن، متنقلة إلى السوق الأمريكي من خلال اندماج أحدثته مع شركة Spacenet وهي شركة مزودة بشبكات القمر الصناعي، وترجع ملكيتها إلى شركة (جنرال الكتريك). وإذا زلت قدم شركتي (هيوز) و (جيلات) فإن هناك موجة جديدة من الشركات متلهفة لتأخذ مكانهما، ومنذ عام 2003م، فإن الجيل الجديد من الأقمار الصناعية-ka-نزل في الأسواق، وهي تقوم باستخدام نسبة تردد عالية للحقل الكهرومغناطيسي تدعى -ka وأغلب الأنظمة وتقوم بعمليات تطوير على سطح هذا القمر الصناعي من أجل الحصول على إدارة أفضل لحركة الازدحام عندما تكون موجهة عبر القمر الصناعي، بالإضافة إلى الأنظمة الفضائية الخاصة بشركة (هيوز). هناك أيضاً الأقمار الصناعية من ماركة ka- المصنعة من قبل شركة Astrolink وشركة Isky وسيكون لدى الأقمار الصناعية ka هوائيات spot peam والتي تركز إشارات القمر الصناعي على نقاط معينة من الكرة الأرضية، بدلاً من استعمال النظام القديم في استخراج إشعاعات هوائية أكبر لتغطية مناطق كبيرة من الأرض بماله من مضار بعدم الدقة في البث. بينما تسمح هوائيات spot peams بتركيز الطاقة في الإشارة، مما يؤدي إلى استخدام صحون أصغر بكثير على الأرض، وبالتالي تحقيق فائدة للعميل الذي لا يرغب بصحن ضخم الحجم، وفي هذا الشأن يؤكد (سيلوس أزيفيدو) المدير المسؤول في شركة Astrolink على أنها الطريقة المثلى لتوفير الطاقة والجهد والأكثر جدوى. وشركة Astrolik المدعومة من عدة شركات قامت بإطلاق عدة أقمار صناعية متوفرة لديها، لتباشر خدماتها في أمريكا الشمالية منذ عام 2003م، حيث اصبح بوسع المشتركين نقل المعلومات إلى القمر الصناعي حتى الـ/20/ ميغا بايت في الثانية و في مقدورهم استقبالها حتى/226/ ميغا بايت في الثانية، وكلف هذا المشروع 3.6 مليار دولار. وعملت هذه

الشركة بالتعاون مع space way منذ عدة سنوات على وضح مخططات لقمرهم الصناعي، في حين أن شبكتي الإنترنت الحديثة Isky و Netsat 28 قد أعلنتا مخططات القمر الصناعي ماركة- ka من فترات طويلة ، كما أنهما قاما باطلاق أقمار صناعية بتكلفة أقل من باقي الشركات، وتقديم خدمات أسرع للعميل بنسبة 1.5 ميغا بايت. وتقوم عديد من الشركات المتخصصة بالمنافسة عن طريق تلك المنافع التي تكمن في تقنياتها الخاصة بها، مما سمح لها بإعادة استخدام ترددات كافية في وقت ملائم للحصول على استطاعة 40 جيجا بايت من خلال قمر صناعي أو اثنين، وبتكلفة حوالي 250 مليون دولار أمريكي، وبالتالي سيصبح بمقدورها تسليم المعلومات بطاقة من 30 ميغا بايت40 ميغا بايت.

الشبكات الداخلية

يذكر الحلول التي يمكن أن تقدمها الإنترانت في قطاع الأعمال المؤسساتي (حكومية أوخاصة) ويرسم صورتين لنوعين من المؤسسات: إحداهما صورة قاتمة تسير فيها المعلومات ببطء شديد وتنظيم بائس تاركة كثيراً من العاملين بعيدين عن المشاركة في اتخاذ القرارات ومخلفة تكاليف غير ملحوظة. ويقابل هذه الصورة صورة أخرى لمؤسسة نشرت كل معلوماتها المفيدة على الإنترانت الخاصة بها فأصبح كل فرد فيها قادراً على المشاركة الفعالة في اتخاذ القرار بناء على توفر المعلومات الصحيحة لديه بأيسر طريقة. ثم يرد في الباب بعد ذلك آفاق رائعة جداً يمكن من خلالها زيادة إنتاجية المؤسسة العاملة باستخدام الإنترانت.

وعن تاريخ الإنترنت منذ ولادة أجدادها القدامى عام 1957م حتى كان آخرهم (شبكة آربانت) Arbanetعام 1972م مع مرور سريع بالبرتوكول الرائع الذي اتفق عليه العالم وهو TCP/IP ثم ميلاد الوورلد وايد ويب (WWW) على يد ذلك الشاب العبقري: تيموني بيرنرز - لي (يبدو أنه أسم شرقي) !والذي أصبح اختراعه للوورلد وايد ويب WWW بمنزلة اختراع السيارة السريعة بعد اكتشاف الإسفلت ولولا أحدهما

لما برع الآخر . يستطرد في فوائد الإنترنت والـ WWW في مجالات عديدة مثل التسويق، الإعلانات، المبيعات، الدعم الفني، الأبحاث، الموارد البشرية.

ويطلق البعض على مستقبل تقنية الإنترانت/ بالإنترنت الواعد حيث لاتزال هناك ثورة محمومة في برامج تشغيل الإنترانت/ الإنترنت.. تقدر قيمتها بعشرات البلايين من الدولارات، (الشبكات الدولية، التجارة الإلكترونية، تحول كثير من الأعمال إلى الاعتماد الأساسي على الإنترانت/ الإنترنت).. وغير ذلك كثير. وعلى رغم الثورة الهائلة التي نراها- مازلنا في البداية وأننا سنحكم على أنفسنا- بعد بضع سنوات قليلة- بأننا كنا متخلفين جداً .

ظواهر سلبية أم ايجابية

أظهرت دراسات عديدة أن عدداً متزايداً من الأمريكيين يقضون وقتاً أقل مع الأصدقاء وفي أماكن التسوق بسبب ولعهم بالإنترنت .وقال (نورمان ني) خبير العلوم السياسية الذي أعد احدى هذه الدراسات لحساب جامعة ستانفورد (كلما أمضى الناس وقتاً أطول في استخدام الإنترنت أمضوا وقتاً أقل مع بشر حقيقيين) .وأوضح (ني) قائلاً: (إننا ننتقل من عالم تعرف فيه كافة جيرانك وتقابل فيه جميع أصدقائك وتتفاعل فيه مع الكثير من البشر من نوعيات مختلفة كل يوم إلى عالم وظيفي يتم فيه التفاعل عن بعد). وأظهرت الدراسة أأن 22% من المبحوثين يقضون خمس ساعات على الأقل أسبوعياً أمام الإنترنت، في حين يقضي 14% أكثر من 10 ساعات، و49% ما بين ساعة إلى خمس ساعات، و15% أقل من ساعة. وأشارت الدراسة إلى ما وصفته صحيفة (نيويورك تايمز) بـ(التحول السريع عن وسائل الإعلام الجماهيرية) حيث ذكر 60% من المستخدمين الدائمين للإنترنت أنهم قللوا من مشاهدتهم للتلفزيون، وقال الثلث إنهم يقضون وقتاً أقل في القراءة بعد إدمانهم الإنترنت. ونشرت صحيفتا نيويورك تايمز وواشنطن بوست نتائج الدراسة على صدر صفحاتهما الأولى، ووصفتا مستخدمي الإنترنت بشراهة بأنهم

أصبحوا منعزلين اجتماعياً.. ومع ان هذه الدراسه ومثيلاتها لاتخلوا من صدقيه في نتائجها الا انها تبقى في حدود مجتمع الدراسه نفسه وفي ظروفه البيئيه الخاصة.

مستقبل الإنترنت

بلغت عملية التطور في شبكات الاتصال العالمية درجه متقدمه ومنها ما شهده الإنترنت وهناك اليوم الجيل الثاني من الإنترنت الذي يهدف إلى تطوير أجيال من الحواسيب القادرة على نقل المعلومات بسرع فائقة وتدعم هذه التطورات توفير ميزتين هما البث الحي لملفات الفيديو وتدعيم تطبيقات ألملتي ميديا.

وتعمل على هذا المشروع أكثر من 170 جامعة أمريكية مع الحكومة الأمريكية أضافة إلى 60 شركه مختصة بهذا المجال لخدمة أغراض علمية واتصالية وتجارية. أما الجيل الثالث من الإنترنت لا يزال هذا المشروع في طور الأبحاث وينتظر له أن يحوي كل الخدمات ألسابقه وبسرعة فائقة جدا.

وستقدم هذه الانجازات تطبيقات مذهلة في مجالات :

المكتبات الرقمية والتعليم المتقدم والعناية الصحية والخصوصية والأمن أضافه إلى التطبيقات الصناعية والبيئية.

أما على صعيد الإنترنت فثمة تطور هائل في التلفزيون التفاعلي والتعليم الإلكتروني ومؤتمرات الفيديو وتطبيقات الواقع الافتراضي وظهور المتاحف والمكتبات الافتراضية وستمكن هذه التقنية العلماء والأطباء المشاركة في استخدام الاجهزه والمعدات والانجازات المشتركة عن بعد.

العرب والإنترنت

يزداد اهتمام المواطن العربي لاسيما الجيل الجديد بما تحويه الشبكة العنكبوتية من مزايا وخدمات ويعمل كثير منهم على استثمارها كأحد الشروط المطلوبة للحصول على

المواقع والوظائف والتقدم الاجتماعي او المعرفي ويمكن الاشاره هنا إلى ابرز هذه الاستخدامات

1- حجم المستخدمون

يبلـغ المستخدمين للانترنيت في العالم أكثر من 17% من سكان العالم أما في الوطن العربي فتجـاوز30 مليـون في خدمات اللغة العربية والرقم يتزايد ولكن بشكل محدود.

2- شبكة الإنترنت:

تعد الإنترنت الأداة الرقمية الرئيسة لتبـادل المعرفـة وتطويرهـا، وقد فرضت نفسـها عـلى كافـة المجـالات والتخصصات العلمية، وساعدت الاتصال المباشر وغير المباشر بين الأفراد والجماعات.

3- البريد الإلكتروني:

من الأدوات الرئيسة التي دفعت كثير من الأفراد لاستخدام شبكة الإنترنـت؛ حيـث يـسرت سـبل التفاعـل ونقل الملفات وتبادل الرسائل بين الأفراد والمجموعات من مختلف دول العالم، كما جعلت من العالم قريـة كونية صغيرة؛ حيث تجاوزت حدود الزمان والمكان.

4- برامج المحادثة:

هي برامج توفر الاتصال ألتزامني بين الأفراد على اختلاف دولهم ولغاتهم، وساعدت على تبادل الحديث في أسرع وقت من خلال النصوص المكتوبة والصوت والصورة عندما تتوفر كاميرا رقمية، وتتوفر عديد مـن برامج المناقشة والحوار على شبكة الإنترنت.

5- المكتبات الرقمية:

تعد المكتبات الرقمية إحدى المزايا المهمة التي وفرتها شبكة الإنترنـت، وتعـد إحدى المصـادر الأساسـية في التعليم والتعلم والبحث العلمي، حيث عملت على توفير وقت

وجهد الباحثين من خلال الخدمات البحثية التي توفرها للحصول على المعلومات في أسرع وقت وأقل جهد، وتيسر لهم الاطلاع على كل ما هو جديد في تخصصاتهم المختلفة.

6- المجلات الإلكترونية:

توجد مئات المواقع للمجلات الإلكترونية في التخصصات المختلفة، والتي تتضمن مقالات وبحوث ودراسات في كل فرع من فروع العلم منها ما هو مجاني ومنها ما هو مدفوع الأجر.

7- الكتب الإلكترونية:

تتوفر الكتب الإلكترونية النصية والمسموعة عبر شبكة الإنترنت في مختلف الموضوعات العلمية، وفي مختلف المجالات، وأصبحت مصدراً رئيساً من مصادر الحصول على المعرفة.

8- المدارس الافتراضية والجامعات الافتراضية:

المؤسسات الافتراضية هي مؤسسات تتوفر فيها خصائص وصفات المؤسسات التقليدية غير أنها موجودة على شبكة الإنترنت، ويتم إداراتها من خلال نظم الإدارة الإلكترونية، وتبث برامجها و مناهجها عبر شبكة الإنترنت، كما توفر فرص متعددة للاتصال بين المتعلمين والمعلمين، والمؤسسة التعليمية ككل.

9- الهاتف الجوال:

من مزايا الثورة الرقمية إنتاج تكنولوجيا الهاتف الجوال وتطور استخداماتها، حيث لم يقتصر ـ فقط استخدامها في الاتصال بين الأفراد، وإنما اتسعت لتقدم كثير من الخدمات التعليمية وتبادل الرسائل والوسائط المتعددة التي تخدم كثير من المناهج الدراسية، كما تضمنت الألعاب التعليمية التي تنمي لدى الأطفال كثير من المهارات والقدرات العقلية.

10- البلوتوث

رغم انتشار هذه الخدمه في بقاع كثيرة من العالم اليوم الا انها لاتزال في حدود ضيقه في الوطن العربي.

ان الواقع يؤشر ان هناك فجوة رقمية إضافه إلى وجود بون شاسع بين الواقع الراهن لانتشار تقنيات المعلوماتية وبين طموح وأهداف كثير من المؤتمرات العالمية. رغم محاولات دول ومنظمات اقتصادية حكوميه وغير حكومية اشتركت في القمم المتعاقبه التي عقدت ابتداءا من جنيف ولاتزال مستمره وكلها تطمح إلى بناء مجتمع معلوماتي، لأن التعليم والمعرفة والمعلومات والاتصالات تعتبر مجتمعة الأسس الفاعلة للتطور الاجتماعي والانتعاش الاقتصادي، كما نص جدول أعمال القمة الأولى في جنيف.

ولكن الواقع يختلف تماماً عن هذه الرؤية، فشبكة الإنترنت تقع تحت سيطرة أنظمة شمولية كثيرة، كما يعوق حرية تبادل الأفكار فيها الكثير من المعوقات. وهناك الكثير من مستخدمي الإنترنت الذين يتعرضون للملاحقة عندما يفتحون صفحات تنتقد نظام ما من هذه الأنظمة أو يقومون بكتابة ما يتعارض مع سياساتها. وفي هذا السياق يرى تقرير لمنظمة "مراسلون بلا حدود" أن الصين هي من أكثر البلدان التي يُلاحق فيها معارضي الإنترنت الذين يقومون بتوجيه النقد للنظام السياسي. ففي عام 2004 وحده تم سجن أكثر من 61 شخص صيني لإقدامهم على كتابة تصريحات أو رسائل في الإنترنت تتعارض مع رؤية الحكومة الصينية. كما قامت الحكومة الصينية بإغلاق أكثر من 12000 مقهى انترنت قبل عامين. إضافة إلى ذلك قامت الحكومة الصينية بإغلاق جميع الصفحات التي توجه انتقادات لها، علماً أن الصين تعتبر ثاني أكثر دولة استخداماً للإنترنت بعد الولايات المتحدة، ففيها قرابة 87 مليون مستخدم وتعد قضية السيطرة الأمريكية على شبكة الإنترنت من المسائل الشائكة التي تعد بمثابة حجر عثرة أمام تحقيق أهداف القمة. فأمريكا غير مستعدة لتسليم هذه الإدارة إلى أية جهة حتى لو كانت هيئة تابعة للأمم المتحدة، كما جاء على لسان سفيرها في جنيف ديفيد غروس ومنسق سياسة

الاتصالات والمعلوماتية في وزارة الخارجية الأمريكية، في الوقت الذي انتشرت فيه في أروقة الأمم المتحدة أراء ووجهات نظر ترى أن السيطرة على الإنترنت لا تخص دولة واحدة بعينها. فالحكومة الأمريكية لا توافق على تسليم إدارة الإنترنت للأمم المتحدة، وفقاً لتصريح غروس أثناء الاجتماع التمهيدي لقمة المعلوماتية الذي عقد في تونس. هذا السلوك الأمريكي يطرح علامات استفهام حول نجاح هذه القمم في التوصل لحلول لمسألة من يقوم بالرقابة على نظام العناوين وتسيير معطيات الإنترنت (Routing).

ومن وجهة نظر أمريكية فإن سيطرتها على الإنترنت مسألة تاريخية لأنها هي من قام بتمويل وبناء أنظمتها الأساسية في البداية. وهي بالتالي موضوع غير قابل للنقاش لان له أبعاد ترتبط بالمصالح القومية، كما اكد على ذلك (غروس) . وتُقر كثير من الدول، خصوصاً النامية منها بذلك، ولكن هناك دول أخرى بدأت تبدي عدم رضاها لأن الكثير من عناوين ربط الكومبيوتر محجوزة منذ وقت طويل. فتقدم بعضها باقتراح لنقل السيطرة على قاعدة حفظ العناوين من إدارة الإنترنت ICANN الموجودة في الولايات المتحدة الأمريكية إلى هيئة دولية يُفضل أن تكون تحت إشراف الأمم المتحدة. لكن لاشئ من هذه المقترحات يمكن ان تمرر كما ليس بمقدور أي من هذه القمم تجاوز كل هذه المعوقات وخصوصاً التباين في وجهات نظر الدول المشاركة .

الحرف العربي يدخل الشبكة العنكبيوتية

بدأت نهاية عهد الحكم الفردي للحرف اللاتيني على عناوين الشبكة العنكبوتية حيث سيصبح عرش عناوين المواقع بعد أيام معدودة مفتوحا بالحروف العربية والصينية والكورية واليابانية. وقد اعلن عن هذا الحدث التاريخي بعد تصويت يوم الجمعة الثلاثين من تشرين اول 2009 من "سول" وفي ختام أعمال مؤتمر مؤسسة الإنترنت للأسماء والأرقام المخصصة. إن المؤسسة المعروفة اختصارا بآي كان ومقرها كاليفورنيا وافقت مبدئيا على اعتماد الحروف غير اللاتينية لكتابة عناوين المواقع الإلكترونية. وتسمح الخطوة الجديدة وفق رأي الخبراء لاكثر من نصف عدد متصفحي الإنترنت عبر

العالم باستخدام لغاتهم في المستقبل القريب حيث يتجاوز حاليا عدد المتصفحين مليارا ونصف المليار.

كما إن اعتماد الحروف غير اللاتينية سيضاعف من عدد مستخدمي الشبكة العنكبوتية حيث توقع أن يكون العمل قد بدأ بالنظام الجديد منذ منتصف عام 2010. ان المهم في هذا المشروع هو إدخال مفردات جديدة لتحديد ميادين البحث ما يعني انتهاء احتكار مصطلحات ظلت ثابتة طوال السنين الماضية. ناهيك عن انتهاء احتكار الحرف اللاتيني لعناوين المواقع هو اكبر تغيير تقني منذ ميلاد الإنترنت قبل 40عاماً. علما أن مؤسسة إي كان تعمل على استقرار تشغيل شبكة الإنترنت ووضع السياسات المناسبة لها.

الإنترنت والنطاق العريض

يعاني معظم مستخدمي الإنترنت مشكلة بطء الاتصالات في كل مرة يحاولون فيها استخدام الشبكة. ويتساءل الجميع وهم يتابعون ما يتتابع على الشاشة من صفحات زاهية الألوان عن سبب كل هذا البطء. ومن حسن الحظ أن حل هذه المشكلة أصبح متاحاً الآن. ويتمثل هذا الحل الذي طال انتظاره فيما يسمى بخاصية «النطاق العريض» ويعتقد أنها ستحل مشكلة الاتصال البطيء بشبكة الإنترنت نهائياً بالنسبة لملايين المستخدمين في أنحاء العالم. ومن خلال النطاق العريض سيمكنك التخلي عن جهاز الموديل القديم والاستمتاع بالإنترنت كما يجب أن يكون: صفحات الشبكة تترى أمام عينيك في طرفة عين. ويشير اصطلاح النطاق العريض في واقع الأمر إلى كافة وسائل إرسال البيانات التي تزيد سرعتها على سرعة الاتصالات التي يرمز لها آي .إس. دي. إن. والتي تبلغ السرعة القصوى لها 128 ألف بث في الثانية. ويقول ستيفان جيليتش مدير مجموعة الإذاعة الرقمية التابعة لشركة انتل: «تعتبر الاتصالات عريضة النطاق أساسية بالنسبة للتجارة الإلكترونية واستخدامات المالتي ميديا في شبكة الإنترنت.. وستنجم عن استخدامها نماذج عمل جديدة تماماً». ويفترض جيليتش أن الاتصالات عريضة النطاق

ستسفر عن اندماج الإنترنت مع غيرها مـن وسـائل الإعلاممثل التلفزيون. فمشاهدو التلفزيـون الـذين يتابعون برنامجاً عن ألواح التزلج على الجليد مثلاً سيمكنهم معرفة المزيد من المعلومات حول المنتجعـات المناسبة لممارسة هذه الرياضة من خلال خطوة بسيطة تتمثل في مجرد ضغط زر علـى جهـاز الريمـوت كونترول. بل سيمكن للمستخدمين التوصل للمعلومات الفورية حول أسعار هـذه الألـواح ومـن ثـم طلـب شراء إحداها. كل ذلك والبرنامج التلفزيوني لم ينتـه بعـد. ان الاشتراك في هـذا يتطلب وجود قناة توجـه البيانات من جهاز التلفزيون إلى جهة البث.

وهناك اليوم نوعان من استخدامات الاتصال عريض النطاق:-

الاول هو الاتصال أحادي الاتجاه ومن أمثلته بعض قنوات الكيبل التي ترسل البيانات باتجـاه واحـد فقـط من شبكة البث إلى جهاز الكمبيوتر.

الثاني ويتمثل بالنظام مزدوج الاتجاه الذي يتيح الفرصة للتفاعل الحقيقي بين المستخدم وشبكة الإنترنت. ومن أمثلة الأنظمة مزدوجة الاتجاه تكنولوجياً خط الاشتراك الرقمي غير المتماثل (إيـه. دي. إس. إل ADSL) وغالبية اتصالات الكيبل الحديثة. وتتيح تكنولوجياADSL معـدلات عاليـة لسرعة نقل البيانات مقارنـة بخطوط الهاتف النحاسية النمطية ذات السلكين. وتوصف تكنولوجيا إيه. دي. إس. إل بأنها غيـر متماثلـة نظراً لأن سرعة تدفق البيانات في القناة الموجهة من الراسل إلى المستخدم تفوق سرعة انتقالها في الاتجاه العكسي، أي في القناة الموجهة من المستخدم إلى المرسل. ففي القناة الأولى قـد تصل السرعة إلى مـا بين 8 و10 ميجابت في الثانية، بينما لا تتعدى السرعة المناظرة في القناة المعاكسة 768 كيلوبـت في الثانيـة. وفي الحالتين فإن تلك السرعات تفوق سرعة المودم التقليدي بما يتراوح بين 10 أضعاف إلى 50 ضعفاً. وتعكف بعض الجهات الموفرة لخدمة الوصول للإنترنت حالياً على إنشاء أنظمة لاسلكية عريضة النطاق.

ان الاستخدامات الرقمية بلغت مراحل متقدمة دفعت الحكومة البريطانية إلى تقديم اشتراكات مجانية مفتوحة لشبكة الإنترنت و للبريد الإلكتروني لبعض البيوت التي

تم اختيارها في بريطانيا عندما قامت الحكومة بإنشاء أول حي رقمي منذ يوم الاثنين 16 نيسان 2001م. وتحولت المئات من البيوت في الحي إلى بيوت رقمية حيث ستحول فيها التلفزيونات العادية إلى تلفزيونات رقمية من أجل السماح لأفراد العائلات بمشاهدة القنوات المجانية؛ إضافة إلى تصفح الإنترنت، و إرسال رسائل البريد الإلكتروني من خلال مجموعة التلفاز .TV SET وتم توجيه دعوة للأحياء تباعا لتأخذ نصيبها من هذه الخدمة، التي اشرفت عليها وزارة التجارة والصناعة ووزارة الثقافة البريطانية. عن هذا قال سكرتير وزارة الصناعة والتجارة (ستيفن بايرز) "إن التلفزيونات الرقمية يمكن أن تستخدم كـ" مصدر تعليمي "و أضاف بايرز:" نريد أن نضمن قيادة بريطانيا للعالم في تطوير التلفاز الرقمي، و أن تكون كل فئات المجتمع مشتركة في الفوائد التي من المفترض أن تجنى من هذا المشروع."

التليفزيون بالغ الجودة

على خط موازي يتطور جهاز التليفزيون حيث تسكن الصور. فالحديث يدور اليوم عن بث تليفزيوني فائق الجودة ويدعى اختصارا HDTV وهي الأحرف الأولى من الكلمات الإنجليزية High Definition Television. تَعِدُ هذه التقنية بوضوح في صور التليفزيون يزيد خمسة أضعاف عن المستوى الحالي، وستقترب صورة البث التليفزيوني في جودتها من جودة صورة الأفلام المعروضة على الأقراص الممغنطة DVD. وكانت الشركات المنتجة لهذه التقنية قد اتمت العمل بها قبل بدء بطولة كأس العالم عام 2006 والتي عقدت في ألمانيا.

تضفي الإنترنت والتقنيات المرتبطة بها طابعاً خاصاً على الطريقة التي يعيش بها الناس ويعملون ويتصلون، ناهيك عن التأثيرات التي تحدثها هذه التغيرات البعيدة المدى على حياتنا اضافه إلى انها ابرزت انواع من الحكومات خلال القرن الجديد أو بالأحرى وأنظمة اداريه جديدة لأننا دخلنا اعتاب تاريخ خاص في التقويم، تاريخ مشهود، كما هو ملاحظ في حياتنا اليوم، ...أننا نعيش فترة من فترات التغيير الأكثر إثارة في التاريخ.

والواقع، أن كل شيء نقوم به في حياتنا اليومية وفي عملنا وفي كل نواحي هياكل أنظمة إداراتنا، يمر الآن أو سرعان ما سيمر بتحوّل أساسي. وهذا التحول سببه مخلفات ونتائج الثورة الرقمية. إن التقنيات التي تعمل بالإنترنت وترتبط معاً، والتي تمثل الإنترنت فيها الشكل الملحوظ بدرجة أكبر على الملأ قلبت العالم رأساً على عقب. ومع رسوخ شبكات العمل بصورة متزايدة اعادت هذه التقنيات تشكيل الطريقة التي يعيش بها الناس ويتصلون ويعملون. وهذه التغيرات التقنية التي غيرت عالم الأعمال والمجتمع المدني اضفت أيضاً طابعاً خاصاً على الطريقة التي تقوم بها أنظمة الإدارة وطبيعة الحياة العامة نفسها .وتركت الثورة الرقمية بصماتها في سياق تواصلها بإعادة تشكيل علاقات متميزة وإن ظلت متشابكة بين الناس. لقد تأثرت كثير من المؤسسات والانظمة بشكل عميق، فالتأثير الهائل للاقتصاد الرقمي على الأعمال والتقنية المعتمدة على الإنترنت وسعت حجوم ألاعمال الجديدة وهي بذلك تعلن وفاة شركة العصر الصناعي. بهيكلها التنظيمي المتخلف. ولكن إذا انتقلنا بسرعة إلى اليوم، يسقط الآن بعض من تلك الحواجز التي كانت تحول دون إبرام ترتيبات أكثر مرونة بكثير بين الموردين، وشركاء البنية الأساسية وحتى العمل وهو يتمثل الآن في الأدمغة، وليس في القوة العضلية. وتتمثل ميزة الاتصالات المدارة بالإنترنت في أن تكلفة المعاملات لمثل هذا النشاط تنخفض إلى الصفر تقريباً عندما يزيد مدى وسرعة تقنيات الاتصالات زيادة أسية، وعندما تصبح الأدوات أقوى. وليست التجارة الإلكترونية، سوى قمة جبل الجليد فالاقتصاد الجديد يدور حول ظاهرة أعمق كثيراً تعيد صنع قواعد الأعمال. وتظهر الآن اتجاهات رئيسية متعددة، يمكن أن تكون أوصافها الموجزة مفيدة عندما نفكر في التغيرات المقبلة في أنظمة الإدارة. ومن ذلك:

1- الشركات يتم تحويلها على نطاق واسع بحيث تخضع لفحص دقيق وإصلاح واسع الناطق.

2- السوق تتعلم كيف تمارس السلطة: حيث تغدو السوق أسرع وأكثر تشدداً.

3- مشروعات الأعمال: حيث ستتحرك هذه المشروعات بسرعة هائلة.

4- المعرفة هي الأصول الرئيسية: بحيث يفسح النشاط الاقتصادي الذي يقوم على استخراج وتحويل الموارد النادرة المجال لاقتصاد الوفرة، وفرة المعلومات ووسائل الاتصال ويغدو تأثير المعرفة عبر الابتكار حاسماً.

5- الشفافية والانفتاح: حيث يصبحان عاملي تمكين رئيسيين في السوق.

إن العصر الرقمي اصبح زمن التحولات الكبيرة التي تزعزع الاستقرار وبشكل لم يسبق له مثيل. ومع انهيار الهياكل القديمة وتآكل القوانين والأعراف القائمة، حلت أخرى محلها، وإذا كانت التطورات الإليكترونية تعلمنا شيئاً فهو أن العصر الرقمي هو نقيض الفراغ. لذا، فإن هيكل العصر الصناعي، الذي كان عالم الحياة فيه يشتمل على ثلاثة مجالات رئيسية هي الحكومة والسوق والمجتمع المدني، يمر الآن بتحول أساسي مع سيطرة التقنيات. ومن ثم، تصبح الإنترنت منفذاً لأشكال جديدة من التفاعل مع المواطنين تسمح بالمشاركة. وفي العصر الرقمي، يتحول المواطنون من مجرد مستهلكين إلى وضع يصبحون فيه شركاء نشطين في عملية الإدارة. يقول دون تاسكوت في الأعوام القادمة نعتقد أنه سيحدث بون شاسع واسع النطاق لنموذج أنظمة الإدارة. ومع ذلك فإن هناك الكثير مما يدعو للتفاؤل إذ إن التقنيات الجديدة والتغيرات الناشئة عن التطبيق الواسع لها سوف تتيح لأنظمة الإدارة في القرن الحادي والعشرين الفرصة ليس فقط لتعمل بصورة أفضل، بل أيضاً وهو الأهم لتقوم بإشراك المواطنين في الإدارة. بيد أننا لا ينبغي أن نتجاهل الأخطار أيضاً إذ تبقى قضايا خطيرة دون حل، وفي مختلف أنحاء العالم، يشعر الناس بالقلق، عن حق من قدرة التقنيات الجديدة على تعويض خصوصياتهم. إن المطلوب الان إقامة أنظمة إدارة حديثه قادره على مواكبة العصر الرقمي. وعندما تقوم الشركات والمواطنون والقطاع الخاص بإعادة تحديد أدوارهم وإعادة انتاج مشاركتهم فيها ستكون النتيجة أنظمة إدارة أفضل.

الفصل الخامس

الاقمـــار الصناعيــة

ما هي الاقمار الصناعية ؟

مصطلح القمر يعود من الناحية الجغرافية إلى جسم فضائي يصاحب ويدور حول جسم فضائى أكبر منه.. فالقمر هو جسم تابع للأرض يدور حولها مثلاً.. بالإضافة إلى الأقمار الطبيعية يوجد الأن ما يسمى بالأقمار الصناعية (Satellite) والتى تستعمل فى الأغراض الأمنية والأهداف العلمية والاتصالات.

والقمر الصناعي مركبة تسبح في الفضاء لأداء مهمة معينة، وتختلف مهام الأقمار الصناعية، فمنها ما يستخدم لخدمة الاتصالات مثل قمر NileSat ، ومنها ما يستخدم للاستشعار عن بعد مثل KitSat ، ومنها ما يستخدم لخدمة الأبحاث العلمية مثل Goes وغيرها .تنقسم المهمة الفضائية إلى ثلاثة أركان رئيسية هي: القمر الصناعي، وصاروخ الإطلاق، والمحطة الأرضية لاستقبال المعلومات أو الاتصالات من القمر الصناعي .

أما عن صاروخ إطلاق القمر الصناعي، فإن أنواعًا معينة من الصواريخ مخصصة لحمل القمر الصناعي داخلها والانطلاق به من الأرض إلى مدار القمر الصناعي حول الأرض، ثم الانفصال عنه وتتركه ليدور حول الأرض، تنطلق هذه الصواريخ من محطات إطلاق معينة موجودة حول العالم يبلغ عددها 19 محطة إطلاق. ومن أشهر الصواريخ التي تستخدم لإطلاق الأقمار الصناعية صاروخ أريان الفرنسي وصاروخ كوزموس الروسي.

ويدور القمر الصناعي حول الأرض بفعل قوى الجاذبية بينه وبين الأرض دون أن يسقط عليها إذا تمَّ انفصاله عن صاروخ الإطلاق بالسرعة المناسبة، حيث يتناسب مربع هذه السرعة عكسيًا مع بُعد القمر الصناعي عن مركز الأرض، فمثلاً إذا أريد إطلاق قمر صناعي في مدار يرتفع عن سطح الأرض مسافة 500 كم، فإنه يحتاج إلى

سرعة للقمر الصناعي مقدارها 7.6كم/ ثانية، أما إذا أريد إطلاق القمر الصناعي في مدار يرتفع عن سطح الأرض مسافة 1000كم، فإن الحاجه لإطلاق القمرتكون بسرعة مقدارها 7.35كم/ ثانية وهذه السرعة تفوق سرعة دوران الأرض إذا كان المدار أقل من ارتفاع 36000كم، عند ارتفاع 36000كم تقريبًا يسير القمر الصناعي بنفس سرعة دوران الأرض، وبالتالي يظل ثابتًا فوق نقطة معينة فوق سطح الأرض، عادة توضح الأقمار الصناعية المستخدمة في أغراض الاتصالات عند هذا الارتفاع، وبنفس فكرة القمر الصناعي يمكن جعل قطعة من الحجارة تَطِير حول الأرض إذا ألقيت بسرعة 7.9كم/ ثانية.

بعض اغراض استخدام الأقمار الصناعية:

1- جمع المعلومات عن الأرض والشمس ونقلها إلى الأرض .

2- دراسة حالة الطقس .

3- الاتصالات السلكية واللاسلكية.

4- للأغراض العسكرية وتصوير مواقع العدو .

نشأة الأقمار الصناعية:

فى عام 1903 اثبت الروس Konstantin Tsiolkov (1857 – 1935) انه بالامكان لجسم ما اطلق بسرعه ما ان يصل لمدار في الفضاء الخارجي، وفي عام 1945 ذكر كاتب الخيال العلمي البريطاني الجنسيه السيريلانكي الاصل في مقال عام لاسلكي امكانية وجود الاقمار الصناعية وكيفية اطلاقها والمدارات التي يمكن ان تدور فيها حول الارض واستخداممها في مجالات الاتصال..لقد تحققت نبوءة الروسي،وفي 1948 استطاع العلماء ان يثبتوا صحة هذه النظرية ويحولوها إلى فرضية واقعية وبعد سلسلة من عمليات النقاش حول جدية وامكانية تحقيق هذا الانجاز تلمسوا الطريق لتحويل الحلم إلى حقيقة واصبح مشروع اطلاق القمر الاصطناعى مسألة وقت لاسيما بعد ان

حلت معضلة الصواريخ التي يمكن ان تحمل القمر إلى الفضاء الخارجي عليد العلماء الالمان الذين تمكنوا من تطوير الجيل الثاني من صواريخ (في وان) واصبح بامكان صواريخ (في 2) من القيام بهذه المهمه وفي عام 1957 تمكن الروس من اطلاق اول قمر صناعي إلى الفضاء الخارجي وحمل اسم سبوتنيك 1 وتلاه اطلاق عدد آخر من الصواريخ واصبح الفضاء الخارجي ميدان جديد للتنافس بين الاتحاد السوفيتي والولايات المتحده الأمريكية التي عرفت حينها بالحرب البارده وجاء عام 1962 حيث نجح الأمريكان باطلاق القمر الصناعي سكور الذي استخدم في نقل البث التلفزيوني بين امريكا واوربا وكان بمثابة الايذان بمرحلة جديدة من ثورة الاتصال العالمية. بعد ذلك تم إطلاق العديد من الأقمار ذات الأغراض المختلفة.

مكونات القمر الصناعي

مكونات أي قمر صناعي هي مجموعه الأجزاء والمعدات المختلفة التي يحتاجها لأداء المهمة المكلف بها وهناك مكونات أساسية توجد في جميع الأقمار مثل :

- أجنحة الخلايا الشمسية التي تمد القمر بالطاقة اللازمة لتشغيله.

- بطارية احتياطية من الهيدروجين أو النيكل أو الكاديوم لتشغيل القمر في حالات الطوارئ او في حالات كسوف الشمس .

- الهوائيات اللازمة لاتصال القمر بمحطات التحكم الأرضية وبث الصور والبيانات إليها واستقبال الأوامر منها.

- الكاميرات الرقمية الدقيقة جدا خاصة في أقمار التجسس وأقمار الطقس وأقمار الأبحاث العلمية وتصل دقة هذه الكاميرات إلي تصوير سيارة متحركة علي الأرض بكل تفاصيلها.

- النواقل كما في أقمار البث الفضائي والاتصالات وهي التي يتم تحميل القنوات الفضائية والتليفونية عليها وتتميز أقمار الاتصالات والبث التليفزيوني عن جميع الأقمار

الصناعية بالهوائيات العملاقة الموجودة فيها والتي تتيح لها نقل الصور والبيانات والاتصالات من مكان إلي آخر علي سطح الكرة الأرضية.

وتوجد كل هذه المحتويات في وعاء خارجي يحمل اسم BUS وهو الغلاف الخارجي للقمر الصناعي أو الهيكل الأساسي له والذي يضم بدورة مجموعه كبيرة من الدوائر والرقائق الإلكترونية وأجهزة الكومبيوتر الدقيقة ومولد للطاقة ومعدات الاتصال.

المدارات والأقمار

المدار هو الموقع الذي يتخذه القمر الصناعي في الفضاء الخارجي حول الأرض وبعده عنها وسرعة دورانه حولها بالتزامن مع سرعه دورانها حول نفسها. ويختلف مدار كل قمر عن الآخر وفقا لطبيعة القمر ومهمته المكلف بها وهناك أنواع من المدارات التي تتخذها الأقمار الصناعية حول الأرض ومنها ما يلي:

المدار القطبي – Polar Orbiting

وهو نوع من مدارات LEO. وفيه يتخذ القمر الصناعي موقعا قريبا من الأرض ويكون شكل دورانه من الشمال إلي الجنوب وهكذا حتى يغطي المساحة المطلوبة منه على الأرض.

أقمار هذا المدار

يتيح هذا المدار للأقمار الموجودة فيه إمكانية مسح الكرة الأرضية في وقت قياسي وتسجيل الصور والبيانات بكل دقة لذلك تستخدمه أقمار الأبحاث العلمية خاصة العاملة في مجال البيئة والطقس ودراسة الصحاري والمياه الجوفية وكذلك أقمار التعدين والبحث عن النفط.

المدار المنخفض- ليو Orbit LEO - Low Earth

عندما يدور القمر الصناعي في مدار في شكل دائري منخفض وقريب من سطح الأرض يسمي هذا المدار LEO أو المنخفض وهو يبعد حوالي 200 إلي 500 ميل فوق سطح الأرض و لان هذا المدار قريب جدا من سطح الأرض فأن الأقمار الصناعية الموجودة فيه تدور بسرعات كبيرة جدا بفعل الجاذبية الأرضية التي تجذبها إلي غلاف الأرض وتصل سرعة الأقمار هنا إلي أكثر من 27 ألف و 359 كيلو متر في الساعة وتستطيع الأقمار الموجودة في هذا المدار الدوران حول الأرض في 90 دقيقة فقط

أقمار هذا المدار

يتيح المدار القريب من الأرض لهذه الأقمار التقاط الصور المقربة جدا لمساحات شاسعة من سطح الكرة الأرضية يمكن استخدامها في الدراسات الجغرافية والخرائط المساحية والتعدينية ونظم الملاحة الجوية والبحرية ومعظم أقمار هذا المدار تنتمي إلى الأقمار العلمية

المدار المتزامن – Orbits Geostationary

عملية إطلاق القمر الصناعي:

تنقسم المهمة الفضائية إلى ثلاثة أركان رئيسية هي: القمر الصناعي، وصاروخ الإطلاق، والمحطة الأرضية لاستقبال المعلومات أو الاتصالات من القمر الصناعي. أما عن صاروخ إطلاق القمر الصناعي، فإن أنواعًا معينة من الصواريخ مخصصة لحمل القمر الصناعي داخلها والانطلاق به من الأرض إلى مدار القمر الصناعي حول الأرض، ثم الانفصال عنه وتركه ليدور حول الأرض، تنطلق هذه الصواريخ من محطات إطلاق معينة موجودة حول العالم يبلغ عددها 19 محطة إطلاق. ومن أشهر الصواريخ التي تستخدم لإطلاق الأقمار الصناعية صاروخ أريان الفرنسي وصاروخ كوزموس الروسي.

ويستطيع المهندسون توجيه هوائيات القمر كم خاصة. الصناعي إلي أي نقطة وذلك بواسطة اشارات محدده . كذلك يحوي القمر على أجهزة تضخيم الإشارة الملتقطة إلى بضعة عشرات الآلف مليون من المرات من اجل إعادة إرسالها مرة ثانية إلى المحطات الأرضية ورغم أن القمر الصناعي يلتقط عدد كبير من الترددات المختلفة فانه لا يحدث تداخل في ما بينها ، بسبب استخدام الموجات الميكروية Microwave ، والتي لا تتأثر بالطبقات المتأنية في الغلاف الجوي التي تعكس الإشارات الاخرى.

مدارات الأقمار الصناعية:

تخضع حركة القمار الصناعية حول الكرة الأرضية إلى قوانين كيبلر التي تحدد حركة الكواكب. وهذه القوانين تنص انه كلما كان القمر واقعا في مدار أعلى ، كلما تحرك بسرعة أبطأ. وهكذا فان القمر Echo 1 الذي كان في مدار منخفض نوعا ما، فقد كان يسير بسرعة عالية حيث كان يدور حول الكرة الأرضية خلال مدة ساعتين وهكذا كان على هوائيات المحطات الأرضية أن تتابع حركة القمر الصناعي بسرعة وإلا فإنها تفقد أثره.

وإذا كان القمر الصناعي فوق خط الاستواء فانه يتم دورة كاملة خلال فترة 24 ساعة ولهذا فهو يبدو إلى المراقب على سطح الأرض وكأنه ثابتا في الفضاء لأنه يدور متزامنا بنفس سرعة دوران الأرض حول نفسها.

إن معظم الأقمار الصناعية المخصصة للاتصالات تطير فوق خط الاستواء لأنها تعطي ميزة جيدة، حيث يمكن توجيه هوائيات المحطات الأرضية باستمرار إلى نفس النقطة في السماء. وهذه الأقمار تغطي أكثر مناطق العالم ازدحاما بالسكان والتي تقع بين خط الاستواء وخط عرض 60.

ولتغذية الأجهزة الإلكترونية لهذه الأقمار بالتيار الكهربائي، فانه تستخدم الخلايا الشمسية التي تقوم بتحويل ضوء الشمس إلي تيار كهربائي.

وتتميز الاتصالات عبر الأقمار الصناعية بأنها تتم بسرعة وبأمان ودون الحاجة إلى مد كابلات عبر المحيطات والصحاري. وكثير من المدن الإفريقية والهندية الموجودة عبر الصحاري والبراري، تصل مع العالم الخارجي بواسطة القمار الصناعية.

تنقسم الأقمار الصناعية حسب استخداماتها إلى:

1- أقمار الاتصالات والتي تستخدم في نقل المعلومات.

2- أقمار البث الفضائي والتي تستخدم في بث القنوات التليفزيونية والإذاعية.

3- أقمار الأرصاد والتي تقوم بجمع المعلومات عن الغلاف الجوي وتنبؤات الجو.

4- الأقمار العسكرية وأقمار التجسس والتي تستخدم في أغراض أمنية دفاعية.

5- الأقمار العلمية والتي تستخدم في التجارب العلمية المختلفة.

مكونات القمر الصناعي

يتكون القمر الصناعي من مجموعة أنظمة رئيسية:

1- نظام الحمولة الفضائية، وهو النظام المسئول عن تنفيذ الجزء الخاص بطبيعة المهمة الفضائية، فقد يكون هذا النظام عبارة عن آلة تصوير لالتقاط صور للأرض أو يكون عبارة عن نظام للاتصالات يقوم باستقبال الاتصالات من الأرض وإعادة إرسالها إلى حيث يراد إرسالها.

2- نظام للطاقة وهو النظام المسئول عن إمداد القمر الصناعي بالطاقة والتحكم في توزيع هذه الطاقة على الأنظمة المختلفة، يعتمد القمر الصناعي في مداره على الطاقة الشمسية؛ حيث يستخدم خلايا شمسية لتحويل الطاقة الشمسية إلى طاقة كهربية يستخدم بعضها مباشرة ويخزن بعضها في بطاريات لاستخدامها في أوقات لا تتوافر فيها الطاقة الشمسية؛ حيث يقع القمر الصناعي في ظل الأرض ولا يرى الشمس.

3- نظام للتحكم في وجهة القمر الصناعي؛ حيث يتعرض القمر الصناعي لمؤثرات خارجية تؤدي إلى تغيير وجهة القمر الصناعي، وبالطبع فإن الحفاظ على وجهة القمر ـ بحيث يظل دائمًا مطلاً بوجهه تجاه الأرض ـ ضروري لإتمام عملية الاتصال ونقل المعلومات للأرض بشكل صحيح، ونظام التحكم في وجهة القمر هو المسئول عن هذا الدور.

4- نظام للاتصالات مسئول عن إتمام عملية الاتصال بالمحطة الأرضية اللازمة لعمل القمر الصناعي؛ حيث يتم إرسال أوامر من المحطة الأرضية للقمر الصناعي، يتم استقبالها عن طريق نظام الاتصالات، وكذلك يرسل القمر الصناعي معلومات للأرض خاصة بوضع القمر الصناعي ومستوى أداء أنظمته المختلفة.

5- نظام للدفع وهذا النظام قد لا يوجد في بعض الأقمار الصناعية الصغيرة؛ حيث لا تكون له حاجة ضرورية، وفي الأقمار التي تحتوي نظامًا للدفع يستخدم هذا النظام لنقل القمر الصناعي من مدار إلى مدار آخر أو لتصحيح مكان القمر الصناعي في مداره .

أما عن المحطة الأرضية فهي نوعان: نوع يستخدم للاتصال بالقمر الصناعي لتبادل الأوامر والمعلومات الخاصة بعمل القمر الصناعي نفسه، والنوع الآخر يستقبل المعلومات أو الاتصالات المطلوبة لإتمام إنجاز المهمة الفضائية .

تختلف الأقمار الصناعية التي تدور حول الأرض فيما بينها اختلافًا كبيراً في الحجم، يصل وزنها إلى ثلاثة أطنان في أقمار الاتصالات، وقد يكون وزنها 250 كجم في أقمار الاستشعار عن بُعْد ، وقد يصل وزنها إلى بضع عشرات من الكيلوجرامات في الأقمار التجريبية الصغيرة، ويقوم بتصنيع الأقمار إما شركات متخصصة أو مؤسسات بحثية أو جامعات .

نبذة عن الاقمار الصناعية

اعتمدت الاتصالات الإلكترونية البعيدة المدى حتى الستينات من هذا القرن ، اما على الكـابلات او على انعكاسات الاشارة الراديوية من على الغلاف الجوي، ومن المعروف ان هـذه الكـابلات تحـوى عـلى عدد محدود من الاسلاك، اما الاشارات المنعكسة فكانـت تتخامـد بسرعة مـما يجعل الاتصـال ذو نوعيـة سيئة.

في عام 1945 اقترح العلماء فكرة استخدام الاقمار الصناعية التي تطير فـوق الكـرة الارضية ، لزيادة فعالية الاتصالات الإلكترونية، حيث يمكن رؤية القمر الصناعي من منطقة شاسعة من الارض.

ونظرا لارتفاعه العالي ، يستطيع ان يحقق الاتصال ما بين عـدة محطات بطرق متعـددة خلافـا للكابل الذي يستطيع ان يصل بين محطتين فقط.

أنواع الاقمار الصناعية :

اول قمر صناعي للاتصالات كان القمر Echo 1 الذي اطلق عام 1960، وكان هذا القمر من النوع غير الفعال Passive اي لم يكن يحوي اي دوائر الكترونية، وانما كان عبارة عن عاكس للاشارات الإلكترونية .

لقد قام هذا القمر والقمر Echo 2 الذي اطلق في عام 1964 عبارة عن بالون كبير بقطر 32 مـتر، مغطى برقائق الالمنيوم ، وكان يدور حول الارض بارتفاع 1610 كم. ومثل اي كرة زجاجية او فولاذيـة التـي تعطي زاوية انعكاس واسعة للمناظر حولها، فان هذه الاقمار كانـت تعيـد عكس الاشارة الموجهـة اليهـا ، ولكن بقوة اخفض .ونظرا لمساوئها ومشاكلها الكثيرة ، لم تعد تستخدم الاقمار غير الفعالة في ايامنا هذه .

الاقمار الصناعية الفعالة Active Satellites :

وهذه القمار عبارة عـن محطـات تقويـة ، تقـوم باسـتقبال اشـارة مـن محطـات ارضـية معينـة وتكبرها ثم تعيد ارسالها باتجاه محطات أرضية اخري وفي هذه الايام تستخدم هذه الاقمار لنقل الاشـارات التلفزيونية بين دول العالم .

مدارات الاقمار الصناعية الفعالة

تخضع حركة الاقمار الصناعية حول الكرة الارضية إلى قوانين كيبلر التي تحـدد حركـة الكواكـب. وهذه القوانين تنص انه كلما كان القمر واقعا في مدار أعلى ، كلما تحرك بسرعة أبطأ .

وهكذا فان القمر Echo 1 الذي كان في مدار منخفض نوعا ما ، فقد كان يسير بسرعة عالية حيث كان يدور حول الكرة الارضية خلال مدة ساعتين وهكذا كان على هوائيات المحطات الارضية ان تتابع حركة القمر الصناعي بسرعة والا فانها تفقد أثره .

مام القمار التي تطير على ارتفاع 36000 كم فانها تدور حول الكرة الارضية خلال 23 ساعة و 56 دقيقة.

واذا كان القمر الصناعي فوق خط الاستواء فانه يتم دورة كاملة خلال فترة 24 ساعة ولهذا فهـو يبدو إلى المراقب على سطح الارض وكانه ثابتا في الفضاء لانه يدور متزامنا بنفس سرعة دوران الارض حـول نفسها .

ان معظم الاقمار الصناعية المخصصة للاتصالات تطير فوق خط الاستواء لانها تعطي ميزة جيدة، حيث يمكن توجيه هوائيات المحطات الارضية باستمرار إلى نفس النقطة في السماء .

وهذه الاقمار تغطي اكثر مناطق العالم ازدحاما بالسكان والتي تقع بين خط الاستواء وخط عرض 60.

ولتغذية الاجهزة الإلكترونية لهذه الاقمار بالتيار الكهربائي ، فانه تستخدم الخلايا الشمسية التي تقوم بتحويل ضوء الشمس الي تيار كهربائي .

مساوئ الاقمار الصناعية التي تطير على ارتفاعات عالية فوق خط الاستواء، تتمثل بالمسافة الكبيرة التي يجب تقطعها الاشارة ، وهذا يتطلب اشارة ذات طاقة عالية. بالاضافة إلى ذلك هناك التاخير الزمني الحاصل بين ارسال الاشارة واعادة استقبالها مرة ثانية .

فالاشارة كما هو معلوم تسير بسرعة 300000 كم في الثانية، وهناك تأخير قدره 120 ميلي ثانية وهو الزمن اللازم لقطع المسافة بين المحطة الارضية والقمر الصناعي، وفي بعض الحالات يصل هذا الزمن حتى 1 ثانية اذا كانت المسافة المقطوعة كبيرة جدا. مثلا عند اجراء مكالمة هاتفية بين دولة لدولة اخري بعيدة عبر الاقمار الصناعية فاننا نشعر بهذا التاخير الزمني .

من ناحية اخري قام التحاد السوفياتي باطلاق سلسلة اقمار صناعية للاتصالات تحت اسم Molniyaوهي تدور في مدارات اهليجية عالية حول الارض كل 12 ساعة .
وعوضا على ان يكون القمر في مسار استوائي ، فان مساره يميل بشكل زاوية الاوج فوق اراضي التحاد السوفياتي وبذلك يقضي القمر الصناعي حوالي 8 ساعات فوق الاتحاد السوفياتي .

تقنية الاقمار الصناعية :

يمكن توجيه هوائيات الاقمار الصناعية بدقة نحو سطح الارض وذلك بجعل القمر الصناعي متوازيا في مداره. ويتم ذلك بجعل جسم القمر الصناعي يدور حول نفسه مرة كل ثانية ، وهذا يمكن من توجيهه دائما باتجاه نقطة محددة (بشكل متوازي مع محور الارض) من ناحية اخرى تدور هوائيات القمر الصناعي بنفس السرعة ولكن باتجاه

معاكس وهذا يجعل الهوائيات باتجاه نقطة معينة ثابتة مـن سـطح الارض . امـا الـواح الخلايـا الشمسـية فيجب ان تتوجه باستمرار نحو الشمس .

ان داخل القمـر الصـناعي يجـب ان يكـون ذو حـرارة ثابتـة ، وذلـك بسـبب حساسـية الاجهـزة الإلكترونية. ولهذا تستخدم اجهزة خاصة للتبريد والتسخين ، كما يدهن الجسم الخارجي للقمر بمواد ماصة لحرارة الشمس .

في العادة تحوي الاقمار الصناعية على هوائيات ارسال واستقبال منفصلة. وتكون هوائيات الارسال بشكل صحون لتقوم بتوجيه الاشارات إلى منطقة محددة من سطح الارض حيث تقوم المحطات الارضية باستقبالها. ويستطيع المهندسون توجيه هوائيات القمر الصناعي الي اي نقطة وذلك بواسطة ارسال اشارات تحكم خاصة .

كذلك يحوي القمر على اجهزة تضخيم الاشارة الملتقطـة إلى بضعة عشـرات الالـف مليـون مـن المرات من اجل اعادة ارسالها مرة ثانية إلى المحطات الارضية ورغم ان القمر الصناعي يلتقط عدد كبير من الترددات المختلفة فانه لا يحدث تـداخل في مـا بينهـا، بسـبب اسـتخدام الموجـات الميكرويـة Microwave ، والتي لا تتأثر بالطبقات المتأنية في الغلاف الجوي التي تعكس الاشارات الاخرى.

في معظم الاقمار الصناعية يبلغ تردد الاشارة الملتقطة 6 ميجاهرتز وتردد الاشارة المرسلة 4 جيجاهيرتز وفي بعض الانواع تبلغ 7 و8 جيجاهيرتز او 11 و 14 جيجاهيرتز على التوالي .

يتم تغذية الاجهزة الإلكترونية في هذه الاقمار بواسطة الطاقة الشمسية حيث تقوم خلايا شمسية بتحويلها إلى تيار كهربائي.

المحطات الارضية :

يزداد عدد المحطات الارضية بسرعة ومعظم هذه المحطات مزودة بهوائي على شكل صحن يصـل قطـره إلى 30 متر .

وهذا الهوائي يمكن تحريكه في كافة الاتجاهات

تعمل معظم المحطات الارضية على ارسال واستقبال الاشارات اللاسلكية التي تحمـل المكالمـات الهاتفيـة والاقنية التلفزيونية .

الاستخدامات :

برغم ان معظم الناس يعتقدون ان الاقمار الصناعية تستخدم فقط لنقل الصور التلفزيونية عن الاحتفالات العالمية ومباريات كرة القدم فانها في الواقع تستخدم ايضا لنقـل المكالمـات الهاتفيـة واشـارات التلكس و الكمبيوتر.....الخ .تتميز الاتصالات عبر الاقـمار الصـناعية بانها تـتم بسرعة وبامـان ودون الحاجـة إلى مـد كابلات عبر المحيطات والصحاري .وكثير من المدن الافريقيـة والهنديـة الموجـودة عـبر الصـحاري والـبراري ، تصل مع العالم الخارجي بواسطة القمار الصناعية.

الأقمار الاصطناعية وصراع القوى الكبرى للسيطرة على الأرض

الاقمار الصناعية وصراع القوى الكبرى

تشير معلومات وكالة ناسا إنه ومنذ عام 1957 أطلق نحو 6 آلاف قمر اصطناعي إلى الفضاء وما يزال 3 آلاف منها قيد الخدمة حالياً، وهي تدور حول الأرض باستمرار،ولكن ماذا بعد أن احتوت الخليويات العادية تقنية للإتصال مباشرة مع الأقمار الاصطناعية، مثل «النظام الشامل لتحديد المواقع على الأرض» «غلوبال بوزيشننغ سيستم" (Global Positioning System) ، ويشتهر باسمه المختصر «جي بي أس « GPS؟ والمعلوم أن ذلك النظام المتطوّر يعتمد على شبكة من الأقمار الاصطناعية، تشكل جزءاً من منظومة أميركية ضخمة من تلك الأقمار. وكالكثير من التقنيات التي راجت بين أواخر القرن العشرين وأوائل القرن الحالي، وُلِد نظام «جي بي أس» من رحم المؤسسة الأمريكية. واعتُبِر سلاحاً سرياً متطوراً، يقتصر استخدامه على الجيوش الأميركية، تماماً مثل حال شبكة الإنترنت التي صنعتها مختبرات البحوث المتطورة في البنتاغون. واستخدم نظام «جي بي أس» لتوجيه الصواريخ الباليستية، خصوصاً «توماهوك» التي استعملت في عدد من الحروب أشهرها تلك التي جرت في يوغسلافيا قبل تفككها والعراق منذ عدوان 1991 وانتهاءا باحتلاله في نيسان 3003 . وفي عهد الرئيس الأميركي بيل كلينتون، انتقل نظام «جي بي أس» إلى الاستخدام المدني .

ويفوق عدد الهواتف النقّالة حالياً البليونين ونصف البليون. وتتوزّع ببراعة على الكرة الأرضية، بحيث تشمل المناطق النائية والمراكز الحضارية الأكثر تقدّماً في آن. وتسير شركات الخليوي وشبكاته بإصرار نحو تضمين الهواتف تقنية الاتصال مع الأقمار الاصطناعية لتحديد المواقع على الأرض. راهناً، تشكل تلك الهواتف الشريحة الأسرع تكاثراً في أنواع الخليوي، لأن معظم الأنواع الحديثة تضم تلك التقنية... بليونا إنسان

متصلون بالأقمار الاصطناعية التي تستطيع تحديد تحركهم على مدار الساعة! 2.5 بليون إنسان (وربما أكثر) يتصلون بالأقمار الاصطناعية لأسباب شتى، ويدفعون مقابل ذلك الاتصال .ليس ذلك كل السوق. فبالترافق مع ذلك، عملت شركات الخليوي أيضاً على صنع أجهزة، تسمى " نُظُم الإبحار "، تتخصّص بتوجيه السيارات أثناء سيرها، لمساعدتها في التعرف إلى هدفها، والوصول إليه، وتجنّب الشوارع الأكثر إزدحاماً وما إلى ذلك. وتدفع تلك السيارات لقاء اتصالاتها الفضائية أيضاً. ثمة اكثر من 52 مليون سيارة عالمياً، تشكّل 80 في المئة من مجمل الحافلات الميكانيكية المخصصة للمواصلات، ما يعني أن العدد الكلي لتلك الحافلات يزيد على 62.4 مليون مرشحة لأن تضم تلك الأجهزة خلال السنوات القليلة المقبلة. قبل ان تنقل تقنية تحديد المواقع الأرضية من الفضاء إلى الاستخدام المدني، استعمِلت التقنية بكثافة في الصواريخ الاستراتيجية (مثل بيرشنغ الأميركي وتوبول الروسي) والقاذفات الاستراتيجية وطائرات الاستطلاع الاستراتيجي (مثل الأواكس) والطائرات الحربية المتخصصة بالتشويش على نُظُم الاتصالات وغيرها. وبعيد انتقال نظام «جي بي أس» إلى الاستخدام المدني، انتشرت بسرعة في الطائرات المدنية والتجارية والسفن والقطارات وغيرها. إنها سوق هائلة بالنسبة لتقنية مُفردة تستعمل الفضاء لتحديد المواقع على الأرض. لنتذكر أن تلك التقنية، التي يلزمها شبكة تتكوّن مما يراوح بين 20 و30 قمراً اصطناعياً، تشهد صراعاً هائلاً بين 3 قوى كبرى. إذ تدعم الولايات المتحدة نظام «جي بي أس». ويتبنى الاتحاد الأوروبي نظاماً منافساً اسمه (غاليليو). وتعقد روسيا أمالها على نظام «غلوناس» الذي تعِدُ بأن يتفوق في الدقة على منافسيه.

ان ثمة امور كثيره يمكن ان يترتب عليها تحديد المواقع على الأرض لاسميا المصالح التي يدرها، خصوصاً الخدمات التي تقدم للجمهور من خلال صفقات المعقوده بين الشركات العملاقة والدول والشركات التي تملك الأقمار الاصطناعية والأرجح ان المصالح تصل حداً من الضخامة يجعل من الصعوبه الاحاطه بها. وهناك اليوم ثمة

صراع لا نهاية له على المعلومات عبرالشبكة العكبوتيه ليس في الهيمنه على المعلومات بل وكذلك على الجمهور.

أن منظمات الدفاع عن الحريات والخصوصية الفردية تشن حرباً لم تنته بعد ضد موقع «غوغل»، متهمة إياه بالاستفادة تجارياً، وبطرق شتى، من المعلومات التي يراكمها الجمهور على بريد ذلك الموقع، إذ تربط عناوينهم الإلكترونية مع الاسماء ومعلومات شخصية متنوعة. وسيكون الحال اكثر صعوبه اذا أضيف إلى ذلك الموقع فعلياً على الأرض، وعلى مدار الساعة حيث تزيد أهمية المعلومات العالية الجوده التي تقدمها نظم تحديد المواقع مع زيادة سعة خدمات الاتصالات التي لها علاقة مع جغرافيا الأمكنة، مثل بنوك الخليوي. وهذا ما سوف ينعكس على الخدمات التي تقدمها تلك المعلومات للسياحة بأنواعها. ان التأمل في تجربة رسائل (اس أم اس) ، التي تقدم سوى رقم مرسل الرسالة. ووجود أسواق لا نهاية لها، ترتكز إلى تلك الرسائل مثل الموسيقى والأغاني والفتاوى والنصائح ووصفات الطبخ والإرشادات الطبية والاستشارات النفسية والمشاركة في برامج التلفزيون وغيرها. مما سيزيد من مضاعفة الاسواق وازدهارها بعد أضافة ، موقع حامله على الأرض، إلى رقم الخليوي الذي يحدد الدولة والمدينة والقرية والحي والشارع والمبنى! والارجح أن موضوع الخدمات المرتبطة بتحديد المواقع على الارض تحتاج إلى نقاش مستفيض. وأما فوائدها لأجهزة الأمن والعسكر، فأمر متروك لعقل القارئ وخياله !

ان استخدام الفضاء للسيطرة على الأرض اصبح منهجا مستخدما من قبل الدول الكبرى والشركات عابرة القارات يمكنو المضي خطوة أخرى إلى الأمام في تحليل هذا الأمر. فعقب نهاية الحرب الباردة بانهيار الاتحاد السوفياتي وتفكّك الكتلة الاشتراكية، أطلق الرئيس جورج بوش (الاب) عبارة شهيرة، «لقد انتقل الصراع للسيطرة على الأرض إلى الفضاء». ويصعب الحديث عن الوسائل المختلفة لاستعمال الفضاء في ذلك النوع من السيطرة. ويعطي الصراع بين القوى الكبرى عالمياً في نشر

شبكات الأقمارالاصطناعية في الفضاء مدخلاً للتأمل في هذه السيطرة.ومن هنا بات مُجدياً النظر إلى التنافس فضائياً على تقنية تحديد المواقع الأرضية نموذجاً عن ذلك النوع من السيطرة.

ويُذكّر ذلك بماضي الصراع في الفضاء بين القوى الكبرى للحرب الباردة في القرن العشرين. لقد ابتدأ الصراع في مجال الأقمار الاصطناعية مع إطلاق الاتحاد السوفياتي للقمر الاصطناعي الأول «سبوتنيك 1» في تشرين الأول من العام 1957 وحينها، أنشأت الولايات المتحدة شبكة لمراقبة الفضاء، حملت اسم «الشبكة الأميركية لرصد الفضاء»US Space Surveillance Network ، وتشتهر باسمها المختصر- (أس أن أن) SSN. وتتبع الشبكة لـ«القيادة الأميركية الاستراتيجية». وترصد الشبكة كل جسم يتحرك في مدار حول الكرة الأرضية، بداية من حجم عشرة سنتيمترات. وخلال تاريخها راقبت الشبكة ما يزيد على 26 ألف جسم فضائي. ويورد الموقع الإلكتروني لتلك الشبكة أن الأرض مُطوّقة راهناً بقرابة ثمانية آلاف جسم تسير في مدارات حولها.

ويُقدر عدد الأقمار الاصطناعية الفاعلة (وذلك للتمييز عن تلك التي لم يجر تفعليها) بما يزيد على 900 قمر. وتقوم تلك الأقمار بمراقبة كل ما يجري على الأرض، وربما حرفياً أو... أكثر! يكفي التأمل قليلاً في الخبر عن النمر الصحراوي، الذي نشر على موقع «المعرفة. أورغ marefa.org وجاء في الخبر أنه عثر في صحراء الجزائر على نوع من النمور الصحراوية كان يُعتقد أنها انقرضت. وحدث ذلك، بحسب الخبر، بفضل المراقبة المستمرة للصحراء الكبرى من الأقمار الاصطناعية التي تغطيها بقرابة 3 آلاف كاميرا تشتغل بمجرد ان تلتقط مجساتها حركة ما في تلك الصحراء... وتتولى الأقمار الاصطناعية نقل البث التلفزيوني والاتصالات بأنواعها، وترصد أحوال المناخ والبحار والمحيطات والمسطحات المائية والرياح والمواصلات وأسراب الطيور وأرتال الأسماك والتناقلات الكبرى للناس والحيوانات، وتراقب درجات الحرارة وتغيّرتها، وتركيب الغلاف الجوي وغيرها. ويورد موقع علمي أميركي، يعود إلى (إتحاد العلماء المهتمين)،

أن الأقمار الاصطناعية ترسل 80 ألف «إطلالة» من الفضاء يومياً إلى الأرض. يشير ذلك المصطلح إلى أن «الإطلالة» لا تقتصر على الصور الثابتة، كحال تلك التي تظهر على موقع «غوغل إيرث»، بل تشمل أشرطة مصورة وأفلاما مطوّلة بكاميرات تعمل بالأشعة تحت الحمراء وأشرطة عن حركة الأمواج والرياح وغيرها. يتكرر كل ذلك ثمانين ألف مرة يومياً... ويمكن لنا ان نتخيّل المقدار الهائل من المعلومات والمصالح والسطوات التي تتحرك مع هذه الأقمار وهذا ما زاد باستمرار من حدة الصراع بين الدول على إطلاق الأقمار الاصطناعية .فترسل الولايات المتحدة، أضخم مُطلِق مُفرد لتلك الأقمار، ألف قمر سنوياً، تليها حصة من 1300 قمر تتوزّع على الدول الثلاث التي ورثت الاتحاد السوفياتي (روسيا وأوكرانيا وأوزباكستان)، ثم اليابان (100) والصين (50) وفرنسا (40) والهند (30)وبريطانيا (25) وحصة لأستراليا واسرائيل تقدر بقرابة عشرين قمراً اصطناعياً سنوياً .وتتشارك أميركا مع 3 دول (روسيا وأوكرانيا والنرويج) في كونسورتيوم يتولى إطلاق بضعة اقمار اصطناعية من البحر سنوياً .

وتتوزّع الأقمار الاصطناعية على 3 مدارات رئيسية، تضم المدار الخفيض «ليو» (430 قمراً فاعلاً)، والمدار المتوسط «ميو» (56 قمراً)، والمرتفع «ليو» (أكثر من 400 قمر)

وتستخدم الولايات المتحدة وروسيا والصين العدد الأكبر من تلك الأقمار. ومثلاً، تملك أميركا في أي وقت، أكثر من 430 قمراً فاعلاً، تُخَصّص عشرة منها للاستخدامات المدنية، وتُفرد 194 قمراً للأعمال التجارية، وتستأثر الأعمال الحكومية بـ122 قمراً، وينال البنتاغون 110 أقمار. وفي التفاصيل ان المدار الخفيض (من 160 كيلومترا إلى ألفي كيلومتر) مُخصّص للمركبات الفضائية التي تعمل في اكتشاف الكون، وأبرز ما يضمه راهناً هو «محطة الفضاء الدولية .International Space Station «وتحلّق في ذلك المدار مكوكات الفضاء أيضاً .ويحتضن المدار المتوسط «ميو» (من ألفي كيلومتر

إلى 35 ألف كيلومتر) شبكات الأقمار الاصطناعية المخصصة لنظم تحديد المواقع الأرضية من الفضاء، هي (جي بي اس) وغلوناس وغاليليو .

ويشهد المدار العالي (جيو) (ما يزيد عن 35 ألف كيلومتراً) صراعاً هائلاً. إذ ان المراقب من ذلك الإرتفاع يرى النقاط التي يشرف عليها في الأرض، وكأنها ثابتة (ربما الأصح القول أيضاً أن النقاط الأرضية ترى مركبات الفضاء التي تدور على ذلك الارتفاع وكأنها ثابتة.وتعتبر هذه الطبقة مثالية لبث الموجات المختلفة إلى الأرض، التي تحمل البث التلفزيوني والراديو والمكالمات البعيدة المدى وغيرها. ويحاول الاتحاد الدولي للإتصالات حلّ المشاكل التي تنتهي بين الدول على حقوقها في تلك الطبقة، خصوصاً بالنسبة للأجزاء التي تشرف على المناطق الكثيفة بالسكان، التي تعتبر هدفاً رئيسياً لمحطات التلفزيون والراديو والهاتف وغيرها. وكانت الولايات المتحدة أول من وضع أقماراً في ذلك المدار المرتفع، منذ العام 1964.

وإضافة إلى ذلك، تستضيف المدارات العالية، شبكات الأقمار الاصطناعية المتصلة بالطقس ورصد المناخ. وتضم قائمتها، شبكة جيوس الأميركية، و متيوستات التي نشرتها وكالة الفضاء الأوروبية و جي أم أس التي تديرها اليابان، و إنسات التي تتولاها الهند (الأرقام من موقع يونيون أوف كونسيرند ساينتست

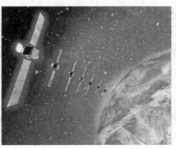
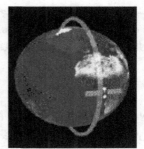

والان تم استخدام البث المباشر من القمار الصناعية إلى هوائيات خاصة في المنازل حيث يمكننا إلتقاط اي اشارة من القمر الصناعي دون الحاجة إلى المحطة الارضية .

الشركات المتخصصة في مجال الاقمار الصناعية المخصصة للاتصالات

تقدر عدد الشركات المتخصصة في مجال الستالايت ـ الاقمار الصناعية المخصصة للاتصالات ـ في العالم نحو 400 شركة عالمية، إلا ان أبرز تلك الشركات من حيث النوع ورأس المال هي: الايريديوم، جلوبال ستار، إيكو، الثريا.

وتتنافس هذه الشركات على سوق الاتصالات الخلوية سواء عبر محطات الاتصالات الأرضية أو الستالايت الذي يقدر حجمه بنحو 600 مليون دولار في المنطقة العربية والخليجية.

وتتنافس هذه الشركات على سوق الاتصالات الخلوية سواء عبر محطات الاتصالات الأرضية أو الستالايت الذي يقدر حجمه بنحو 600 مليون دولار في المنطقة العربية والخليجية .

ان أنشطة تلك الشركات أثار عدة تساؤلات لدى الاوساط الاقتصادية.. منها: هل هذه بداية للتحول عن نظام المحمول المعمول به في الوطن العربي المسمى (جي.اس.ام) والاستعاضة عنه بالستالايت. وبدء مرحلة من التنافس في الآونة المقبلة.. وما تأثيرات دخول هذه الخدمات على الشركات الوطنية الخاصة والعامة في مجال الاتصالات.. فضلاً عن تعريفة تلك الخدمات وأسلوب عملها, وكيفية الاستفادة منها.

وللتعريف بأبرز هذه الشركات نورد ما يلي:

شركة الايرديوم : وهي تملك (66 قمراً) موجودة على مسافة 6800 كيلو متر عن مستوى الأرض، ولاشك ان سوق المنطقة العربية والشرق الأوسط كبيرة يحتاج استثمارات ضخمة في مجال الاتصالات وان دخول (الستالايت) مجال التليفونات الخلوية لا يقضي على التليفون الخلوي الذي يعتمد على المحطات الأرضية بقدر ما يوفر التكامل

معاً.. حيث ان مشترك الايرديوم يستطيع استخدام الشبكات الأرضية للتليفونات الخلوية عبر نفس الجهاز، أما في حال الاماكن التي لاتتوافر فيها تلك الشبكات (غير مغطاة) يستطيع المشترك استخدام الاقمار الصناعية للايرديوم علما أن تكاليف مشروع الايرديوم تتراوح بين خسمة إلى ستة مليارات دولار ويغطي كافة أنحاء العالم ويوفر الخدمة لشركات البترول والسياحة .

وتخدم الايرديوم 25 دولة استطاعت ان تهيئ نفسها بالبنية الأساسية للدخول مجاناً فيها حيث نستهدف الحصول على 110 آلاف مشترك خلال العام الأول من هذه الخدمة .

شركة جلوبال ستار : استثمارات الشركة تفوق 20 مليار دولار في العالم لاطلاق 48 قمراً صناعياً على مدار منخفض حول العالم. وتبلغ استثماراتها في مصر وحدها نحو ثلاثة مليارات دولار للمعدات والتسويق. ومتوسط سعر الدقيقة يبلغ 1.5 دولار للمكالمة الدولية حيث بدأت أولى خطوات الاطلاق في عام 1998 ويمكن النفاذ إلى هذه الكوكبة من الاقمار عبر أجهزة محمولة ومتحركة وثابتة. معتبراً أسعارها منافسة. وجلوبال ستار ستكون منافساً بلاشك لباقي الشركات في المنطقة العربية في نفس المجال وما حثها على ذلك سرعة نمو اقتصاديات المنطقة وزيادة دخول الافراد وتطلع الشركات فيها إلى توفير خدمات اتصالات سريعة ومباشرة .

شركة الثريا : تأسست الشركة برأسمال قدره 2.2 مليار دولار بما فيه المدفوع والمقترض تساهم فيه 19 دولة بينها 14 دولة عربية وخليجية، وهي تغطي منطقة أوروبا ووسط آسيا، وشمال افريقيا، والهند عبر قمرين صناعيين، والثريا حسب تصريحاتها غير مهتمة بتغطية كافة أنحاء العالم حيث انها تركز على منطقة الشرق الاوسط وبالتالي لا يوجد تنافس مع الشركات المماثلة مثل الايرديوم، وجلوبال ستار والسبب هو أن الشركات الوطنية للاتصالات في الأقطار العربية تشارك في رأسمال الشركة وتغطي 99 دولة على مستوى العالم في تسهيل الاتصالات الخلوية عبر المحطات الأرضية بنظام (جي.اس.ام) في تلك الدول سواء المقامة عبر القطاع الخاص أو الحكومات بجانب توفير الاتصال

للمشتركين الذين يقدر عددهم في العامين الأولين بنحو 5.1 مليون مشترك على ان يرد رأسمال التأسيس خلال أربعة أعوام من بدء التشغيل الفعلي. وتتفاوض الشركة حاليا مع عدة شركات في المنطقة لاختيار أفضلها ليكونوا وكلاء لها عند التشغيل التجاري حيث تعمل على أن تكون الافضل من حيث (التعريفة) التي تصل إلى 60 سنتا للدقيقة للمكالمات المحلية.

البث المباشر بواسطة الأقمار الصناعية (Satellite Direct Broadcast)

في عام 1945 كتب ملازم في القوات الجوية الملكية البريطانية مقالاً في مجلة عالم اللاسلكي (WirelessWorld) إقترح فيه أن إطلاق قمر صناعي وتثبيته على بعد 22,300 ميل فوق خط الإستواء سوف يكون عملية مثالية لبث برامج التليفزيون، حيث سيصبح بالإمكان تغطية ثلث مساحة الكرة الأرضية بالإرسال التليفزيوني مما سيوفر الكثير من مصاريف الإرسال الناجمة عن بعد المسافات.

وقد مرت عدة سنوات دون أن يبادر أحد إلى وضع ذلك الإقتراح موضع التنفيذ . ومع إطلاق الإتحاد السوفيتي لأول قمر صناعي وهو Sputnik وذلك في عام 1957 بدأت مرحلة من السباق المحموم بين الإتحاد السوفيتي والولايات المتحدة الأميركية في غزو الفضاء، حيث أطلقت الولايات المتحدة قمرها الصناعي الأول Westar 1 عام 1974. ومع نهاية السبعينات أصبحت مهمة الأقمار الصناعية لا تقتصر على مجرد الإرسال التليفزيوني ولكن أيضاً للمكالمات الهاتفية الخاصة بالمسافات البعيدة إضافة إلى العديد من الأغراض الأخرى.

ونظراً لكون الأقمار الصناعية بعيدة عن أنظار الناس فإن أهميتها والدور الذي لعبته في ثورة الإتصالات لم يوف حقه بالكامل كما حصل مع الكمبيوتر. لقد كان للأقمار الصناعية كوسيلة إتصال العديد من التأثيرات المباشرة والتي منها:

• إنخفاض أسعار المكالمات الهاتفية للمسافات البعيدة.

• إرتفاع عدد القنوات التليفزيونية المتاحة للمشاهدين.

• أتاحت الفرصة للصحف للتغلب على عقبة بعد المسافة والتي كثيراً ما كانت تحول دون وصول الخبر أو المعلومة إلى القارىء في الوقت المناسب ، حيث أصبح بإمكان الصحف نقل صفحاتها عبر الأقمار الصناعية وطباعتها في نقاط مختلفة حول العالم في نفس الوقت. ومن أمثلة الصحف التي كانت رائدة في هذا المجال الوول ستريت جورنال والنيويورك تايمز واليو إس أيه توداي الأميركية ، ومن الصحف العربية صحيفة الشرق الأوسط

• النقل السريع والحي للأخبار الدولية بحيث يتم إيصال الخبر فور حدوثه لقارىء الصحيفة أو للمشاهد عبر شاشات التليفزيون (60-59 Rogers, 1986, pp).

لقد أدى زيادة التطور في تكنولوجيا الأقمار الصناعية إلى إزدياد إقبال شركات الإعلامعلى خدماتها وبالتالي إنخفاض أسعار تلك الخدمات، ومع بداية التسعينات أصبحت شبكات التليفزيون وشركات الكيبل تمثل العملاء الرئيسيين لأكثر من عشرين قمراً صناعياً تخدم السوق الأميركية، وفي هذا الصدد أشار إستطلاع للرأي قامت به المؤسسة القومية للراديو والتليفزيون الأميركية (National Association Broadcaster) إلى أن كل قناة محلية يوجد على أرضها ما متوسطه أربع محطات إستقبال للبث عبر الأقمار الصناعية .

أن إجمالي عدد الأقمار الصناعية التي تم إطلاقها خلال الفترات الماضية بلغت اكثر من 1,679 قمراً صناعياً تجاوزت قيمتها الإجمالية 121 بليون دولار أميركي 0 1,201 قمراً صناعياً من إجمالي تلك الأقمار أي 70% منها كانت مخصصة للإتصالات التجارية ، وكانت القيمة السوقية لهذه الأقمار 58 بليون دولار الثلاثون في المائة الباقية عبارة عن أقمارصناعية عسكرية (لأغراض الإيصالات والإنذار المبكر

والاستطلاع وتطويرات التكنولوجيا) ، وأقمار صناعية مدنية (للأغراض العلمية ومراقبة الأرض وتصويرها) ، وبلغت القيمة السوقية لهذه الأقمار حوالي 62.6 بليون دولار منها 30.6 للأقمار الصناعية المدنية و28.6 بليون للأقمار العسكرية و 3.8 بليون للأقمار التجارية الخاصة بمراقبة الأرض وتصويرها

أشارت الدراسات إلى موجتين من الأقمار التي تم إرسالها إلى الفضاء :

الموجة الأولى : تم إطلاقها مابين 1997-1999 بقيادة الجيل الأول من أقمار الإتصالات النقالة التجارية مثل Iridium التابعة لموتورولا ، و Globalstars و Orbcomms أحد العوامل الهامة وراء تحفيز هذه الموجة هـو النمو الكبير في علميات البث المباشر للتلفزيون عبر الأقمار الصناعية إضافة إلى النمو في الوسائل الأخرى البديلة لإرسال الإشارات التلفزيونية مثل MMDS و SMATV وغيرها .

الموجة الثانية : تـم إطلاقهـا مـابين 2004-2006 بقيـادة أقمـار إتصـالات الوسـائط المتعـددة ذات النطـاق العريض ذو السرعات العالية مثل Celestri الخـاص بشركة موتـورولا و Expressway الخـاص بشركة هيـوز وSkyBridge و CyberStar و Teledesic ومن عوامـل تحفيـز هـذه الموجـة تطويـرات الجيـل الثـاني لأنظمـة الإتصالات النقالة ويتألف كل قمر صناعي من وحدتين في العادة ، حيث تحتوي الوحدة الأولى عـلى نظـم الدفع التي توجه القمر نحو المدار وتقوم بتثبيته في موقعه هناك. أما وحدة الحمولة فتحتوي على معدات الإتصال والبطاريات ومختلف الأجهزة الإلكترونية ، وإضافة اليهما توضع على جوانب القمر الصناعي ألواح شمسية تجهز الطاقة الكهروشمسية.

وتقاس أحجام الأقمار الصناعية وفق معيار مهم هـو قـدرات المرسـلات المسـتجيبة التـي تُركّـب عليه وهذه عبارة عن أجهزة استقبال المعلومات وإرسالها مجدداً نحو وجهة أخرى. وكلما إزداد عدد هـذه المرسلات إزداد عدد البرامج والقنوات التليفزيونية وعدد النداءات الهاتفية عبر القمر. وقد أطلقت شركة "هيوز" أحدث أقمارها من طراز HS702 بقدرة تزيد عن 10 كيلوواطات تعمل عليه 90 مرسلة مستجيبه. وللمقارنة فإن قمر

HS601 الذي أُطلق عام 1987 لم يستطع تأمين قدرة أكثر من 4 إلى 8 كيلوواطات لتأمين عمل 48 مرسلة مستجيبة.

وتضغط توجهات زيادة إرسال البرامج التليفزيونية عبر الفضاء بإتجاه إرسال أقمار جديدة بقدرات أعلى، وتستخدم عدة قنوات بث فضائي عالمية تقنيات لضغط المعلومات بالطرق الرقمية تسمح بضغط برامج لثماني قنوات في حيز يخصص لقناة تليفزيونية واحدة تعمل على التقنيات التقليدية القياسية، كما تزداد الضغوط بإتجاه إرسال أقمار ذات قدرات عاليه مع توسع عمليات الإتصال مع التليفزيون المتفاعل ومع الإنترنت .

ولم تقتصر إستخدامات الأقمار الصناعية على شركات البث أو وسائل الإعلامفحسب بل أنها إمتدت لتصبح وسيلة هامة للدخول السريع على الإنترنت ، وهناك حالياً العديد من الشركات التي تتنافس فيما بينها للإستثمار في هذا المجال، وتعتبر شركة "هيوز" الأبرز في هذا المجال أيضاً، وذلك من خلال دايركت بي سي (Direct PC) المملوكة لها والقادرة على توفير سرعة إرتباط بالإنترنت تتراوح بين 200 إلى 400 نبضه في الثانية.

الشركة أيضاً نفذت مشاريع أخرى في هذا المجال ومنها سبيسواي (Space way) والذي سيوظف ثمان شبكات أقمار صناعية بسرعة ربط تصل إلى 6 ميجابايت في الثانية، إضافة إلى المشروع المسمى إكسبريس وأي(Expressway) والذي وصلت تكلفته إلى 4 بلايين دولار بسرعة ربط 1.5 ميجابايت وأعلى.

إنترنت في السماء Internet-in-the-sky

وهو مشروع طموح نفذته شركة تيلي ديسك وأطلقت عليه "إنترنت في السماء" (Internet-in-the-sky) وهو عبارة عن شبكة من 288 قمر صناعي قادرة على توفير

إتصال مزدوج ذو نطاق عريض وخدمات صوتيه وبيانات وخدمات ومؤتمرات بالفيديو إضافة إلى الربط السريع بالإنترنت.

خدمات إنترنت جوية

بعد أن أُدخلت الهواتف التي تعمل عبر الأقمار الصناعية في الطائرات ، وأصبح بإمكان رجال الأعمال والمسافرين على متن الطائرات الحصول على ربط سريع بالإنترنت وهم على ارتفاع ثلاثين ألف قدم في الفضاء ويتحركون بسرعة خمسمائة ميل في الساعة وتعتبر شركة بوينغ في مقدمة شركات الطيران التي عملت على توفير خدمات إنترنت في رحلاتها داخل الولايات المتحدة الأمريكية ، بسرعة تحميل تصل إلى Mbps1.5 وهي نفس السرعة التي توفرها خطوط T-1 التي تستخدمها الشركات التجارية ، وتم تنزيل الصفحات بسرعة Mbps5 أي بسرعة توصيلة مودم الكيبل تقريباً.

الصعوبة تتمثل في كيفية الحفاظ على الارتباط بالإنترنت واستقباله من القمر الصناعي في ظل الحركة السريعة للطائرة شركة بوينغ ذكرت أن العامل الرئيسي للحصول على الربط السريع في طائراتها هو الهوائي المعتمد على أقمار صناعية ذات تردد مرتفع مشابه لتلك الأقمار التي تستخدمها محطات التلفزيون وشركات الكيبل وتستخدمها أيضاً شركات الإيصالات لنقل عدد كبير من المكالمات الدولية ولأن الطائرات غير ثابتة وتسير بسرعات عاليه فإن القمر الصناعي يتحول في الظروف العادية إلى هدف متحرك ويتفادى المكوك الفضائي ، ولتفادي ذلك فإن الهوائي الجديد يمكنه توجيه موجات الراديو منه وفق نظام يسمى "كونسكيون " يحتوي على ألف وحدة هوائي صغيرة ذات ثماني أطراف وتتصل كلها بشبكة واحدة ، ويقوم جهاز كمبيوتر على متن الطائرة بتعديل تزامن موجات الراديو التي تولدها وحدات الهوائي ، وتتجمع هذه الإشارات لتكون شعاعاً واحداً ، ويعدل كمبيوتر الهوائي اتجاه الشعاع بتغيير طريقة التحام الإشارات في الشعاع بالإضافة إلى ذلك فإن كمبيوتر الهوائي وبنفس الطريقة التي يتم بها نقل الهاتف الجوال

من منطقة إرسال إلى منطقة أخرى ، فإن كمبيوتر الهوائي عليه أن ينقل عملية الاتصال من قمر صناعي لأخر مع تحرك الطائرة.

وتم في قبل فتره تجربة نموذج أولي من هذا النظام ، ويتكون الشكل النهائي من مجموعتين من الهوائيات حجم كل منها حوالي 18 بوصة طولاً و15 بوصه عرضاً و 2.5 بوصه ارتفاعا، وتم وضعه على خزان الوقود وخصص أحد الأجزاء للاستقبال والأخر للإرسال، ووصل سلك الهوائي بالكمبيوتر داخل الطائرة بينما يتصل الكمبيوتر مع جهاز خادم يدعم الإنترنت والبريد الإلكتروني وقبل أن تستطيع شركة بوينغ توفير هذه الخدمات عملت على إقناع إدارة الطيران الفيدرالي الأميركيه بأن النظام لن يتداخل مع الإعمال الإلكترونية والإتصالات الخاصة بالطائرة.

لقد أصبح إرسال شركات البث بالأقمار الصناعية التجارية يغطي دولاً تختلف في إتجاهاتها وميولها وعاداتها الإجتماعية ، بحيث أصبح بإمكان مواطني أكثر الدول إنغلاقاً معرفة ما يجري في أطراف العالم الأخرى، وسبق لبيل جيتس ان أكد عام (1995) هذه الإمكانية الجديدة للدخول على المعلومات سوف تؤدي إلى ربط شعوب العالم ببعضها البعض وذلك عن طريق تعريف كل شعب بحضارة وثقافة الشعوب الأخرى.

ان البعض يرى أن تكنولوجيا الإتصال تلك سوف تؤدي إلى إثارة مشاعر السخط والإستياء لدى أبناء تلك الدول التي تعاني من الحرمان الإقتصادي أو السياسي (ممثلاً في حق التصويت والإنتخاب) خاصة عندما يبدأون في إجراء مقارنات بين أساليب الحياة التي يعيشونها وتلك الخاصة بدول أخرى. كل مجتمع على حده سوف يواجه تغييراً في المعايير الخاصة بتلك الأمور التي ينظر إليها على أنها تقليدية أو عصرية كنتيجة لقيام الشعوب بإستخدام طريق المعلومات السريع لخوض تجارب جديدة . بعض الشعوب قد ترى في ذلك غزواً فكرياً عندما يبدأ بعض الأفراد أو الجماعات بإبداء مزيداً من الإهتمام بالأحداث والثقافات العالمية بشكل يزيد عن مثيلاتها المحلية.

وكان هناك (في الولايات المتحده الأمريكية) من انتقد الشبكات التليفزيونية لعدم المبالاة بالفوارق المحلية وفرض تجارب ذات طابع متجانس على الجميع، فعلى سبيل المثال إذا كان إعلان واحد معين يروق لشخص ما يعيش في مدينة نيويورك ولشخص أخر في مزرعة في أيوا وفي نفس الوقت لشخص في قرية في أفريقيا فإن ذلك ليس دليلاً على تماثل الأوضاع بين كافة تلك الأماكن والأشخاص، ولكنه مجرد دليل على أن أولئك الأشخاص تجمع بينهم مشاعر مشتركة بسيطة . إن هذه الخاصية المتمثلة في وجود أقل درجات التماثل والتجانس هي في الواقع محتوى القرية الكونية.

من ناحية أخرى عندما يقرر هؤلاء الأشخاص مشاهدة ذلك الإعلان أو البرنامج الذي يرعاه فهل ينبغي منعهم من ذلك؟ هذا قرار سياسي على كل دولة الإجابة عليه بشكل منفرد، ولكن المهم الإشارة إلى أنه لن يكون من السهل القيام بعملية فلترة لطريق المعلومات السريع بحيث تأخذ كل جهة منه شيئاً وترفض الأخر. لقد أدى سرعة إنتشار الثقافة الشعبية الأميركية إلى إثارة القلق لدي بعض الدول ومنها بعض دول أوربا - التي لجأت إلى تحديد عدد ساعات معينة كل أسبوع للبرامج التليفزيونية القادمة من خارج الحدود ، غير أن تكنولوجيا الإتصالات الجديدة وبشكل خاص الأقمار الصناعية والكيبل - وحالياً الإنترنت - قللت من قدرات تلك الدول على القيام بذلك. إن طريق المعلومات السريع لم يؤدي فقط إلى إزالة الحدود التي تفصل بين الشعوب ولكنه سوف يؤدي إلى قيام ثقافة كونية أو على أقل تقدير قيام قدر من المشاركة بين الشعوب في قيمها وأنشطتها الثقافية ، كما أنه سيجعل بإمكان أولئك المتقوقعين داخل مجتمعاتهم من فتح قنوات إتصال مع أي أشخاص أخرين تجمع بينهم إهتمامات مشتركة في أي مكان في العالم ، وهذا بدوره سوف يكون عاملاً هاماً في تقوية التنوع الثقافي والحد من قيام ثقافة دولية واحدة. إن تقوقع أي مجتمع داخل نفسه بهذا الشكل الضيق وخوفه من النظر أو الإقتراب من كل ما هو خارج حدوده لن يؤدي كما يعتقد البعض إلى تقوية المجتمعات ولكنه على العكس من ذلك سيؤدي إلى تفككها -تُرى ما الذي يمكن أن يحدث لو

إكتفى لاعبو رياضة الجولف بالإتصال بلاعبي كرة الجولف الاخرين ، أو لو قرر المصريون قراءة الصحف المصرية فقط؟ إن من المستبعد حدوث ذلك لأن الناس بطبيعتهم يريدون الإحساس بالإنتماء لعدة جماعات بما في ذلك الجماعة الدولية.

إن نجاح شبكات البث المباشر بالأقمار الصناعية من عدمه يتوقف بشكل جزئي على عنصرين أساسين:

العنصر الأول: هو قدرتها على تطوير إمكانية الإرسال المزدوج واللازم لتحقيق عنصر التفاعل، معظم الأقمار الصناعية الحالية لازالت تواجه مشاكل خاصة بالإرسال المرتد من منزل المشترك إلى القمر الصناعي، والحل الجزئي لهذه المشكلة هو عن طريق إستخدام الهاتف كقناة مرتدة. العديد من الشركات ومنها شركة "هيوز" قامت بتطوير أنظمتها للتغلب على هذه المشكلة.

المشكلة في إستخدام الهاتف كوسيلة للإرسال المرتد في الإتجاه المعاكس هي أن ذلك الإرسال يكون بطيئاً ،وللتغلب على هذه المشكلة قامت شركة ستارباند الأميركية بتطوير قدراتها لتغيير هذا الوضع عن طريق الإتصال المزدوج مع القمر الصناعي للحصول على إستخدامات الإنترنت ، ومن المعروف أن الشركات الكبيرة تملك مثل هذه القدرة المزدوجة للإتصال إلا أنها تدفع مقابلها مبالغ عالية ، غير أن النظام الجديد الذي تستخدمه الشركة جعل من الممكن إرسال المعلومات وإستلامها بسرعات تصل إلى عشرة أضعاف السرعة العادية التي تتم عن طريق الهاتف والمودوم ، وذلك عن طريق طبق إستقبال بحجم x6090 سم يتم تركيبه فوق سطح منزل المستخدم ، وتبلغ تكلفة هذه الخدمة وحتى مارس 2001 حوالي 70 دولار شهرياً لخدمات الإنترنت ، وهو مبلغ يزيد بقليل عن تكلفة خدمات الكيبل أو الخطوط الهاتفية ذات النطاق العريض والتي تصل إلى حوالي 40 دولار شهرياً ، وتنوي الشركة توفير خدمات الإنترنت العادية.

العنصر الثاني: الهام لنجاح شبكات البث المباشر بالأقمار الصناعية يعتمد على درجة التطور الخاصة بأنظمة التليفزيون عالي الوضوح (HDTV). إن عملية الإرسال للمنازل في هذا النظام تتم بعدة وسائل منها خطوط الهاتف المعتمدة على الألياف البصرية أو خطوط الكيبل المتطورة أو أنظمة المايكروويف الأرضية أو بواسطة البث المباشر بالأقمار الصناعية ، وهذه الأخيرة تعقد أمالاً كبيرة على قدرتها على الإستحواذ على نصيب الأسد من سوق التليفزيون عالي الوضوح، ومما يساعدها على ذلك هو أنها تتمتع بعدد من المزايا التي تجعلها تتفوق على باقي أنواع التكنولوجيا المنافسة لها ، فهي من ناحية قادرة على توفير عرض نطاق مناسب للتليفزيون عالي الوضوح، كما أنها تستطيع بث إرسالها مباشرة إلى كل منزل خاصة تلك التي تقع خارج نطاق الكيبل التليفزيوني وباقي الخدمات الأرضية الأخرى.

الاهميه الكبرى للاقمار الصناعية

القمر الصناعي Satellite هو عبارة عن جهاز يدور حول الأرض في مدارات معينة، لتقديم خدمات مختلفة ، مثل الاتصالات ، الاستشعار عن بعد ، تحديد المواقع، الاستخدمات العسكرية ، و غيرها.

بدأت تقنية اتصالات الأقمار الصناعية عندما نجح الروس بعد الحرب العالمية الثانية بإطلاق قمر Sputnik 1 عام 1957 م.

نظام الاتصال الفضائي:

يتكون نظام الاتصال الفضائي من ثلاث وحدات، محطة البث الأرضي Station Earth ، والقمر الصناعي ، و هوائيات الاستقبال .

محطة البث الأرضي:

تقوم محطة البث الأرضي بتوليد موجات كهرومغناطيسية بتردد معين وترسل تلك الموجات للقمر ، ويقوم القمر بدوره بتقوية تلك الموجات ثم اعادة بثها للأرض من جديد ، الهدف من هذه العملية ايصال الارسال لمناطق بعيدة جدا عن مكان المحطة الأرضية ، تقوم هوائيات الاستقبال بالتقاط الموجات ثم تحولها إلى بيانات تقرأ .

محطة البث من الممكن أن تكون مركز مخصص للإرسال مثل محطات بث القنوات الفضائية ، وممكن كذلك أن تكون عبارة عن جهاز صغير مثل المستخدم في أجهزة تحديد المواقع ، فكلمة محطة لا تعني بالضرورة مبنى ، إنما مصدر الإرسال.

للأقمار الصناعية تقاسيم عدة ، فمن الممكن أن تقسم حسب طبيعة الإستخدام (عسكري، اتصالات ، وغير ذلك) ومن الممكن أن تقسم حسب ارتفعاها عن الأرض إلى ثلاثة أقسام :

1- أقمار ارتفاعها أكثر من 35.000 كيلو متر و تسمى Orbit Earth Geostationary واختصارا تسمى GEO.

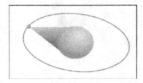

2- أقمار ارتفاعها بين 8000 إلى 18.000 كيلو متر و تسمى Orbit Earth Medium (MEO) .

3- أقمار ارتفاعها بين 500 - 1500 كيلو متر و تسمى Orbit Earth Low (LEO).

كل واحد منها لها ايجابيات وسلبيات ، وكذلك تغطية واستخدامات تختلف عن الآخر

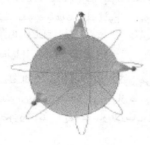

الجدول التالي يقارن بينها من ناحية تقنية

ORBITS	LEO	MEO	GEO
Orbital period	1.5 to 2 h	5 to 10 h	24 h
Altitude range	500 to 1500 km	8000 to 18,000 km	35,863 km
Visibility duration	15 to 20 min/pass	2 to 8 hr/pass	Permanent
Elevation	Rapid variations; high and low angles	Slow variations; high angles	No variation; low angles at high latitudes
Round-trip propagation delay	Several millliseconds	Tens of milliseconds	≈ 250 ms
Instantaneous ground coverage (diameter at 10° elevation)	≈ 6000 km	≈ 12,000 to 15,000 km	16,000 km
Examples of systems	Iridium Globalstar Teledesic Skybridge, Orbcomm	Odyssey Inmarsat	Intelstat Interspoutnik Inmarsat

نظرا لوجود طبقة الآينوسفير في الغلاف الجوي و التي تسبب بعكس الموجات الكهرومغناطيسية الأقل من 30 ميجاهرتز ، لذا فإن اتصالات القمر الصناعي جميعها تتم بترددات تبدأ من 1 جيجاهرتز ،، النطاق الرسمي المستخدم هو ما يعرف بنطاق سي Band C و الذي له التردد من 4- 8 جيجا هرتز ..

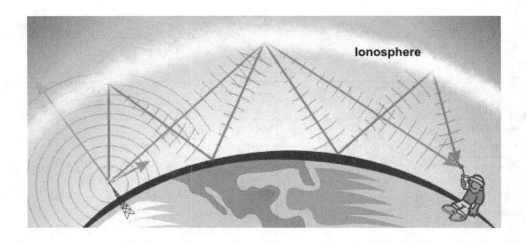

استخدامات الأقمار الصناعية الاخرى:

للأقمار الصناعية كما أسلفنا استخدمات كثيرة ، فمن الممكن أن تستخدم للبث التلفزيوني ، للاتصالات الهاتفية ، لتحديد المواقع ، لتصوير الأرض (جوجل ايرث)، ولربط أكثر من موقع ببعضها البعض (أجهزة الصراف الآلي للبنوك) ، و غيرها

- لربط موقعين ببعض

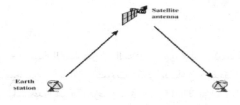

- لربط أكثر من موقع ببعض

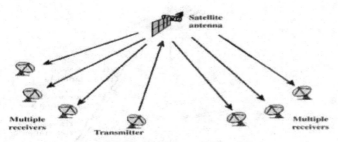

من الممكن أن تتصل أكثر من محطة أرضية واحدة بقمر صناعي واحد في نفس الوقت، وفي هذه الحالة يخصص لكل منها زمن معين للإرسال

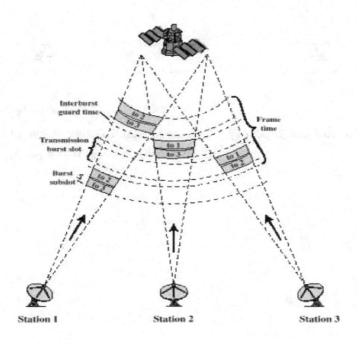

أما في حال البث من القمر الصناعي فإنه يبث لجميع المحطات الأرضية في نفس الوقت، و كـل محطـة ينبغي لها معرفة الوقت المخصص لها للاستقبال

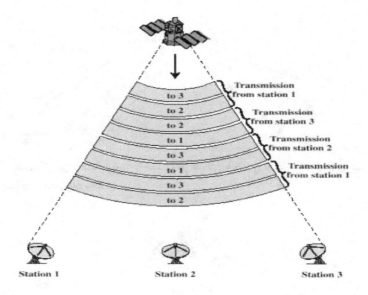

عوائق الاتصال بالقمر الصناعي:

هي نفس عوائق الاتصالات اللاسلكية عموما من تشويش و حرارة و العوامل الجوية بأنواعها ، لكن يضاف لها طبقة الآيونوسفير و كذلك زاوية هوائي المحطة الأرضية .

استخدامات الأقمار الصناعية اعتمادا على مداراتها

توسعت استخدامات الاقمار الصناعية تبعا لتطوير قدراتها واحجامها ومع ذلك تبقى هناك مهام اساسيه ومنها ما تعنيه مصطلحات مثل GEO و MEO و LEO وأيهم للتلفزيون أوللإتصالات؟ ما الهدف من وجودهم في مدارات مختلفة الارتفاع؟

ان تحقيق الاتصال عبر القمر الصناعي، لا تعوقه المسافة، ولا الموقع؛ إذ توجه الموجة الكهرومغناطيسية، التي تحمل المعلومات، نحو القمر الصناعي، الذي يتولى إعادة بثها نحو الجهة المعنية بالاتصال، في أيّ مكان على الكرة الأرضية؛ ويكون ذلك بسرعة انتشار الموجات الكهرومغناطيسية، التي تقطع 300 ألف كم في الثانية الواحدة.

ومنذ عام 1970، أصبح الاعتماد كبيراً ومتزايداً على الأقمار الصناعية، لتحقيق الاتصال عبْر القارات والمحيطات. ولذلك، أُطلقت أقمار صناعية كثيرة، لتحتل مكانها في الفضاء؛ حتى إن المدار الملائم لها، أصبح مزدحماً. وتتمتع الاتصالات بواسطة الأقمار الصناعية بميزات، أهمها عدم الحاجة إلى إنشاء الكُبُول وصيانتها، عبْر المحيطات والقارات؛ وهو أمر صعب، ومرتفع النفقات؛ إضافة إلى أن حركة الاتصالات الكثيفة، عبْر القارات، تعوض مادياً نفقة هندسة أقمار الاتصالات ، وإنتاجها وإطلاقها. ويُضاف إلى الاستخدام الدقيق الجدوى الاقتصادية.

ويحدّ من استخدام الأقمار الصناعية في أغراض الاتصال بعض القيود الفنية ، مثل:

-استخدام هوائيات ضخمة، على متن تلك الأقمار؛ وازدحام الحيزات الترددية الصالحة للعمل

-الاستثمارات المرتفعة، ونفقة التأمين الباهظة، لمواجهة احتمالات فشل عمليات الإطلاق ووضع القمر الصناعي في مداره الملائم؛والفقد العالي لقدرة الإشارات، عند الترددات الأعلى من 30 جيجاهرتزاً.

وعدم استخدام أقمار الاتصالات هوائيات ضخمة، يؤدي إلى اتساع النماذج الإشعاعية؛ ما ينتج ذلك تداخلات كهرومغناطيسية مع المعدات الأرضية الأخرى، أدت إلى وضع القيود الدولية على قدرة الإشارات المسموح بتداولها عبر أقمار الاتصالات. ونجم عن ذلك استخدام محطات استقبال، لها هوائيات ضخمة جداً، للحصول على معاملات كسب عالية للهوائيات، و تحسّن أداءها، وتزيد من كفاءة استقبالها للإشارات الضعيفة. وكما اشرنا تعمل أقمار الاتصالات في حيزات الترددات فوق العالية U H F، والترددات فائقة الارتفاع SHF، والترددات المرتفعة جداً EHF، ولكلّ حيز من هذه الحيزات مميزات وأوجُه قصور . وتتكامل الأقمار، التي تعمل في الحيزات الثلاثة، لتوفر الخدمة المتكاملة، التي تبدأ من تحقيق الاتصالات الفردية، إلى اتصالات بحجم شبكة الإنترنت. إلا أن الأقمار، التي تعمل في حيز الترددات فوق العالية فقط، هي أقل الأقمار الصناعية تكلفة، وتستخدم محطاتها الأرضية هوائيات متنقلة، صغيرة الحجم؛ ولكنها غير قادرة على نقل معدل عال من المعلومات، وتلائم استيعاب القنوات الصوتية المفردة، ولا يمكنها مقاومة التداخلات الإلكترونية.

والأقمار الصناعية، التي تقتصر على استخدم حيز الترددات فائقة الارتفاع، تستوعب معدلات عالية من البيانات الرقمية؛ ولكن تكلفة المحطات الأرضية، والأقمار الصناعية، أكثر ارتفاعاً؛ غير أنها قادرة على مقاومة الإعاقة الإلكترونية. أمّا الأقمار الصناعية، التي تستخدم الترددات المرتفعة جداً EHF فقط، فنفقتها مرتفعة كذلك؛ ولكنها توفر حركة للمحطات الأرضية، ودرجة عالية لمقاومة التشوش الإلكتروني؛ فضلا عن قدرتها العالية على استيعاب الرسائل ذات المعدلات العالية من البيانات الرقمية.

منظومة أقمار FLTSATCOM لاتصالات الأسطول الأمريكي ومنظومة AFSATCOM لاتصالات القوات الجوية الأمريكية؛ ومنظومتَي DSCS وMILSTAR للقيادة الإستراتيجية الأمريكية ومنظومة SKYNET البريطانية ومنظومة NATO لحلف شمال الأطلسي ومنظومة YESS-2ومنظومة STRELLA الروسية.

ومنها أقمار، أطلقت خصيصاً لتعزيز الاتصالات المدنية، وتقوية شبكات الاتصال العالمية، مثل:

منظومة INTELSAT، ومنظومة INMARSAT التي تديرها المنظمة الدولية للملاحة البحرية IMO؛إضافة إلى أقمار أخرى، متعددة الجنسيات؛ منها الروسي، والياباني، والفرنسي،والإسرائيلي. وقد دخلت الدول العربية إلى هذا المجال، فأُطلقت عدة أقمار للاتصالات، تُستخدم أساساً في الإرسال التليفزيوني.

أهم نُظُم أقمار الاتصالات المدنية، والمنظمات الدولية المسيطرة عليها

أ. منظومة إنتلسات INTELSAT

منظومة أقمار صناعية، تطلقها المنظمة الدولية لأقمار الاتصالات International Telecommunication Satellite، إنتلسات، التي تدير وتشرف على الخدمات التي تقدمها المنظومة. أُنشئت المنظمة في 20 أغسطس 1964، وأُطلق أول أقمارها عام 1965، تحت اسم الطائر المبكر Early Bird . أمّا أحدث سلسلة أقمار هذه المنظومة فهي INTELSAT 9 ، التي أطلق أول أقمارها INTELSAT 901، في 6 سبتمبر 2001؛ والقمر INTELSAT 906، في 6 سبتمبر 2002. ويُقدر العمر الافتراضي لأقمار هذه السلسلة، بنحو 13 عاماً، ويحمل 56 جهازا للإرسال والاستقبالTransponders ، وتزوده مصفوفة من الخلايا الشمسية بطاقة إجمالية، مقدارها 10 كيلوات. وقد اتخذت وزارة الدفاع الأمريكية منظومة INTELSAT، عنصراً مكملاً لمنظومة أقمار الاتصال العسكرية التي تمتلكها.

ب. منظومة إنمارسات INMARSAT

تتكون منظومة إنمارسات، التي تعني المنظمة الدولية للقمر الصناعي المتجول International Mobile Satellite Organization، من مجموعات أقمار صناعية، في مدارات جغرافية ثابتة Geostationary، على ارتفاع 36 ألف كم. وكلّ مجموعة منها

تغطي منطقة محددة من الكرة الأرضية؛ فمنطقة غرب المحيط الأطلسي، يغطيها القمر INMARSAT-3F4، والقمران الاحتياطيان: INMARSAT-3F2 و INMARSAT- 2F2؛ ومنطقة شرق المحيط الأطلسي، يغطيها القمر INMARSAT- 3F2، والقمر INMARSAT- 5F5، والقمر INMARSAT- 3F1، والقمر الاحتياطي INMARSAT- 2F3؛ ومنطقة المحيط الهادي، يغطيها القمر INMARST -3F3، والقمر الاحتياطي INMARSAT - 2F1.

وتستخدم الأقمار من النوع 3 - INMARSAT ، أحدث تقنيات الشعاع المركز، لتوفير اتصالات: صوتية ورقمية، واضحة؛ مع أجهزة استقبال متحركة صغيرة الحجم، أو يمكن حملها باليد. وقد بدأ إطلاق أول أقمار الجيل الثالث منها في 4 أبريل 1996، وآخرها في 3 فبراير 1998. وكانت القوات البحرية الأمريكية، قد بدأت، عام 1991، بتزويد جميع السفن بمعدات للاتصال مع منظومة INMARSAT كوسيلة بديلة معاونة، تخفف العبء عن أقمار الاتصالات العسكرية التكتيكية. تدير وتشرف المنظمة الدولية على منظومة الأقمار الدولية INMARSAT ، ويشارك فيها 86 دولة، وينص قانونها العام على إتاحة الفرصة لاستخدام خدمات المنظومة، في كافة دول العالم، مكن دون تمييز، وفي الأغراض السلمية فقط.

منظومة أقمار الاتصالات الروسية

لجمهورية روسيا الاتحادية، في مجالات الاتصالات الفضائية، عدة منظومات من الأقمار الصناعية، منهاEkran, Gals, Raduga, Express, Gorizont . وتعتمد الاتصالات الفضائية الروسية، أساساً، على أقمار Gorizont التي يعمل، حالياً، ستة منها، توفر معظم خدمات الاتصال، إضافة إلى إمكانيات البث: التليفزيوني والإذاعي. وهي تكتسب طاقة، تبلغ 1.280 وات، من خلال خلايا شمسية، تمتد 9.46 أمتار. ويراوح العمر الافتراضي للقمر بين 3 و5 سنوات. وكلّ قمر مزود بمجيب واحد في حيز الترددات KU، وخمسة مجيبات في الحيزC .

وقد بدأت روسيا بإطلاق أول أقمار Express، في 13 أكتوبر عام 1994. وهذه الأقمار تتميـز بتغطيـة أرضيـة واسعة، تشمل وسط أوروبا والشرق الأوسط واليابان وأستراليا والهند. وهـو يكتسب طاقتـه، التـي تبلـغ 2400 وات، من خلايا شمسية، تمتد 21 متراً. وعمره الافتراضي، يراوح بين 5 و7 سـنوات. ويحمل كـلّ قمـر مجيبَين في الحيز الترددي KU، و9 مجيبات في الحيز الترددي C. وفي عام 2000، أطلقت روسيا قمرَين مـن النوع نفسه؛ ومخطط أن يصل عدد تلـك الأقمار، حتـى عـام 2005، إلى 6 أقمار حديثة، ويراوح عمرهـا الافتراضي بين 10 أعوام و12 عاماً.

منظومة الأقمار الأوروبية

بدأت منظمة اتصالات الأقمار الصناعية الأوروبية EUTELSAT، منذ عام 1977، تقديم خـدماتها للمجتمـع الأوروبي، ووُقعت اتفاقية هذه المنظمة عام 1985. وبدءاً مـن عـام 1990، بـدأت المنظمـة في نشر ـ الجيل الثاني من أقمار EUTELSAT، التي يحمل كل قمر منها 16 مجيبا، تعمل علـى التـردد 14/11 جيجـا هرتـز، بقدرة 50 وات ، وتكتسب طاقتها التي تبلغ 3.5 كيلـوات مـن مصفوفة شمسية، امتدادها 22.4 متراً. وبحلول عام 1994، أصبحت المنظمة تضم 44 دولة عضواً فيها. وفي عام 1997، بـدأت المنظمة بتحديث أقمارها، بإطلاق أول أقمار HOTBIRD، الذي يحمل مجيبات، تعمل في الحيز التـرددي KU، وقدرتـه 110 وات. وتخطط المنظمة لإطلاق أقمار حديثة، خلال عام 2006.

أهم نُظُم أقمار الاتصالات العسكرية
أ. في الولايات المتحدة الأمريكية

الشبكات العسكرية : منـذ انطلاق أول قمر صناعي في التـاريخ، بدأت المؤسسـة العسـكرية الأمريكيـة بـالتخطيط لاستخدام هـذه الإمكانيـة الوليـدة، في تحقيـق الاتصالات. وأول أنظمـة الاتصـال العسكرية الأمريكية، كان برنامج الأقمار الصناعية لاتصالات

الدفاع Communication Sat. Program Initial Defense IDCSA. وبدأ هذا البرنامج عام 1962، وهو يتكون من عدة أقمار صغيرة، لا يزيد وزن الواحد منها على 100 رطل؛ أطلق 26 قمراً منها، موزعة على أربعة مدارات، في الفترة من عام 1966 إلى عام 1968. وقد أتاح هذا البرنامج، مع كونه برنامجاً تجريبياً، إمكانية تحقيق الاتصالات العسكرية بين جميع أرجاء العالم.

تلا ذلك برنامج آخر، أكثر تطوراً، أطلق عليه نظام الأقمار الصناعية لاتصالات الدفاع، DSCS-2 Communication System-Phase 2 Defense Satellite. وهو يتكون من أربعة أقمار؛ وضع، في نوفمبر 1973، أول قمَرين في مدارات متزامنة Geosynchronous orbits؛ وفي يناير 1979، وُضع القمران الآخران. ثم بدأت وزارة الدفاع الأمريكية بالمرحلة الثالثة، فأطلقت أول أقمار هذه المرحلة في أكتوبر 1982. واكتملت المرحلة في يوليه 1993. ولقد هُنْدِس هذا النظام ليخدم تبادل الرسائل ذات المعدل العالي لنقل البيانات، باستخدام محطات أرضية كبيرة نسبياً.

ب. الأقمار التكتيكية

في عام 1967، وعام 1969، أُطلق القمران: لنكولن 5 ولنكولن 6، اللذان يعملان في حيز الترددات فوق العاليةFrequency UHF Ultra High . وفي عام 1969، أطلق قمر اتصالات، زنة 1600 رطل، يعمل في الحيز الترددي فوق العالي، وحيز الموجات المتناهية في القصر Super High Frequency SHF؛ واستخدمته كلّ من القوات البرية والبحرية والجوية. وخلال عام 1970، أصبحت لدى وزارة الدفاع الأمريكية إمكانية استخدام سلسلة أقمار المواصلات التكتيكية Communication Sat. TACSAT Tactical. تلا ذلك، مبادرة البحرية الأمريكية إلى تطوير نظام أقمار الاتصالات للأسطول Fleet Satellite Communication System FLTSATCOM؛ إذ أُطلق خمسة أقمار من هذا النظام، من فبراير 1978 إلى أغسطس 1981. ومنذ عام 1990، بدأت الحكومة

الأمريكية التخطيط لإحلال منظومة أقمار الاتصالات العسكرية، التي تعمل في حيز الترددات فوق العالية، لتكون باسم UFO، بدلاً من منظومة FLSATCOM.

وتتكون المنظومة الجديدة من ثمانية أقمار أساسية، وقمَرين احتياطيَّين، أُطلقت على التوالي بدءاً من عام 1994، وكان آخرها في سبتمبر 1999. وتخطط الولايات المتحدة الأمريكية لإطلاق القمر الحادي عشر من المنظومة نفسها، خلال عام 2003. منظومة أقمار الاتصالات UFO، تضمن للولايات المتحدة التفوق في مجال الاتصالات والمعلومات، وتغطي جغرافياً القارة الأمريكية والمحيطات: الأطلسي- والهادي والهندي.

وإضافة إلى أنظمة أقمار الاتصالات السابقة، كان هناك احتياج إلى منظومة خاصة، تخدم القوات ذات التسليح النووي، المنتشرة في أماكن متعددة من الكرة الأرضية، والتي تتبادل رسائل ذات معدلات منخفضة جداً من البيانات؛ مع ضمان استمرارية الاتصال طوال الأربع وعشرين ساعة، ولها خاصية مقاومة أي وسائل للتداخل. ولتلبية هذه المطالب، طوِّرت منظومة أقمار اتصالات القوات الجويةThe Air Force Satellite Communication System ، التي تسمح لتلك القوات بالسيطرة على القوات الإستراتيجية.

إلى جانب ذلك فيوجد نظام أقمار الاتصالات Milstar-1، الذي يوفر اتصالاً عالمياً، له درجة استمرار وبقاء عالية، ومقاومة مميزة للتعويق الإلكتروني. وهو يعمل لمصلحة القيادة العامة، ويخدم القوات: الإستراتيجية والتكتيكية. وفى أكتوبر 1993، بدأت أعمال تطوير النظام، ليصبح Milstar-2. وفي إبريل 1999، قررت الولايات المتحدة الأمريكية تنفيذ نظام جديد باسم Milstar-3، يشمل استخدام اتصالات متقدمة مؤمنة. وسوف تتسلم الحكومة الأمريكية أول قمر منها، باسم Pathfinder، في أبريل عام 2004، وسيطلق في يونيه من العام نفسه؛ على أن يطلق التالي في مارس 2005، والثالث في سبتمبر 2005، والأخير في أبريل 2006.

ب. في جمهورية روسيا الاتحادية

كان الاتحاد السوفيتي السابق، يحيط نشاطه الفضائي: المدني والعسكري بصفة خاصة، بالسرية البالغة؛ ونادراً، ما كان يعلن طبيعة الأقمار والمركبات المطلقة. وتجدر الإشارة إلى أن اسم " كوزموس" Cosmos، كان يطلق على معظم المركبات السوفيتية الفضائية، مضافاً له رقم، يفيد ترتيب الإطلاق.

ويمكن تقسيم الأقمار العسكرية الروسية ثلاثة أجيال :

(1) الجيل الأول

حقق الجيل الأول مطالب الاتصالات، على المستوي الإستراتيجي، عام 1968، بواسطة القمر Molniya -1؛ إذ عمل في نظام، أطلق عليه اسم Korund. وفي عام 1972 طورت منظومة Korund، باستخدام القمر Molniya-2. وانتهى هذا التطوير في عام 1975، وأصبحت المنظومة متاحة لاستخدام قيادات القوات: الصاروخية والجوية والبحرية.

(2) الجيل الثاني

تمثل في تطوير منظومة أقمار الاتصال الإستراتيجية، Geo - 1K، وهي تعتمد على أقمار صناعية، وضعت في مدارات متزامنة. ولم تصبح المنظومة عاملة بالطاقة الكاملة، إلا في النصف الأول من عام 1980.

(3) الجيل الثالث

تكونت المنظومة GKKRS من مجموعة الأقمار Potok، التي حققت الاتصال بين المواقع الثابتة وأقمار الاستطلاع الكهروبصري YANTAR-4KS1؛ ومن مجموعة الأقمار لوتش Lutch، التي حققت الاتصال بين المحطات الفضائية: مير وسويوز، وسفن الأسطول السوفيتي. وبدأت روسيا تطوير منظومة القيادة والسيطرة العامة GKKRS، لتوفير اتصالات ذات معدل عال، لتبادل البيانات بين مواقع أرضية ثابتة ومنصات متحركة، إضافة إلى الطائرات، والقطع البحرية، والوحدات البرية.

واستمرت منظومة الاتصالات الموحدة YESS-2 في استخدام القمرَين: Molniya-1T، وMolniya-3، إضافة إلى استخدام القمر الحديث Raduga-1. وخصصت هذه المنظومة للاتصالات الإستراتيجية، مع المنصات المتحركة ذات الطبيعة الخاصة. وتخطط الحكومة الروسية، أن تستبدل، تدريجاً، بالأقمار الصناعية، التي تكون منظومة Molniya للاتصالات، أقماراً أحدث، أطلق عليها اسم Mayak، يراوح وزن كلّ منها بين 2500 و3 آلاف كجم؛ ويحمل معدات اتصال، يصل وزنها إلى 580 كجم؛ ويغطي حيزات الاتصال الترددية C , L، ويمكنه العمل مع قنوات اتصال منظومة INMARSAT الدولية؛ ويزيد عمره الافتراضي على 10 سنوات.

أحدثت الأقمار الصناعية نقلة نوعية في مجال الاتصالات، سوف يستمر تأثيرها إلى مديات بعيدة جداً؛ بل هي من أهم أسباب ثورة الاتصالات الحديثة؛ فقد قضت على مشاكل كثيرة، كان يعانيها مستخدم الاتصالات اللاسلكية على وجه الخصوص. كما أن هذه الأقمار، قد أضافت أبعاداً جديدة، في المجالات كافة، وفي جميع الميادين، وعلى المستوى: العالمي والمحلي. فالمجال الاقتصادي، يدين بكلّ الفضل في سرعة نقل البيانات الخاصة بسوق المال والبورصات العالمية، وعقد حجوم كبيرة من التجارة الإلكترونية. والقادة والمفكرون العسكريون يرون أن هذه الصناعة الحديثة، قد أوجدت منفذاً كبيراً إلى عمق العدوّ وقراءة أفكاره عن بعد. والساسة في العالم، يعلمون تماماً أن هذه الأداة أصبحت ضمن أدوات السياسة وصنع القرار والتأثير في الرأي العام: المحلي والعالمي، من خلال سرعة إيصال المعلومات.

صاروخ (أريس أي اكس) الجديد وبرنامج (كونستيليشن)

الصاروخ (أريس أي اكس)

أطلقت وكالة الفضاء الأمريكية (ناسا) في الثامن والعشرين من تشرين اول 2009 بنجاح الصاروخ (أريس أي اكس) من قاعدة كيب كانافيرال بمركز فضاء كينيدي، والصاروخ (أريس آي اكس) غير المأهول يأتي في إطار برنامج (كونستيليشن) الذي يهدف إلى تطوير نوع جديد من مركبات الفضاء لتحل محل مكوك الفضاء الذي انتهى العمل به عام 2010.

أن الصاروخ الجديد يأتي في إطار مهمة ناسا الرامية إلى إعادة رواد الفضاء في يـوم مـا إلى سـطح القمر والهبوط في وقت لاحق على كوكب المريخ. وهذا الصاروخ يعتبر تطور نوعي كبير في السباق للهيمنة على الفضاء الخارجي باستخدام التكنولوجيا المتقدمة جدا.

تقنيات الاتصالات عبر الأقمار الصناعية بنظام Vsat

يشير نظام ال vast إلى محطة طرفية ارضية صغيرة للاتصالات ألفضائيه للاستقبال والارسال تم تركيبها فى مواقع متناثرة وتتصل بمحطة طرفية ارضية مركزية (HUP) عن طريق الاقمار الصناعية بواسطة استخدام هوائيات ذات قطر صغير تتراوح ما بين 0.6 إلى 3.8 متر.

أولا - تقنية ألVast

تمثل تقنية ال Vsat احدى التطبيقات منخفضة التكلفة المقدمة للمستخدمين الراغبين فى شبكة اتصالات مستقلة تربط عددا كبيرا من المواقع المتناثرة جغرافيا، وتقدم شبكات ال Vsat خدمات ذات القيمة المضافة عن طريق الاقمار الصناعية القادرة على دعم خدمات الإنترنت وخدمات نقل البيانات والشبكات المحلية وخدمات الاتصالات الصوتية والفاكس وهى قادرة على تقديم حلول لشبكات اتصالات خاصة وعامة يمكن الاعتماد عليها.

هذا ويتم تشغيل نظام ال Vsat من خلال الاقمار الصناعية التى تستخدم ترددات ال ku-band وال C-band وذالك طبقا للاتي:-

1. يتم تشغيل شبكات اتصالات ال Vsat التي تعتمد على ku-band ويتركز هذا الاستخدام فى اغلب الاحيان وشمال امريكا ويتم استخدام هوائيات ذات حجم صغير
2. يتركز استخدام ال C-band فى اغلب الاحيان فى اسيا افريقيا وأمريكا اللاتينية وتحتاج لهوائيات اكبر حجما من هوائيات ال. ku-band .

ثانيا - مكونات المحطة الطرفية لنظام Vsat

تختلف المحطات الطرفية الارضية للمستخدم عـن المحطـة الارضـية المركزيـة فى انهـا تعـد اكثر بساطة واقل سعرا , ولتقليـل التكلفـة الاجماليـة للشـبكات التـى تعمل بنظام ال Vsat فقـد تـم تصميم الشبكات التى تعمل بهذا النظام مـن محطـة رئيسيـة (HUP) واحـدة عاليـة التكـاليف وعـدد كبير مـن المحطات الطرفية الارضية البعيدة والتى تكون اصغر حجما واقل سعرا.

تتكون المحطة الطرفية البعيدة من عدة انظمة فرعية رئيسية تحتوى على مـا يـلى مـن تقنيات فنية :

1 . هوائى طبقى يتراوح قطرة ما بـين 0.6 مـتر إلى 2.4 مـترا وفى بعض الاحيان يجب استخدام أطباق أكـبر حجمـا تبعـا لتغطيـة القمر الصناعى حيث يمكن تركيب هذا الطبق بـاى مكـان عـلى الارض.

(مثال عن) 2.4 من شركة باتريوت العالمية

2. وحدة خارجية (ODU) تحتوى على دوائر الميكروويف الإلكترونيـة للمحطـة الطرفيـة ويكـون حجمها صغيرا عادة اى ما يقارب حجم العلبة الصغيرة , ويمكن وضع الوحدة الخارجية (ODU) مع الهوائى خلـف الطبق إذا كانت كبيرة الحجم بينما يمكن وضع

الوحدة الخارجية (ODU) الاصغر حجما مباشرة خلف وحدة تجميع التغذية امام الهوائي.

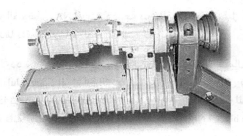

مثال عن الوحدة الخارجية(ODU)

3. وحدة داخلية (IDU) تحتوى على الدوائر الخاصة بالاشارة الرئيسية قبل تحميلها على الموجة الحاملة)
(carrier waveبالاضافة إلى الوحدة الخاصة بالبروتوكول.

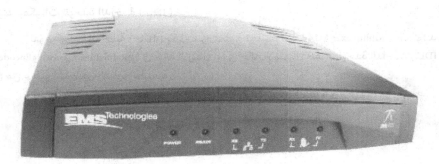

مثال عن الوحدة الداخلية (IDU)

مكونات الوحدة الخارجية (ODU) فى حالة الاستقبال

- مرشح مرور نطاق ترددى (BDF) الذى يمرر الاشارة المطلوبة.
- مستقبل خافض الضوضاء (LNA) يتم وضعة بين الهوائى ومستقبل المحطة الارضية الطرفية والذى يقوم مقدما بتقوية الإشارة الضعيفة التى تم استقبالها.
- محول خافض التردد (down converter) والذى يغيير ترددات الاستقبال قبل المرور على وحدة فك المعدل (demodulator) إلى اشارة التردد البينى (IF signal) والتى تتراوح ما بين 70 إلى 140 ميجا هيرتز ، واذا تم دمج خافض الضوضاء (LNA) والمحول الخافض للتردد (down converter) فى وحدة واحدة فانة يطلق عليها وحدة خافض الضوضاء. (low noise block LNB)

مكونات الوحدة الخارجية (ODU) فى حالة الارسال

- محول التردد العإلى (upconverter) الذى يحول اشارة التردد البينى (70 إلى 140 ميجا هيرتز (إلى تردد الارسال المطلوب قبل مرورها على مكبر عإلى القدرة. (High power Amplifier HPA)
- مكبر القدرة العإلى (HPA) يقوم بتقوية الاشارة التى خضعت لمحول التردد العإلى (upconverter) قبل تغذية الهوائى ، وتتراوح القدرة الخارجة من مكبر عإلى القدرة (HPA) ما بين 60.1- وات فى حالة (KU-band) بينما تتراوح ما بين 2-16 W فى حالة. (C-band)

وظيفة ومكونات الوحدة الداخلية (IDU)

تقوم الوحدة الداخلية (IDU) بكل من عملية تجميع الاشارات (Multiplexer) والتكويد (Encoderوالتعديل (modulation) فى حالة الارسال أما فى حالة الاستقبال فتقوم الوحدة الداخلية (IDU) بكل من عملية استخلاص الاشارة الطبيعية

من اشارة التردد البينى وتسمى هذة العملية بـ (Demodulation) ثم عملية فك التكويد (Decoder) ثم عملية اعادة توزيع الاشارات (Demultiplexer) ، بالاضافة إلى التزامن مع باقى وحدات الشبكة كما انها تدعم وحدة المواءمة الخاصة بالمستخدم , كما تحتوى الوحدة الداخلية على وحدات المواءمة الكهربائية مثل RS-422,RS-232 , v.35بالاضافة إلى وحدات المواءمة مع خدمات الصوت والتليفزيون.

وهناك العديد من البروتوكولات التى تدعم عمليات المواءمة وتشمل SDLC وبروتوكول الاتصالات المتزامنة الثنائية 3270 bisic و x.25 والايثرنت , (Ethernet) هذا بالاضافة إلى بروتوكول الاتصالات الغير متزامنة.

لقد صممت اتاحة المسار (link availability) بحيث تكون عالية والتى قد تزيد عن 99.7 % اما اسعار المحطة الطرفية البعيدة فتكون متفاوتة تماما مثل اسعار المحطة الارضية المركزية حيث يتراوح سعر المحطة الطرفية الارضية ما بين 3 إلى 8 آلاف يورو متضمنة تركيب الهوائى والصارى والوحدة الخارجية والوحدة الداخلية.

المحطة الارضية المركزية (HUP)

تتكون المحطة الطرفية المركزية (UHP) من عدة نظم فرعية اساسية - ما عدا الهوائى - التى تتوفر كاحتياطى فى وجود وحدة تحكم تعمل آليا فى حالة حدوث اية اعطال:

1- وحدة تحكم وتوصيل وتخليق الرسائل (packet swich) والتي تتحكم فى المسار بين المنافذ المضيفة (host ports)ومنافذ المعدل (modulator) ووحدة فصل الاشارات (Demodulator) إضافة إلى ذالك تقوم وحدة التحكم والتوصيل وتخليق الرسائل (packet switch) باضافة وقرائة العنوان بين الموجودة فى بداية كل رسالة وذالك للتحكم فى المسار من وإلى الوحدات الداخلية(IDUS)

2- معدل (Modulator) أو اكثر يقوم بتحميل فيض المعلومات الذى تم تخليقة بواسطة وحدة تحكم وتوصيل وتخليق الرسائل (Packet swich) على الموجات الحاملة وذالك قبل مرورها إلى مكبر عإلى القدرة.

3- صف من وحدات فصل الاشارات (Demodulators) والذى يستقبل الموجات الداخلة لكى يقوم بفصل الرسائل (packet) عن الموجات الحاملة وارسالها إلى وحدة تحكم وتوصيل وتخليق الرسائل (packet swich)

4- وحدة الميكروويف ذو التردد العإلى (RFT) والتى تحتوى على - : نظام ارسال فرعى يحتوى على محولات التردد الصاعد (UP Converter) التى تغير التردد البينى (70 أو 140 ميجا هيرتز) إلى تردد الارسال المطلوب قبل تغذيتة بالمكبر عإلى القدرة.

5- وحدة التحكم فى قدرة الوصلة الصاعدة التى تقوم بالتحكم فى القدرة وزيادة القدرة التى تم ارسالها بواسطة المحطة الارضية المركزية للتعويض عن الفقد الناتج بسبب الشوائب العالقة فى ظل الطقس السيئ وايضا الامطار الغزيرة كما يمكنها ايضا التحكم فى التداخل.

6- نظام الاستقبال الفرعى يتكون من مستقبل خافض للضوضاء (LNA) ومحول خافض التردد (Down Converter) لتغيير التردد الذى تم إستقبالة إلى التردد البينى (70 أو 140 ميجا هيرتز)

-نظام الهوائيات الفرعى والذى يتكون من هوائى كبير يتراوح قطرة من 6 إلى 9 امتار مثبت على الارض ومتصل بة نظام تتبع يتيح للهوائى تعقب القمر الصناعى الذى يتحرك فى السماء.

-مركز تحكم الشبكة (Network Control System) الذى يتحكم فى تشغيل المحطة الارضية المركزية والوحدات الداخلية فى الشبكة.

وتعتبر المحطة الارضية المركزية (HUP) غالية الثمن إذا ما قورنت بالنهاية الطرفية للمستخدم ويتراوح سعرها ما بين 0.5 مليون يورو إلى 2 مليون يورو ويتوقف ذالك على التقنيات المستخدمة والتطبيقات المطلوبة . أما نظام الـ Vsat الصغيرة التى تستخدم فى تطبيقات نقل البيانات ذات المعدلات المنخفضة على سبيل المثال SCANA فتتميز المحطات الارضية المركزية بانخفاض اسعارها التى تصل ما بين 25 الف يورو إلى 50 الف يورو.

مزايا وعيوب Vsat

اولا - مزايا النظام: (Advantages)

- المرونة الكبيرة لزيادة سعة الشبكة فى المستقبل.
- القدرة على جمع وتوزيع المعلومات من وإلى المواقع البعيدة.
- تحقيق اتصالات بعيدة المدى بالاضافة إلى تغطية جغرافية واسعة النطاق والمدى.
- تركيب سريع للاجهزة فى المبانى الخاصة بالمستخدمين وعدم الاعتماد على الشبكات الارضية وبنيتها التحتية.
- الجودة العالية لخدمات افضل , ودرجة اعتمادية كبيرة تصل إلى (99.9 %) من جودة الاتصال وهى افضل بكثير من الشبكات الارضية.
- سهولة الصيانة
- تحكم ورقابة مركزية
- امتلاك الحزمة العريضة من الترددات تسمح بوجود سرعة وكثافة عالية للمرور.
- تستخدم كاحطياطى اتصالات استراتيجى هام لمواجهة الطوارئ.
- لا تتاثر ابدا بالعوائق الطبيعية والصناعية مثل موجات الميكروويف.

ثانياً - عيوب وقصور النظام-: (disadvantages)

- قد يؤدى فقد ناقل الترددات (transponder) إلى فقد الشبكة ويمكن استعادة وصلات الاتصالات عن طريق ناقل اضافى.(transponder)
- زمن تاخير الاشارة فى وسط الانتشار باستخدام طوبوغرافيا الشبكة (star shaped network) قد يصل إلى اكبر من 0.5 ثانية فى وصلة الاتصال المزدوجة (double hop) وقد يتسبب هذا فى منع استخدام خدمات الصوت على الاقل بمعايير تجارية فى شبكة الـVsat

وصف الشبكة:-

تأخذ شبكات الـ Vast اشكالآ وأحجاماً مختلفة ويتم الاتصال باحدى طريقتين اما بين نقطة ونقطة اخرى (point-point) أو بين نقطة- إلى- عدة نقاط أخرى متعددة (point-multipoint) ويتم تقديمها لالاف المواقع عند الطلب اعتماداً على موارد محددة .ويوجد هناك نوعان من الشبكات فى نظام الـ (Vsat) الاولى هى نظام شبكة ('mesh system) التى تتصل فيها كل المحطات الطرفية ببعضها البعض مباشرة دون مرور الاتصال على المحطة الارضية المركزية (HUP) وتعتبر الوظيفة الرئيسية للمحطة المركزية هى عملية المراقبة والتحكم با لإضافة إلى حساب الفواتير الخاصة بعملية التحصيل وتعتبر المحطة الارضية المركزية اصغر حجماً من المحطة الارضية المركزية لشبكة star system)). والتى يتم الاتصال فيها بين المحطات الطرفية بعضها البعض من خلال المرور على المحطات الارضية المركزية (HUP) ونظراً لان اسعار هذة الشبكات قد انخفضت فى الوقت الحإلى فإن بعض الشبكات الان يمكن ان تتكون من مئات المحطات الطرفية .

تطبيقات Vast

اولا - في حالة الاستقبال فقط

- بث اخبار البورصة واخبار اخرى مذاعة

- التدريب والتعلم (واستكمال الدراسة) عن بعد

- نشر التوجيهات المالية وتحليلاتها

- إدخال منتجات جديدة في أماكن متفرقة جغرافياً

- تحديث البيانات والاخبار والاسعار في البورصات والاسواق العالمية

- بث برامج الفيديو والبرامج التليفزيونية

- نشر الإعلانات بواسطة العلامات الإلكترونية في محلات البيع بالتجزئة

ثانيا - في حالة ثنائي الاتجاه (الإرسال / الاستقبال) :

- عقد معاملات تفاعلية بواسطة الحاسب الآلي.

- خدمات الإنترنت

- عقد مؤتمرات تليفزيونية (مرئية) عن بعد

- إتاحة عمل الاستفسارات من خلال قواعد البيانات

- عقد صفقات مصرفية (الة الصرف الآلي)

- نظم الحجز في كبرى الفنادق وتذاكر الطيران.

- التحكم الموزع بدون عمل اتصال مباشر بالاضافة إلى جمع المعلومات من مكان واحد وارسال تلك المعلومات لمكان آخر. (Telemetry)

- الاتصالات التليفونية او الهاتفية وخدمات الفاكس والتلكس.

- خدمات الطوارئ.

- نظام تمثيل التعاملات المالية إلكترونيا (electronic fund transfer) عـبر الشـبكة في نقطـة البيـع) point-of-sale) .

- البريد الالكتروني (E_mail) مثل yahoo - hotmail الشهيرين .. الخ.

- نقل البيانات الطبية

- الرقابة على المبيعات والتحكم في المخزون الاستراتيجي.

ويبلغ تردد الاشارة الملتقطة في معظم الاقمار الصناعية 6 ميجاهرتز وتردد الاشارة المرسلة 4 جيجاهيرتز وفي بعض الانواع تبلغ 7 و8 جيجاهيرتز او 11 و 14 جيجاهيرتز على التوالي.

يتم تغذية الاجهزة الإلكترونية في هذه الاقمار بواسطة الطاقة الشمسية حيث تقوم خلايا شمسية بتحويلها إلى تيار كهربائي.

المحطات الارضية:

يزداد عدد المحطات الارضية بسرعة ومعظم هذه المحطات مزودة بهوائي على شكل صحن يصل قطره إلى 30 متر، وهذا الهوائي يمكن تحريكه في كافة الاتجاهات تعمل معظم المحطات الارضية على ارسال واستقبال الاشارات اللاسلكية التي تحمل المكالمات الهاتفية والاقنية التلفزيونية.

الاستخدامات:

برغم ان معظم الناس يعتقدون ان الاقمار الصناعية تستخدم فقط لنقل الصور التلفزيونية عـن الاحتفالات العالمية ومباريات كرة القدم فانها في الواقع تستخدم ايضا لنقل المكالمات الهاتفية واشارات التلكس والكمبيوتر......الخ.

تتميز الاتصالات عبر الاقمار الصناعية بانها تتم بسرعة وبامان ودون الحاجة إلى مد كابلات عبر المحيطات والصحاري.

وكثير من المدن الافريقية والهندية الموجودة عبر الصحاري والبراري ، تصل مع العالم الخارجي بواسطة القمار الصناعية.

والان تم استخدام البث المباشر من الاقمار الصناعية إلى هوائيات خاصة في المنازل حيث يمكننا إلتقاط اي اشارة من القمر الصناعي دون الحاجة إلى المحطة الارضية

الفصل السادس

بعض مظاهر الإعلام الجديد

سباق الكاميرا والمايكرفون

ان اختراع الكاميرا واحد من أهم خطوات تطوير وسائل الاتصال، وعلى مدى 220 عاماً، أستعمل الناس الكاميرا لتسجيل الصور، فعندما بدأ التصوير الفوتوغرافي في 1772 كانت الصور (تُصنع من خليط من نترات الفضة والطباشير) ومع السنين أدى التطور التكنيكي للتصوير إلى طبع الصور على المعدن، والزجاج والورق، وشريط الفيلم.

لم يكن التصوير الفوتوغرافي هو التطور الوحيد الذي غير طريقة الناس في تسجيل العالم من حولهم، فلونظرنا في تاريخ وسائل الاتصال، سنجد انه في سنة 1877 أخترع (إميل برلنر - Emile Berliner)، المايكروفون، وفى نفس الوقت قدم (توماس إديسون - Thomas Edison) الفوتوجراف، وبعد عدة سنوات أي في سنة 1893، أخترع إديسون جهاز يجعل الصور الفوتوغرافية الثابتة تتحرك، كذلك أكتُشفت طرق جديدة لتسجيل الحركة والصوت على الفيلم، لإنتاج الشريط السينمائي، وهكذا مكننا جهاز إديسون للصور المتحركة، من تسجيل آلاف من الصور على شريط ضيق من السلولويد وإعادة عرضها على الشاشة.

يعتمد التصوير أساساً على ظاهرة هامة فى عين الأنسان، تعرف بإسم (نظرية بقاء الرؤية - of Vision Persistence) وقد أكتشفها بيتر مارك روجيت عام 1824. وتعنى أن العين تحتفظ على الشبكية بالصورة الثابتة بعد أن تزول من أمامها لمدة 10/1 من الثانية، فإذا ما تلاحقت مجموعة من الصور الثابتة التى تختلف عن بعضها اختلافات بسيطة أمام العين بسرعة تتراوح ما بين 10 إلى 14 صورة فى الثانية الواحدة، فهى لن تستطيع أن تفصل الصورة السابقة عن الصورة التي تأتى بعدها فى أقل من هذا الزمن، وعندها تنخدع العين وتتخيل أن ما تراه هو حركة متصلة دون أى فاصل بينها، وذلك

لأنها تستمر فى رؤية كل صورة بعد أختفائها من أمامها وأثناء فترة حلول الصورة التالية محلها.

والفيلم عبارة عن مجموعة متتالية من الصور المنفصلة، كل منها عبارة عـن صـورة فوتغرافيـة ثابتة شفافة، تختلف قليلاً فيما تسجله من حركة عن سابقتها. ولكننا إذا عرضنا هذه الصـور، حسـب آليـة العرض السينمائى وبنفس معدل سرعة تصويرها، فإنها تبدو أمام عين المتفرج وكأنها حركة طبيعيـة متصلـة لا يتخللها أى ثبات أو إنقطاع. وهكذا نرى أن السينما تعتمد أعتماداً أساسياً على ظاهرة أستمرار الرؤية.

اما فى سنة 1906 إخترع (لى ديفورست -Lee Deforest) (الصمام الثلاثي) (Three Electrodes - vacuum tube) والذي أدى إلى اختراع الراديو. وكان الغرض من هذا الاختراع هو إيصال الأخبار، والأحداث، وبعث روح التسلية، وتعليم ملايين من الناس في منازلهم. وهذا ولد الرغبة في رؤية الأشياء التي يسمعونها في الراديو. ففى سنة 1925 عمل (ج. بيرد - J.Baird) في إنجلترا، و(س.جنكيز - C.Jenkins) في الولايات المتحدة في وقت واحد تقريبا على اختراع ما سمي بـ(التلفزيون - Television) والذي يعتبر ثورة في عالم وسائل الاتصال. ويعمل على نقل الصورة والصوت في مكان ما و في نفس اللحظة إلى مكان أخر. وهكذا فالصور والأصوات تسافر خلال الأسلاك، تماما بنفس الطريقة التي تسافر بها أصوات الراديو.

الصورة الرقمية

عناصر تكوين الصورة الرقمية

تعريف البيكسل (Pixel) ونتائج تطوراته

تتكون الصورة الرقمية من عدة عناصر ومن بينها عنصر ـ مهم جداً يسمى البيكسل (Pixel) ويعتبر عنصر أساسي و يمثل وحدة قياس الصورة ويعني البيكسل هو العنصر ـ الأصغر في الصورة الرقمية وهو على شكل نقطة أو مستطيل صغير، أي ان مجموعة من البيكسلات (في سطح ثنائي الأبعاد) تشكل الصورة الرقمية (Digital)، كما يحدد الكومبيوتر شدة إضاء كل بيكسل ولونه لتكوين الصورة بشكل كلي.

- الميغا بيكسل (Mega Pixel)

الميغا بيكسل هي من مضاعفات البيكسل الواحد في صورة الإلكترونية، حيث يمثل كل مليون بيكسل 1 ميغا بيكسل (ميغا = مليون بيكسل).

تستعمل هذه الوحدة غالباً لقياس مساحة الصور الملتقطة بواسطة الكاميرات الرقمية الحديثة، فمثلا اذا اخذنا صور بطول 2048 بيكسل وعرض 1536 بيكسل فإن قوة (دقة) الكاميرا التي التقطتها تكون 3.1 ميغا بيكسل ناتج عن عملية ضرب (الطول × العرض).

- الآن ما هي أنواع الكاميرات المستخدمة في التصوير سوف يقرر الباحث ماهي الكامرة المفضلة لديه من خلال المعلومات التالية:-

- DVD, miniDV, Digital8, Digital Betacam pro ,D-VHS : 480×720
- anamorphic Widescreen DVD : 480×720
- D-VHS, HD DVD, Blu-ray, HDV miniDV : 720×1280
- HDV miniDV : 1080×1440
- D-VHS, HD DVD, Blu-ray, HDCAM SR pro : 1080×1920
- IMAX, IMAX HD,OMNIMAX : 7000×10,000

- الان اصبح علينا ان نوضوح بعض انواع اساليب المسح (طريقة عرض الشاشة) المنتشرة والتى تدعمها الشاشات التى نراها فى الاسواق:

أولا - p720

رقم 720 يعنى وجود 720 خط أو بيكسل عمودى مع 1280 خط افقى فى الشاشة، اما الرمز(P) يرمز إلى الأسلوب المتطور Progressive وهى طريقه متطورة لمسح الشاشة اسلوب المسح هذا يكوم بمسح السطور جملة واحدة.

ثانيا - 1080i

رقم 1080 يرمز إلى وجود 1080 خط عمودى مع 1920 خط افقى في الشاشة، اما الرمز (I) يرمز إلى الاسلوب المتداخل Interlaced وهو عكس P، الأسلوب المتداخل يقوم بمسح السطور ذات الأرقام الفردية تسلسليا ثم يعود ويقوم بمسح السطور المتبقية، ونلاحظه عن التقاط صورة لشاشة لها نفس المواصفات المذكور نرى ان الصورة وكأنها انقسمت إلى نصفين.هذا الأسلوب يعاني من بعض العيوب التي تنتج عن طريقة المسح المتداخل.

ثالثا - 1080p أو كما يطلق عليها HD FULL

رقم 1080 يرمز إلى وجود 1080 خط عمودى مع 1920 خط افقى يعنى حوإلى 2.07 مليون بيكسل، اما الرمز (P) يرمز إلى الأسلوب المتطور Progressive.

عدسات الكاميرا الحديثة

شهدت صناعة العدسات تطورا كميا ونوعيا الأمر الذي طور من استخدامات مختلف انواع الكاميرات حيث نشير هنا إلى :

أ- أهم انواع العدسات

ب- نظام العدسات وأداء الكاميرا

ت- البعد البؤري وزاوية العدسة

ث- أهم العدسات العادية الشائعة الاستخدام

ج- العدسة طويلة البعد البؤري (ضيقة الزاوية)

ح- العدسة قصيرة البعد البؤري (واسعة الزاوية)

خ- العدسات المتكاملة (المقربة)

د- العدسة الزووم

ذ- التركيز البؤري وعمق الميدان

ر- فتحة العدسة

أ- العدسات

يطلق اصطلاح عدسات الكاميرا Camera Lens في واقع الأمر على مجموعة العدسات التي توجد في الكاميرا، ويتراوح عددها عادةً بين ثلاث أو أربع عدسات، تتميز كل منها بخصائص معينة وتثبت داخل صمام الكاميرا، لتعمل مع العناصر الأخرى في ترتيب وتناسق خاص يوجد بينها، ويكفل لها تلبية متطلبات العمل بأقصى قدر من الدقة والكفاءة. فإن الوظيفة الأساسية للعدسة هي أنها تعكس صور صغيرة شديدة الوضوح للمنظر الذي أمامها، وتركزه فوق صمام (أو صمامات) الكاميرا.

وهناك نوعان رئيسان من العدسات هما العدسة ذات البعد البؤري الثابت (والتي تختلف كل منها عن الأخرى اختلافاً تاماً حسب التركيز والبعد البؤري الذي تصمم كل منها على أساسه) تناسب معظم كاميرات التصوير الفوتوغرافي، وكاميرات التصوير الفوتوغرافي، وكاميرات التصوير السينمائي والتلفزيوني البسيطة التصميم، وتلك المزودة بقرص العدسات الدوار، وهو قرص يتحرك دائرياً فيتم الانتقال بذلك من عدسة إلى أخرى. وبالإضافة إلى ذلك فإن تصميم هذا النوع من العدسات ذات البعد البؤري الثابت جعل منها أنسب العدسات التي يمكن بواسطتها تغطية المشهد من جوانبه المختلفة، وإن كانت العدسة الزووم تمتاز هي الأخرى بأنها تحقق تنوعاً في الرؤية (المنظر) عند تغطية لقطة ما.

وفي كل الحالات، فإن قدرة الصورة على أن تنقل إلى المشاهد الإحساس بالمسافة أو الفراغ أو الحجم أو الحيز، إنما يتأثر تأثيراً مباشراً بزاوية الرؤيا للعدسة، أي الزاوية التي تنظر منها الكاميرا (العدسة) إلى المنظور أو الغرض الذي أمامها وحجم هذه الزاوية وطبيعتها.

ب- نظام العدسات وأداء الكاميرا:

إن طبيعة ونظام العدسات في الكاميرا هو الذي يحدد -بدرجة كبيرة- كيفية وأسلوب استخدامها.. ويمكن توضيح ذلك على النحو التالي :

-العدسة ذات البعد البؤري الثابت:

تتميز بأنها تقدم العديد من الأحجام للمنظر الواحد، على حسب المسافة التي تفصل بين الكاميرا والمنظور. ولذلك فإننا كلما احتجنا إلى منظر أكبر، يكون علينا أن نضع الكاميرا قرب المنظور، أو ننقل المنظور إلى مسافة أكثر قرباً من الكاميرا.

ج- نظام العدسات المتعددة :

وهو نظام يحقق فرصاً أوسع لاختيار العدسة المناسبة، من بين عدة عدسات من ذوات البعد البؤري الثابت (وكل منها تختلف عن الأخرى بطبيعة الحال) ومن ثم فإن كل منها تقدم رؤية مختلفة للمنظر. ويعرف هذا النظام أيضاً بأنه نظام "القرص الدوار للعدسات" ويتم تغيير حجم المنظر كلما تغيرت العدسة.. على أنه يجب الإشارة إلى تغيير العدسة لا يمكن أن يجري أثناء الالتقاط، بل عندما تكون الكاميرا في حالة الاستعداد والإعداد للقطة (وتكون الكاميرا الأخرى هي التي تعمل في ذلك الوقت).

د- البعد البؤري وزاوية العدسة:

يمكن تعريف البعد البؤري للعدسة -من الناحية الاصطلاحية- بأنه "المسافة الواقعة بين المركز البصري للعدسة ووجه صمام الكاميرا عندما تكون العدسة مضبوطة على اللانهاية". أما من الناحية العملية فيمكن القول بأن البعد البؤري للعدسة هو الذي يحدد مقدار ما نراه من المنظور وما وراءه من خلفيات. وبتعبير آخر يمكن القول بأن زاوية الرؤية للعدسة هي التي تحدد مقدار ما يظهر أمامنا على الشاشة، ويخضع ذلك لطول البعد البؤري خضوعاً تاماً. وعلى ذلك فإنه كلما زاد البعد البؤري للعدسة، قلت زاوية مجال الرؤية، وبالتالي يصغر المنظور،

وكلما صغر المنظور كبر الجزء الذي نراه وبذلك نشعر أنه قريب منا (أي أنه كلما استخدمنا عدسة طويلة كلما شاهدنا جزءاً من المشهد أقل)، وفي هذا الصدد تجدر الإشارة إلى أن زاوية العدسة وإن كانت تقاس عادةً على المستوى الأفقي، فإن مجال الرؤية له أيضاً أبعاده الرأسية، وإذا رسمنا كل مجال الرؤية لإحدى العدسات، فإننا نكون قد رسمنا ما يشبه الهرم المقلوب، ومن ثم فإن أي أحداث تدور خارج هذا الهرم لن تظهر في الصورة بطبيعة الحال. ولذا يكون على المخرج أن يراعي الزاوية الرأسية عند تصميم الحركة داخل إطار الصورة، تفادياً لأي تحريف أو تشويه قد يبدو في المستويات الرأسية كما يبدو في المستويات الأفقية، وفي المواقف التي تبدو فيها الحركة داخل الصورة على المحور الرأسي.

ويعرف جيداً أن تغيير العدسة يعني تغييراً في زاوية المنظر، وأن العدسة متسعة الزاوية تلتقط مساحة أوسع من المنظر عما تلتقطه الزاوية الطويلة (ضيقة الزاوية). ومعنى ذلك ببساطة أننا إذا وضعنا شيئاً يراد تصويره على مسافة محددة من الكاميرا، فإن العدسات التي تختلف في مقاساتها سوف تقدم لنا صوراً تختلف في أحجامها (حسب البعد البؤري لكل عدسة وحسب زاويتها) .

هـ- أهم العدسات العادية الشائعة الاستخدام :

العدسة عبارة عن قطعة من الزجاج ذات تكور في أحد سطوحها أو لكليها، تحدث انكساراً في الأشعة الضوئية الساقطة على أحد وجهيها، والعدسات شائعة الاستخدام العدسات محدبة ومقعرة، والعدسة المحدبة تستخدم لتجميع الأشعة الضوئية والعدسة المقعرة لتفريغ الأشعة الضوئية. والعدسة المحدبة أسمك في الوسط من العدسة المقعرة، بينما العدسة المقعرة أسمك في الأطراف منها في الوسط. وقد أنتجت عدسة أكروماتية (لا لونية)، وهذه العدسة تستخدم في صنع الآلات البصرية المختلفة.

و- العدسة طويلة البعد البؤري (ضيقة الزاوية):

تعرف العدسات ذات البعد البؤري الطويل بأنها "العدسة المقربة"، وهي عدسة ذات رؤية ضيقة نسبياً، وتضغط المسافة بين المستوى الأمامي والخلفي، فتنتقل الأشياء البعيدة إلى المستوى الأمامي للصورة، ومن ثم فإنها تستخدم استخداماً فعالاً عند الحاجة إلى التصوير في الأماكن الضيقة (مثل الغرفة اوالسيارة وغيرها..)، إلا أنها قد تسبب بعض المشكلات عند تصوير الأشخاص في لقطات قريبة، لأنها قد تسبب بعض المشكلات عند تصوير الأشخاص في لقطات قريبة، لأنها تبالغ في إبراز الأحجام وتضخيم الملامح (كالأنف اوالأذن اواليد وغيرها)، غلا إذا كان ذلك مقصوداً لذاته، وإلى جانب ذلك فإن هناك صعوبة أخرى تعترض عمل هذه العدسات (وخاصةً العدسة 35مم) إذ ينتج عند استخدامها في بعض الحالات ما يعرف بتشوه البرميل، حيث تظهر الخطوط الرأسية والأفقية القريبة من أطراف الشاشة مقوسة نحو الخارج، ويتغير شكل الصورة عند تحريك الكاميرا أفقياً فتظهر الأشياء "منبعجة" الشكل.

ز- العدسات المتكاملة (المقربة)

إن تكامل الزاويتين يعني أن يكون مجموع الزاويتين 180درجة، وعلى أساس التكامل بين وظيفة وخواص عدستين، صممت العدسة المقربة، فالمعروف أنك لو وضعت عدسة أمام عدسة أخرى، يصبح بإمكانك أن تغير بعدها البؤري وبالتالي زاوية ومجال الرؤية لها وصممت العدسة المقربة بإضافة عدسة سالبة خلف عدسة عادية قصيرة البعد البؤري، وبذلك فإنها تحقق ما يحققه التليسكوب أي التكبير والتضخيم الشديد لمساحة صغيرة من المنظر.

ح - العدسة الزووم:

وهي عدسة متعددة البعد البؤري (متغيرة البعد البؤري) حيث يمكن تغيير بعدها البؤري (في حدود معينة) أثناء تشغيل الكاميرا... ومن ثم تتغير زاوية الرؤية

وبالتالي يتغير حجم الصورة... ويتم ذلك في يسر وسهولة (ونعومة) من لقطة إلى أخرى بعيدة أو العكس.. وبذلك فإن النتيجة التي نحصل عليها باستخدام هذه العدسة، تشبه إلى حد كبير النتيجة التي نحصل عليها بتحريك الكاميرا والاقتراب بها من المنظور أو الابتعاد عنه، ومع ذلك فإن استخدام العدسة الزووم يكون مناسباً ويكون أكثر فاعلية وتأثيراً عندما تكون الحركة المطلوبة سريعة (مثل الانقضاض) وهي حركة يصعب أن نؤديها بتحريك الكاميرا والتقدم بها .

ولا شك أن عدسة الزووم تعد ذات أهمية كبيرة، فإلى جانب التأثير الخاص والفريد الذي تحققه في الحركة السريعة إلى الأمام أو الخلف (الانقضاض والتراجع)، وإلى جانب أنها تعد البديل المنفذ في الحالات التي يتعذر فيها تحريك الكاميرا (كما هو الحال عندما لا تتوفر عليها الكاميرا غير ممهدة وتؤدي إلى اهتزاز الكاميرا وارتعاشها.. أو يكون المكان ضيقاً بحيث يتعذر تحريك الكاميرا على النحو المطلوب والمرغوب).. إلى جانب ذلك كله فإن هذه العدسة تزودنا بعدد لانهائي من الأبعاد البرية (في حدود مجال التقاطها)، ومن ثم فإنها تقوم مقام طاقم كامل من العدسات ذات الأبعاد البؤرية المختلفة.. ومع ذلك فإن عدسة الزووم وإن كانت متعددة الأغراض والمميزات، إلا انها لا تخلو كذلك من بعض الملاحظات والعيوب.

ط- التركيز البؤري وعمق الميدان :

يعرف التركيز البؤري بأنه أقصى وضوح للصورة، ولتحقيق ذلك يجب أن تضبط العدسة على المسافة الصحيحة من الموضوع أو الغرض المراد تصويره، ولذا فإن هذا "الغرض" إذا تحرك نحو الكاميرا أو بعيداً عنها يصبح (أي تصبح صورته) خارج التركيز البؤري.. يطلق عليه اصطلاح عمق الميدان أو عمق مجال الرؤية، وبتعبير آخر يمكن القول بأن عمق الميدان أو عمق المجال الرؤية بأنه

المنطقة أو المساحة التي تظهر فيها الأشياء في أقصى درجة من الوضوح دون تعديل في عدسة الكاميرا.

ي- فتحة العدسة:

تزود العدسات عادةً بالديافراجم القزحي الـذي يمكـن إغلاقـه وفتحـه.. وهـو يشبه في وظيفتـه حدق العين "iris" حيث يمكن التحكم في إغلاقه وفتحة للـتحكم في كميـة الضـوء التـي تنفـذ إلى الداخل ..ويمكن تحديد وظيفة الديافراجم في مهمتين هما :

1- ضبط كمية الضوء (لمعان المنظر-أو الإضاءة المنعكسة عن الصورة) التي تدخل وتسقط عـلى صمام الكاميرا أو الفيلم.

2 - أنه يغير عمق الميدان (عمق مجال الرؤية).

والمعروف أن كمية الضوء التي تنفذ إلى صمام الكاميرا وتؤثر تأثيراً مباشراً في شكل ودرجة وضوح الصورة على شاشة جهاز التلفزيون.. فعندما تكون كمية الضوء الكبيرة- وهو مـا يعـرف بالتعريـض الزائـد- ينتج عن ذلك صورة باهتة لا تبرز التفاصيل، أما عندما تكون كمية الضـوء غير كافية (أقل مما يجب) فإن ذلك يؤدي إلى عدم وضوح الصورة حيث تسيطر عليها درجة مـن القتامـة أو (السـواد)، وتختفـي درجـات التباين اللوني والتدرج الظلي فيها، ويطلق عـلى كميـة الضـوء القليلة أو غير الكافية اصطلاح "التعريض الناقص."

وعلى ذلك فإنه -وبواسطة هذه الفتحة القزحية التي تعرف بالديافراجم- يـتم الـتحكم في كميـة الضوء (التي هي درجة لمعان المنظر) التي تنفذ إلى داخل الصمام أو الفيلم حيـث يمكن فتح الـديافراجم بأرقام تسمى الأرقام البؤرية ويرمز إليها بحرف "F"والمعروف أنه كلما كبر الـرقم البـؤري، كلـما صغر قطر فتحة الديافراجم (أي فتحة العدسة).

ويتم تدريج مقاس فتحة العدسة هذا بعلامات أو أرقام بؤرية.. وفتح العدسة علامة واحدة يعني السماح بدخول ضعف الضوء، وفتحها علامتين يعني مرور أربعة أمثال الضوء، وثلاث علامات يسمح بمرور ثمانية أضعاف.. وعلى العكس من ذلك تماماً فإن غلق العدسة علامة واحدة يقلل الضوء إلى النصف، وعندما نغلقها علامتين فإنه لا يمر إلا الربع.

وهناك علاقة أساسية بين كمية الضوء وبين عمق مجال الرؤية (المعروف أنه كلما زادت فتحة العدسة كلما قل عمق مجال الوضوح) وبذا يتوفر للمصور المزيد من المرونة في تحديد عمق المجال كلما توفرت له إضاءة قوية. أما إذا كانت الإضاءة أقل من المطلوب فإن ذلك إلى ضحالة مجال الرؤية. ومع ذلك فإن الضوء الزائد عن القدر المطلوب قد يبدد المكان تماماً.. ومن هنا يمكن القول ببساطة أن التوازن السليم بين الضوء والظلام في أنحاء الصورة هو مصدر الإيهام، وأن فتحة الديافراجم الدقيقة التي تعطي أجود صورة تختلف تبعاً لحساسية الصمام وكمية الضوء الساقط على المنظر ودرجة انعكاسه.

البلوتوث

فرضت تقنية البلوتوث نفسها سلطة اجتماعية خامسة، إذا ما جارينا الصحافة ووسائل الإعلام الأخرى في ادعائها بأنها رابعة السلطات الاجتماعية المتفق عليها. ومن جهة ثانية فتقنية البلوتوث تمثل اتجاهًا جديدًا في انتشار المعلومة بين الجماهير، يمكن أن يؤسس لنظرية إعلامية مختلفة كليًا عن النظريات الإعلامية المعروفة حتى اليوم. كلمة بلوتوث ليس لها علاقة بالتقنية نفسها، وإنما استعيرت التسمية من تاريخ البلاد الاسكندينافية (مجموعة الدول الاسكندينافية اليوم هي: الدنمارك والنرويج والسويد وفنلندا وأيسلندا) حيث توجد هناك معظم الشركات المصنعة لأجهزة الهاتف النقال تحديدًا (شركة نوكيا فنلندية وشركة أريكسون سويدية).

فهارولد بلوتوث Harald Bluetoth (ت986م) هو موحد الدنمارك والنرويج وبـاقي اسكندنافيا، وهـو الـذي جلب الديانة المسيحية إلى تلك المنطقة في شمال أوروبا، ليقضي بذلك على الوثنية الذي ظلت سائدة هناك لقرون. وقد حكم بلوتوث تلك المنطقة خلال الفترة (910-940م) قبل أن يدخل في نزاع مـع ابنـه فـوركبرد وتنتهي حياته بسبب ذلك النزاع.

وجاءت تقنية بلوتوث Bluetooth ثمرة لتعاون بين مجموعة من الشركات المتخصصة بالاتصالات وتقنية المعلومات؛ حيـث اشـتركت خمـس مـن كـبرى تلـك الشركات، هـي شركاتIBM، Intel, Ericsson, Toshiba, Nokia ، من أجل إيجاد طريقة يمكن بواسطتها ربط الأجهزة الرقمية النقالة، كالهواتف الجوالة والكومبيوترات المحمولة والكاميرات النقالة وسماعات الرأس ...إلخ لاسلكيًا Wireless. ولتحقيـق ذلـك أسست تلك الشركات مجموعة الاهتمام الخاصة بلوتووث (Bluetooth Special Interest Group (SIG عـام 1998م، للعمل على تصميم تقنية مفتوحة لا يمتلكها أحد، بحيـث تتيـح التقنيـة الجديـدة ربـط الأجهـزة المحمولة بعضها ببعض.

وخلال فترة قصيرة من تأسيس تلك المجموعـة بـدأت شركات أخرى عملاقة بالانضمام إليها كشركات Microsoft,3com,Motorella وسواها. واحتراماً لهذا الملك تمت تسمية التقنية ببلوتوث على اسمه خاصة أن أغلب الشركات المؤسسة لتقنيـة البلوتـوث هي مـن الـدول الاسكندنافية نوكيا مـن فنلنـدا ، وإريكسون من السويد .

والبلوتوث تكنولوجيا جديدة متطورة تمكن الأجهزة الإلكترونية مثل الكمبيوتر والهاتف المحمـول ولوحـة المفاتيح وسماعات الرأس من تبادل البيانـات ونقـل المعلومـات مـن غـير أسـلاك أو كوابـل أو تدخل مـن المستخدم .

ونشأت شراكة بين عدد من الشركات العالمية : نوكيا، اي بي إم، أريكسون، إنتل وتوشيبا والإعـلان عن ما يعرف باسم مجموعة The Bluetooth Special Interest Group: والتي يرمز لها بالاختصار Bluetooth SIG لتعتمد تقنية البلوتوث كخدمة

أساسية في منتجاتها، ثم شهدت الساحة انضمام العديد من الشركات المتخصصة في مجال الاتصال وتقنية المعلومات لهذه المجموعة.

ان تقنية البلوتوث اقرب ما تكون إلى الإنفراديه بل وكانهما وجهان لعملة واحدة فتقنية البلوتوث تعتمد على الاتصال اللاسلكي عن بعد باستخدام نطاق محدود، (شبكة الاتصال الشخصية اللاسلكية Personal Area Network واختصارها Wireless PAN)وهناك تقنية الاتصال عبر الأشعة تحت الحمراء . IrDA والفرق ما بين التقنيتين هو أن البلوتوث يغطي مساحة أوسع تتعدى المائة متر، ومن وراء الحواجز وفي أي اتجاه وأنها توفر الاتصال لأكثر من جهاز .

البلوتوث حسناته وسيئاته

لكل تقنية جديدة عيوبها وسلبياتها التى لا يمكن بأى حال من الأحوال أن تقلل من أهميتها ولعل أبرز السلبيات لهذه التقنية بعد إساءة استخدامها من خلال تناقل الملفات ذات المضمون السيئ، هى المخاطر الأمنية المترتبة على هذه التقنية فالاتصال من خلالها يتم عبر موجة قصيرة يبلغ ترددها 2,4 جيجاهيرتز، وفي هذا الإطار أجرت شركة A.L. Digital بحثاً أشارت فيه إلى وجود ثغرة أمنية خطيرة صاحبت إدخال هذه التقنية في الهواتف المحمولة لكل من نوكيا وأريكسون، حيث يمكن من خلال هذه الثغرة انتهاك خصوصية المستخدمين وسرقة بياناتهم وعناوينهم الهاتفية وهو ما دفع نوكيا إلى إضافة اختيار "الإخفاء" عند فتح البلوتوث فى بعض أجهزتها إلا أن ذلك لا يكفى فقد يفيد مع الأجهزة فيما بينها، لكن ماذا عن البرامج الخاصة بسرقة البيانات عبر البلوتوث من دون إجراء اقتران سواء تلك التي في الأجهزة المحمولة أو بالأجهزة الكبيرة ؟؟؟

فقد تكون الهواتف المحمولة عرضة للهجوم والاختراق في حالة ضبطها على الوضع " discoverable "أو " visible " حيث أن الهاتف في هذا الوضع يكون مرئياً من قبل الأجهزة المتوافقة الموجودة ضمن مجال الاتصال ويسمح لها ذلك بالاتصال ببعضها

وتبادل البيانات فيما بينها. ويمكن للمستخدم بالطبع أن يقوم بإيقاف وتعطيل هـذا الوضع إلى " Off "
لكن بعض أجهزة نوكيا يمكن اختراقها حتى لو كانت على وضع التعطيل.. فكل مـا يحتاجه المهاجم هـو
عنوان البلوتوث للجهاز الضحية وهو ما يمكن اكتشافه باستخدام بعض بـرامج الاختراق المتوفرة عـلى
الإنترنت .

ومن خلال التقارير المنشورة.. ظهر أن أسوأ الأجهزة في مقاومة هذه الهجمات هي أجهزة نوكيا
وسوني اريكسون وظهرت بعض المشاكل في أجهزة موتورولا أيضاً بينما كانت أجهزة سيمنس أقوى الأجهزة
في الحماية ضد هذه الهجمات .

لذلك فقد يكون المستخدم عرضة للاختراق طالما أن الخدمـة في وضع تشغيل، والحـل في هـذه
الحالة هي الحرص على عدم الاحتفاظ بوثائق وصور ذات طابع شخصيـ في هـذه الأجهـزة، والعمل عـلى
إيقاف الخدمة وعدم تشغيلها إلا عند الحاجة ولوقت قصير ثم يعاد إيقافها، مراعاة عدم فتحها في الأماكن
العامة والطرقات .

البلوتوث وتجاوز الخصوصيات

لم يجد القراصنة فرصة أكبر من ذلك في التفنن في اختراع أساليب مبتكرة لاستغلال هذه التقنية،
فقد نجح مجموعة مـن الهـاكرز سموا أنفسهم فليكسيليس Flexilis في تصميم بندقية تخترق الأجهزة
العاملة بتقنية البلوتوث وسموا هذه البندقية بلو سنايبر" Blue Sniper " .

ويمكن لهذه البندقية استهداف أي جهاز محمـول يـدعم بلوتـوث عـلى مسافة تصل إلى ميـل
ونصف وسرقة البيانات الموجودة على الهاتف الضحية كدفتر العنـاوين والرسائل وغيرها كما يمكنه زرع
رسائل داخل الجهاز .

وقد قام مخترعو هذه البندقية بإجراء تجربـة حيـة لإثبـات إمكانية عملية الاختراق بواسطة
بندقيتهم المزودة بهوائي موصل بجهاز كمبيوتر محمول يـدعم بلوتـوث (ويمكن وضعه في حقيبة عـلى
الظهر). حيث قام أحدهم بتصويب البندقية من نافذة في الدور

الحادي عشر لأحد الفنادق في مدينة لاس فيجاس إلى موقف لسيارات الأجرة في الشارع المقابل وتمكن من جمع دفاتر العناوين من 300 جهاز هاتف نقال !

الخطير في الأمر أن المهاجم يستطيع استخدام الهاتف الضحية لإجراء اتصال إلى أي هاتف آخر دون أن يشعر صاحب الجهاز، فلك أن تتخيل أنك جالس مع شخص ما في مطعم وهاتفك في جيبك أو على الطاولة وقام المهاجم بالتحكم في جهازك للقيام بمكالمة إلى هاتفه دون أن تشعر وعندما يرد المهاجم سيصبح هاتفك جهازاً للتصنت يمكن المهاجم من الاستماع إلى كل ما يدور بينك وبين صديقك في المطعم ومعظم الهجمات يمكن أن تتم بدون ترك أي أثر للمهاجم .

قبل فترة قام باحث ألماني بتطوير برنامج سماه Blue bug يمكنه التحكم في الأجهزة المحمولة العاملة بنظام بلوتوث وتحويلها إلى أجهزة تصنت عن بعد. مثلاً من خلال كمبيوتر محمول يمكن تشغيل البرنامج للتحكم في هاتف محمول للقيام بمكالمة إلى المهاجم دون أن يشعر الضحية بذلك وبالتالي يستطيع المهاجم التصنت على المحادثات التي تتم بالقرب من الهاتف سيظهر رقم هاتف المهاجم في فاتورة الضحية.. لكن بعد فوات الأوان.. ومن الصعب أن يتذكر الضحية حينها هل اتصل أم لا بذلك الرقم وفي ذلك الوقت! ويمكن أن يستخدم المهاجم شريحة محمول مؤقتة حتى لا تدل على شخصيته في حال اكتشاف الرقم.

يمكن للمهاجم أيضاً التجسس على مكالمات الضحية مع الأشخاص الاخرين وتسجيلها كما يمكنه إرسال رسائل من هاتف الضحية إلى أطراف أخرى دون أن ينتبه لذلك صاحب الجهاز .

ورغم كل ما يوفره البلوتوث من الرفاهية الا ان اضراره كثيره بسبب الإشعاع ولا تقتصر أضرار البلوتوث على الجانب التقنى فقط ولكن تمتد إلى ما هو أخطر ألا وهو الجانب الصحي فقد أشارت دراسات عديدة إلى الأخطار الناجمة عن الافراط في التعرض لموجات البلوتوث، وأوضحت كيفية تأثير هذه الموجات على الصحة

العامة خاصة بعد أن بات من المعتاد لدى بعض الناس تعليق سماعة الأذن التي تعمل مع الهاتف المحمول بتقنية البلوتوث بدلاً من التحدث مباشرة عن طريق سماعة الهاتف ورغم ما تحملة هذه الصورة من رفاهية للمستخدم، إلا أنها تحمل معها تهديداً لصحّة المتحدّث ورأسة وبشكل مزدوج نتيجة الإشعاع الصادر من المحمول مباشرة ومن أجهزة البلوتوث.

صحيح ان هناك اضرار كبيره تخلفها هذه التقنيه الا ان الاتصال عبر البلوتوث تمثل خدمة متميزه لانها وسعت نطاق التواصل والمشاركة على مستوى أجهزة الكمبيوتر وكذلك للذين لم يسبق لهم التعامل مع الكمبيوتر أصبحوا يستفيدون من هذه الخدمة كل حسب توجهه واهتمامه، ومن التطبيقات التي وفرتها هذه الوسيلة الاتصال ما بين الكمبيوتر وجهاز الهاتف المحمول وأجهزة الكمبيوتر فيما بينها حتى أنه صار بالإمكان عمل شبكات محلية باستخدام هذه التقنية، وأصبح بالإمكان حفظ نسخة من البيانات الشخصية وأرقام الاتصال من الهواتف .

وجعلت التقنية أجهزة الاتصال تعمل كوسائط تخزين متنقلة فمن خلال البلوتوث يمكن أن يتم نقل الملفات إلى جهاز المحمول خاصة مع وجود بطاقات بلوتوث تشبه أقلام التخزين تباع بأسعار رخيصة يمكن استخدامها للأجهزة المكتبية أو الحواسيب المحمولة التي لا تتوفر فيها تقنية البلوتوث، بالإضافة إلى فائدة أخرى وهي توفير بيئة اتصال مجانية ما بين الزملاء أو الأهل داخل المكان الواحد حيث يمكنهم التحادث فيما بينهم دون الحاجة لاستخدام خط الهاتف المحمول. وهناك الكثير من الفوائد الأخرى كمساهمتها في التقليل من استخدام الأسلاك التي لا يتسع المجال لذكرها.

البلوتوث والمستقبل (تقنية Bluetooth 3.0)

ان مستقبل هذه التقنية و فائدتها لاتنحصر في أجهزة الكمبيوتر والهواتف المحمولةبل تتعداها بشكل أعم وأشمل حيث يتوقع أن تصل فيه إلى تشغيل السيارة بواسطة البلوتوث من أي مكان ونشغيل أنوار المنزل واطفائها باستخدام جهاز تحكم عن

بعد من أي مكان داخله وفي اطار ذلك تم طرح الجيل الجديد من التقنية اللاسلكية واسعة الانتشار، الذي حمل الاسم بلوتوث ثري اتش اس. والجيل الجديد من تقنية البلوتوث يستخدم بروتوكول 802.11 ليحقق سرعات عالية في نقل البيانات لم يعتدها من قبل ليست بسرعة الواي فاي، ولكنها تبدو هائلة مقارنة بالسرعة الحالية التي لا تتخطى 3MBpsمع الحفاظ على الاستخدام المحدود للطاقة، الذي يفترض أن يصبح أقلّ مع الجيل الجديد الذي سيحمل أسلوباً جديداً ومطوراً لإدارة الطاقة. أما عن مدى الإرسال، فلا يزال مماثلا لمدى الجيل 2.1 من تقنية البلوتوث.

أنَّ التطبيقات المبدأية المتوقعة للجيل الجديد تضمَّنت إمكانية عمل التزامن بين الحاسب وأجهزة مشغلات الوسائط المتعددة والهواتف المحمولة بشكل سريع وعملي وكذلك إمكانية نقل مقاطع الفيديو والصور بشكل حي ومباشر بين الكاميرات الرقمية وأجهزة التلفزيون مباشرة، بحيث يتمّ العرض بشكل لاسلكي، أو نقل هذة البيانات إلى الحاسب مباشرة

أن تقنية بلوتوث تتيح تبادل المعلومات والبيانات ولقطات الفيديو بين أي جهازي هاتف نقال متقاربين. حيث تضع الشركة المصنعة في جهاز الهاتف النقال وقاعدته شريحة بلوتوث إلكترونية، وتتم برمجة كل شريحة بعنوان محدد يقع في المدى المخصص لهذا النوع من الأجهزة، وعند تشغيل الشريحة فإنها ترسل إشارة راديو لأجهزة الاستقبال التي تحمل العنوان، وإذا تصادف وجود هاتف نقال يحمل العنوان المطلوب نفسه فإنه يستجيب للإشارة المرسلة ويتم إنشاء شبكة بين الجهازين، وعندها يدخل الجهازان في حديث وتبادل للمعلومات وسائر التطبيقات ولا يستجيبان لأية إشارات أخرى من أجهزة مجاورة؛ لأنها تعتبر من خارج تلك الشبكة. وأقصى مدى ممكن أن تصله أشعة البلوتوث هو 300 متر. وتصل سرعة نقل البيانات من 721 كيلوبت في الثانية إلى 1 جيجا بايت في الثانية.

ونظرا لما فرضته هذه التقنيه على واقع الحال فقد عدها البعض بمثابة سلطة اجتماعية خامسة استنادا إلى ما يعنيه مفهوم السلطة من مقدرة فرد أو منظمة أو جماعة أو نص مكتوب أو ظاهرة أو عادة اجتماعية على فرض أنماط سلوكية معينة على بقية الأفراد أو الجماعات أو المنظمات. والسلطة مظهر اجتماعي قديم قدم الحياة البشرية نفسها، فهي أساس من الأسس التي يقوم عليها أي تجمع بشري. ويرتبط بالسلطة على الدوام مفاهيم عدة؛ من أهمها مفهوم الانصياع وهو الخضوع للسلطة وتنفيذ إرادتها إما بالاقتناع أو بالإكراه، وكذلك مفهوم العقوبة وهو الأذى الذي يلحق بمن لا ينصاع للسلطة.

ان تصنيف السلطات الاجتماعية يرتكز إلى ثلاث سلطات: سلطة رجال الدين، وسلطة النبلاء وتتضمن الحكام، وسلطة العوام أو سلطة الشعب. واطلق مصطلح السلطة على وسائل الإعلام (الصحافة) ، لاهمية الدور الذي تلعبه في تشكيل وتوجيه الرأي العام الاجتماعي، وكوسيط فعال بين الحكومة والمواطنين. وقد ظهر مفهوم السلطة الرابعة بهذا المعنى في أواسط القرن التاسع عشر، ... إذ استخدمه المؤرخ الاسكتلندي (توماس كارليل 1881-1795م)كتعبير عن تنامي دور الصحافة في تلك الفترة واعتباره للكتاب والمراسلين الصحفيين فئة اجتماعية رابعة ذات سلطة تضاف إلى سلطة رجال الدين والنبلاء والعوام، ثم انسحب المفهوم بعد ذلك إلى كافة وسائل الإعلام. أن السياق الذي عبر فيه كارليل عمّا سماه سلطة رابعة، هو سياق زمني مستمر يمكن أن يستوعب المزيد من السلطات الاجتماعية المتنامية مع التطور المذهل في تقنيات الاتصال،

أن الاستخدام الراهن لتقنية البلوتوث في الأوساط الاجتماعية الحديثة يمكن ان يمثل سلطة اجتماعية خامسة ذات طبيعة خاصة. نتيجة لما تتركه رسائل البلوتوث من اثر على هذا القرار الاجتماعي او ذاك... لقد اصبح البلوتوث اطارا محدداً لكثير من أنماط السلوك الاجتماعي سلبًا أو إيجابًا، وعنصرًا مهمًا في اتخاذ الكثير من القرارات الاجتماعية على مستوى الأفراد أو الجماعات وربما التنظيم الاجتماعي الشعبي

والرسمي. ورغم أن تقنية البلوتوث تتجاوز أجهزة الهواتف النقالة، إلا أن تطبيقها المتعلق بهـذه الأجهـزة غدا المظهر الأكثر وضوحًا وتأثيرًا وحضورًا. لأنها لم تكتفي بما شكلته من مرجعيه بل تعدت ذلك لتاخذ مـن السلطات الاجتماعية الاخرى، فالهاتف النقال يستقبل في لحظة أو أخرى مقطعًا أو نصًا يتعلق بموضـوع روحي او سياسي او اجتماعـي ، ثـم تتأملـه وتعيـد عرضـه مـرات ومـرات حتـى تصـل إلى مرحلـة الحفظ والتطبيق والتمثل، ومن هنا تتداخل سلطة البوتوث مع السلطات الاخرى.

لقد نجحت تقنية البلوتوث في فرض نفسها كأمر واقع ناتج عن تطور تقنـي سريـع سيطـر علـى العالم بلا هوادة، لتصبح جزءاً أساسياً من أى هاتف محمول ووسيلة سـهلة لتبـادل المضامين بين الأجهـزة المختلفة في غمضة عين، والكل يتذكر بالطبع لقطة إعـدام الرئيس العراقـى الراحـل صـدام حسـين التـى تناقلتها ملايين الأجهزة من الهواتف المحمولة مابين عشية وضحاها بفضل تقنية البلوتوث.

ان الإقبال الشديد التي تلقاه مقاطع البلوتوث القصيرة واهتمام الناس بها وتـداولهم لهـا بشـكل واسع ليس خاصا بفئات من الناس دون أخرى، وليس خاصا بتكنولوجيا البلوتوث وحدها، بل هـي ظاهـرة عالميـة أخـذت آفاقـا أوسـع بكثـير في الغرب مـما عليـه الآن في العالم العربـي، ويعتقـد الكثـير مـن خـبراء الإعلاموالباحثين في مجال "الإعلام الجديد" أن هذا النوع من المحتوى ربما يسيطر في المستقبل على المحتوى التلفزيوني بشكل عام، أو على الأقل سيكون جزءا أساسيا من الجدول اليومي لمحطات التلفزيون .المقصود هنا هو ما يسمى "المحتوى الصادر عن الجمهور User-Generated Content, "الذي يرمز لـه بـ UGC، وهو محتوى يعده شخص غير محترف، أي شخص لم يعط حياته للإنتاج التلفزيوني، ولكنه يملك كاميرا فيـديو أو كاميرا رقمية عادية أو حتى يستخدم كاميرا جواله، ويقوم بصناعة مقطع من عدة دقائق ويتيحـه للعـرض العام بين الناس... ففي البداية كان الحديث عن استخدام هذا النوع من المحتوى في تصوير الأحداث التـي لا يصل إليها المصورون بسرعة، وجاءت انفجارات لندن في 7 تموز (يوليو) عام 2005 كأشهر

حدث أثبت هذه الفكرة حين اعتمدت الـ BBC وغيرها من القنوات التلفزيونية على مقاطع التقطتها كاميرات الجوال في نقل الحدث للجمهور العام، وصارت وسائل الإعلام الإخبارية تتحدث بشكل واسع عن كيفية تحفيز الجمهور لإرسال هذا النوع من الأفلام للقنوات الإخبارية وكيفية الاستفادة منها بشكل مميز.

ان عالم الفيديوهات الشخصية كان يمضي ـ بسرعة في منافسة حادة بين موقع "يوتيوب" YouTube.com وموقع "جوجل" وموقع "ياهوو" وغيرها، ولم تكن هذه المنافسة قد لفتت الانتباه بعد إلى أن أعلنت "جوجل" في صيف السنة اللاحقة (2006) شراءها موقع "يوتيوب" بمبلغ 1.65 مليار دولار، وهو الأمر الذي جعل كل خبراء الإعلام الكلاسيكيين يقفزون فجأة باحثين عن السبب الذي جعل "جوجل" تستثمر هذا المبلغ الكبير في موقع متخصص في نشر مقاطع الفيديو التي يرسلها الجمهور.

ان خبراء الإعلام الجديد يرون لأسباب عديدة أن هذا النوع من المحتوى اصبح له دور كبير في حياة الناس الان وفي المستقبل، فتوافر الكاميرات في أيدي الناس ووجود شبكة الإنترنت سيعطيان الفرصة لأشخاص عاديين لتأسيس ما يشبه المحطات التلفزيونية بتكاليف بسيطة، وبخاصة بعد أن أصبح الإنترنت الآن سريعا جدا في الدول الغربية ومربوطا بأجهزة التلفزيون عند الطلب في معظم هذه الدول هذا النوع من المحتوى متوافق مع التغير في عادات الناس (وبخاصة الأجيال الناشئة) التي صارت تبحث عن المحتوى السريع، وصارت ـ باستثناء المباريات والأفلام- تمل من الجلوس أمام برنامج لما يزيد على عشر ـ دقائق، كما أن هذا المحتوى مناسب للجوال والتلفزيون والإنترنت وأجهزة الآي بود I-Pod وغيرها، ما جعل المحطات التلفزيونية الكبرى في العالم تؤسس وحدات كاملة لاستخلاص مقاطع مناسبة للنشر ـ من برامجها وتقوم بنشرها على مواقع مثل "يوتيوب" أو على مواقعها على الإنترنت أو على الجوّال، بل إن نائب الرئيس الأمريكي السابق آل جور أسس عام 2005 محطة تلفزيونية اسمها Current TV http://www.current.tv, التي تقوم فقط على هذا النوع من المحتوى، واستطاعت أفلام هذه المحطة أن تفوز بجوائز عالمية خلال فترة قصيرة.

هناك ثورة عالمية قادمة لمثل هذا المحتوى القصير الذي ينتجه الناس، ويتم نشره عبر مختلف وسائل التكنولوجيا. أنه يمثل فرصة استثمارية للإعلام لم تستثمر بعد لاسيما عربيا، بينما صارت في الغرب حديث القطاع الإعلامي وقطاع الإنترنت والنقّال.

ظاهرة (الفيس بوك) Face book مجتمع جديد على الإنترنت

يحدث أن تخترق بريدك الإلكتروني رسالة تحمل دعوة من صديق لزيارة مجموعته على موقع facebook.com، قد لا يفهم مستلم الرسالة ما المقصود منها أو الهدف من الموقع، فالمواقع الكبرى تحتاج إلى جولات استكشافية لفهمها جيدًا، وعلى الرغم من أن موقع face book ذو واجهة بسيطة تداعب فضول الزوار إلا انه أصبح اليوم من أكثر المواقع زيارة في العالم. وترجع نشأة الموقع إلى مارك زوكربيرغ الذي راودته الفكرة منذ أن كان طالبًا في جامعة هارفرد الأميركية، كان هدفه إقامة شبكات تضم طلبة الجامعة في موقع واحد، وسرعان ما انتشرت أصداء الفكرة في جامعات أخرى، ومنذ عام 2005 وأعداد مستخدمي الموقع في ازدياد حتى وصلت منذ أسابيع قليلة إلى 23 مليون مستخدم نشط، وذكرت دراسة أجريت في عدد من الجامعات الأميركية أن 85% من الطلاب المبحوثين يستخدمون هذا الموقع.

يجتذب الموقع الأميركيين بالدرجة الأولى بنسبة 38% من عدد الزوار، وتأتي في المرتبة الثانية كندا، ثم المملكة المتحدة في المركز الثالث وحسب صحيفة الغارديان البريطانية فيقدر هؤلاء بـ 3.5 ملايين بريطاني، وتأتي مصر في المركز الرابع من حيث حجم الزوار.

ربما لا يشعر الزائر باختلاف كبير بينface book ، وزملائهMy Space ، وXanga،وhi5، إلا انه يختلف في أنه يتحتم على الزائر الاشتراك كي تتاح له القدرة على التصفح بسهولة، وبإمكان المستخدم الجديد بعد ذلك الاشتراك في المجموعات (الشبكات) التي يكونها الأصدقاء والمتآلفون في فضاء الموقع، وبإمكان المستخدم حجب الاخرين عن دخول حسابه، وأن يعرض ما يشاء ويخفي ما يشاء، لكن يبقى الأكثر إثارة هو تكوين علاقات داخل هذا المجتمع الافتراضي.

ويتكون الموقع من مجموعة من الشبكات تتألف من أعضاء، وتصنف المجموعات على أساس الإقليم، ومكان العمل، والجامعة، والمدرسة، وبإمكان المشترك الجديد أن يختار أحد تلك التصنيفات ثم يبدأ بالتصفح واختيار مجموعة للاشتراك فيها.

داخل المجموعات هناك مساحة للتحاور، والتعليقات، إضافة إلى وجود نتيجة الشهر التي تدون فيها أهم الأخبار التي يهتم بها المشتركون في المجموعة، بدءًا من الأحداث القومية أو المحلية حتى أعياد ميلاد الأعضاء، كما توجد مساحة لإعلانات البيع والشراء الخاصة بالأعضاء، ولكل عضو مساحة يضيف فيها صوره الشخصية، إلى جانب وجود مدونات (Blogs) مرتبطة بالموقع ...ويهدف الموقع بشكل عام إلى إتاحة التعارف بين الشباب.

ولا يخفى على الزائر محاولات المشتركين إظهار أنفسهم في صورة متحررة عبر صورهم أو تعليقاتهم، وربما ينتج في بعض الحالات مظهر قبلي في التعامل مع المجموعات الأخرى.

ولا يختلف الموقع عن مواقع شبيهة استخدمها الأعضاء لخدمة السياسة أو النزوات العاطفية، فلا عجب إن وجدنا مجموعة لبنانية أسست حديثًا لإطلاق النكات على الأحداث السياسية المتصاعدة هناك، أو أن نجد نشاطًا إسرائيليًا لإيقاف المقاطعة التي تتعرض لها الجامعات الإسرائيلية من قبل جهات أكاديمية غربية، وربما نصطدم بشاب يبحث عن فتاة مناسبة في مجموعة أخرى...! لكن يظل الملمح الرئيس هو الطابع الشبابي للعلاقات الذي يظهر في الأحداث المسجلة في النتيجة الإلكترونية لكل مجموعة، أو في

التركيز على موضوعات معينة في التعليقات، كما يبرز أيضًا الملمح الطلابي للشبكات، نظرًا لوجود مجموعات تشكلت حسب الانتماء إلى جامعة أو مدرسة بعينها، فبإمكان أي مدرسة أو جامعة التواجد هناك.

وتعرض موقع face book للتشكيك في أهداف تأسيسه، حين ربطه بعض نشطاء الإنترنت والمدونين الأميركيين بجهاز الاستخبارات الأميركية وشككوا في مصادر تمويله، واتهم الموقع من قبل أحدهم بأنه يتيح بيانات المشتركين الشباب ويقدمها للجهات الأمنية.

واستند هؤلاء في ادعائهم إلى ما يطلبه الموقع من تفاصيل عن المستخدم، كما زعم بعضهم أن اتفاقية التسجيل في الموقع كانت تشير إلى إمكانية تقصي معلومات عن المشتركين وإتاحة بياناتهم لطرف ثالث.

ويصنف هذا الرأي تحت بند نظرية المؤامرة التي ترجع الأحداث إلى محرك خفي له مصالح غير معلنة.

نشأة Face book

عندما جلس مارك جوكربيرج (23 عاماً) امام شاشة الكمبيوتر في حجرته بمساكن الطلبة في جامعة هارفارد الأمريكية العريقة، وبدأ يصمم موقعا جديدا على شبكة الإنترنت، كان لديه هدف واضح، وهو تصميم موقع يجمع زملاءه في الجامعة ويمكنهم من تبادل اخبارهم وصورهم وآرائهم.

لم يفكر جوكربيرج، الذي كان مشهورا بين الطلبة بولعه الشديد بالإنترنت، بشكل تقليدي. مثلا لم يسع إلى انشاء موقع تجاري يجتذب الاعلانات، او إلى نشر اخبار الجامعة او .. ببساطة فكر في تسهيل عملية التواصل بين طلبة الجامعة على اساس ان مثل هذا التواصل، اذا تم بنجاح، سيكون له شعبية جارفة.

واطلق جوكربيرج موقعه "فيس بوك" في عام 2004، وحقق نجاحا سريعا في وقت قصير. فسرعان ما لقي الموقع رواجا بين طلبة جامعة هافارد، واكتسب شعبية واسعة بينهم، الأمر الذي شجعه على توسيع قاعدة من يحق لهم الدخول إلى الموقع لتشمل طلبة جامعات اخرى او طلبة مدارس ثانوية يسعون إلى التعرف على الحياة الجامعية. واستمر موقع "فيس بوك" قاصرا على طلبة الجامعات والمدارس الثانوية حتى عام 2006. ثم قرر جوكربيرج ان يفتح ابواب موقعه امام كل من يرغب في استخدامه، وكانت النتيجة طفرة في عدد مستخدمي الموقع، اذ ارتفع من 12 مليون مستخدم في شهر ديسمبر/كانون الاول من العام الماضي إلى اكثر من 40 مليون مستخدم حاليا، ويأمل ان يبلغ العدد 50 مليون مستخدم بنهاية عام 2007. وفي نفس الوقت قرر ايضا ان يفتح ابواب الموقع امام المبرمجين ليقدموا خدمات جديدة لزواره، وان يدخل في تعاقدات مع معلنين يسعون للاستفادة من قاعدته الجماهيرية الواسعة.

وكان من الطبيعي ان يلفت النجاح السريع الذي حققه الموقع انظار العاملين في صناعة المعلومات، فمن ناحية بات واضحا ان سوق شبكات التواصل الاجتماعي عبر الإنترنت ينمو بشكل هائل لاسيما وان موقع فيس بوك يستخدم الان من قبل اكثر من 40 مليون فرد ، ويسد احتياجا هاما لدى مستخدمي الإنترنت خاصة من صغار السن. ومن ناحية اخرى نجح موقع "فيس بوك" في هذا المجال بشكل كبير. وكانت النتيجة ان تلقى جوكربيرج عرضا لشراء موقعه بمبلغ مليار دولار العام الماضي. الا ان جوكربيرج، فقط فاجأ كثيرين من حوله برفض العرض.

وتوقع كثيرون ان يندم على هذا الرفض، خاصة وانه جاء بعد عام واحد فقط من قيام شركة "نيوزكوربوريشن"، التي يمتلكها المليونير الاسترالي روبرت ميردوخ، بشراء موقع "ماي سبيس"، وهو موقع للعلاقات الاجتماعية، بمبلغ 580 مليون دولار. اما سبب رفض جوكربيرج لهذا العرض فيرجع إلى انه رأى ان قيمة شبكته اعلى كثيرا من المبلغ المعروض. وحسبما قال في مقابلة مع صحيفة فاينانشيال تايمز البريطانية فانه "ربما لم يقدر

كثيرون قيمة الشبكة التي بنيناها بما تستحق". واضاف ان عملية الاتصال بين الناس ذات اهمية بالغة، و"اذا استطعنا ان نحسنها قليلا لعدد كبير من الناس فان هذا سيكون له اثر اقتصادي هائل على العالم كله".

واثبت واقع الحال انه كان محقا في رفض هذا العرض. فقد قالت صحيفة "وول ستريت جورنال"، ابرز الصحف الاقتصادية الأمريكية، في احد اعدادها ان شركة ميكروسوفت تسعى لشراء 5% من قيمة "فيس بوك" بقيمة من 300 إلى 500 مليون دولار، الأمر الذي يعني ان قيمة فيس بوك" الكلية تصل إلى مبلغ من ستة إلى عشرة مليارات. يشار إلى ان شركة ميكروسوفت تحتكر اعلانات الإنترنت على شبكة فيس بوك في الوقت الراهن.

احلام ومشكلات امام جوكربيرج مشروعات كثيرة، الذي يريد ان يستمر النمو في مستخدمي الشبكة بحيث يتضاعف عدد المستخدمين كل ستة اشهر، اضافه إلى تقديم المزيد من الخدمات التفاعلية في شبكة "فيس بوك"، وان كان جوكربيرج لا يفضل عموما الحديث عن خططه طويلة الاجل. في وقت تزداد فيه حدة التنافس مع عدة مواقع للعلاقات الاجتماعية، ابرزها موقع "ماي سبيس" الذي بلغ عدد مستخدميه اكثر من 200 مليون متصفح، ويعد اكبر شبكة للعلاقات الاجتماعية في العالم.

لقد استطاع موقع فيس بوك بتطوير نظام يسمح للمعلنين باستخدام المعلومات التي يقدمها مستخدمو الشبكة عن انفسهم، وهو ما ينفيه زوكربرج اذ ان مثل هذا النظام يثير تساؤلات عن مدى الخصوصية التي يتمتع بها مستخدمو الشبكة.

ان عمل هذا الموقع وما حققه لحد الان من نجاحات لم يمضي دون مشاكل فقد وجه المدعي العام في نيويورك يوم24 ايلول مذكرة استدعاء لمسؤولين في "فيس بوك"، وذكر في خطابه الموجه للشبكة ان فحصا اوليا اوضح وجود اوجه قصور في الحماية التي يتمتع بها مستخدمو الشبكة، خاصة صغار السن. (قام احد المحققين بالتظاهر بانه شاب

صغير السن ودخل على موقع للشبكة فتعرض لملاحقة جنسية من قبل بعض المستخدمين).

كما قال المدعي العام لولاية كونيكتتيكيت ريتشارد بلومينثال لوكالة رويترز للانباء ان مكتبه وجد ثلاثة من المدانين بجرائم جنسية ضمن شبكة مستخدمي فيس بوك، وان على الشبكة القيام بالكثير من الخطوات قبل ان يشعر بالرضى الكامل تجاهها على حد وصفه. رغم تأكيد الشبكة انها حريصة على القيام بكل ما هو ممكن لحماية مستخدميها.

ان الملاحظه التي ربما انتبه اليها كثيرين من المهتمين بهكذا موضوع تموحرت حول الشبه الكبير بين شخصيتي زوكربرج وبيل جيتس، حيث بدا لهم وجود التشابه الواضح بينهما.لاسيما وان كلا الرجلين بدأ العمل في صناعة المعلومات في بداية العشرينات من العمر، وكلاهما اصبح من اصحاب الملايين في العشرينات ايضا، وكلاهما صاحب رؤية اثمرت نجاحا وتغييرا في سوق المعلومات استفاد منه الملايين في العالم. وكلاهما درس في جامعة هارفارد، وان كان جيتس لم يكمل دراسته بسبب انشغاله بتطوير برامج الحاسبات الشخصية. واضيفت لهما صفة اخرى ايضا وهي علاقة عمل تتجه إلى التطور والتوسع كما اشرنا. بل ان ملامح وجه زوكربرج تبدو لحد من قريبة من ملامح جيتس. غير ان جيتس، الذي ولد في عام 1955، هو الاغنى على وجه كوكبنا حسب تصنيف مجلة فوربس" الأمريكية، وهو صاحب اكبر شركة لبرامج الكمبيوتر في العالم، كما انه اكبر متبرع للعمل الخيري في العالم. وهذا يعني ان على جوكربرج القيام بالكثير اذا ارادا ان يحقق نجاحا يقارب ماحققه جيتس.

الفيس بوك وقياس المزاج العام لمستخدميه

أن حدود شبكات التواصل الاجتماعي وعلى رأسها فيس بوك تقتصر على مجرد إتاحة الفرصة للتعارف وطرح الأفكار والتعبير عن الرأي، فيوماً بعد الآخر، يتضح

لنا أن الشبكة الاجتماعية الأكثر شهرة في جميع أنحاء العالم على دراية بأمور كثيرة عن مستخدميها لدرجة تفوق تصورهم إلى حد كبير.

بالإضافة لكم المعلومات الشخصية التي يحتفظ بها الموقع عن مستخدميه في قاعدة بياناته الضخمة، أطلق يوم أمس الطاقم التقني للشبكة تطبيقاً جديداً يطلق عليه "مؤشر إجمالي السعادة القومية " ، وهو التطبيق الذي يتيح وضع رسوم بيانية قياسية لأحلام وآمال ومعنويات العالم بأسره !

ويعرض هذا المؤشر حالياً رسم بياني لمعلومات وبيانات تمت جدولتها على مدار السنوات القليلة الماضية لتقفي أثر " مشاعر السعادة " لدى مستخدمي الفيس بوك بناءاً على الكلمات التي يتم التقاطها من مراكز الرسائل الخاصة بهم. وتشير تقارير صحافية إلى أن هذا التطبيق الجديد يقتصر حالياً على مستخدمي الفيس بوك المقيمين بالولايات المتحدة، وهم المستخدمون الذين يمثلون نسبة تقل عن ربع إجمالي أعضاء الشبكة البالغ عددهم 300 مليون عضو – الذين يستخدمون اللغة الإنكليزية كلغة افتراضية بالنسبة لهم.

قال آدم كرامر، (دكتوراة في علم النفس) ويعمل في الفيس بوك :" بدأ العلماء المختصون في تجميع وتحليل البيانات مطلع هذا العام مشروعاً لقياس المزاج العام للأميركيين على الفيس بوك، على أساس المشاعر التي تم التعبير عنها في التحديثات الخاصة بوضعية المستخدمين على الشبكة". وقد تبين للمختصين أن القياسات البيانية للسعادة تسلك مستوى تصاعدي خلال بعض المناسبات والأعياد منها عيد الشكر وعيد الميلاد وعيد الحب، تماماً مثلما هو الحال مع الأيام ذات الأهمية التاريخية مثل اليوم الذي انتخب فيه باراك أوباما رئيساً للولايات المتحدة. وتكون هناك أيضاً أيام تخيم عليها "مشاعر الحزن"، مثل يوم الثاني والعشرين من شهر كانون الثاني من العام 2008، الذي شهد حظاً متعثراً في حدثين، أولهما انهيار سوق الأوراق المالية الآسيوية وكذلك العثور على الممثل الشاب هيث ليغر ميتاً.

هذا وقد سبق للرئيس التنفيذي للفيس بوك، مارك زوكربيرغ، أن تحدث في وقت سابق مع المدون روبيرت سكوبل في المنتدى الاقتصادي العالمي بدافوس، في سويسرا، وحينها أعرب عن رغبته في استخدام كميات هائلة من البيانات المتاحة على شبكة التواصل الإجتماعي لإنشاء نوع من أنواع " المحركات الخاصة بالمشاعر والأحاسيس". وحينها، كتب سكوبل عبر مدونة قائلاً :" لقد قال ذلك بالفعل، حيث تحظى أطقم العمل بالشبكة بقدرة على الإحساس بالمنحنى العام عند وقوع أحداث سيئة. وأكد لي (زوكربيرغ) أن محرك مثل هذا يمكنه أن يلحظ قدر كبير من حالة المستخدمين المزاجية" .

الوجه الاخر لموقع الفيس بوك

بعد أقل من أربعة أشهر من كشف صحيفة «الحقيقة الدولية» لخفايا موقع «الفيس بوك» والجهات الصهيونية التي تقف وراءه، نشرت صحيفة فرنسية ملفا واسعا عن هذا الموقع مؤكدة بأنه موقع استخباراتي صهيوني مهمته تجنيد العملاء والجواسيس لصالح الكيان الصهيوني. في الوقت الذي اعلن فيه عن مشاركة فاعلة لادارة الـ «فيس بوك» في احتفالات الكيان الصهيوني بمناسبة اغتصاب فلسطين. وتضمن الملف الذي نشرته مجلة «لوما غازين ديسراييل» معلومات عن أحدث طرق للجاسوسية تقوم بها كل من المخابرات الإسرائيلية والمخابرات الأمريكية عن طريق أشخاص عاديين لا يعرفون أنهم يقومون بمثل هذه المهمة الخطيرة. إن هؤلاء يعتقدون بأنهم يقتلون الوقت أمام صفحات الدردشة الفورية واللغو في أمور قد تبدو غير مهمة، وأحيانا تافهة أيضا ولا قيمة لها .

ونقل تقرير مجلة إسرائيل اليهودية التي تصدر في فرنسا الكثير من المعلومات السرية والهامة عن موقع الفيس بوك بعد تمكن المجلة من جمعها عبر مصادر إسرائيلية وصفتها المجلة بـ 'الموثوقة.'

وافزع الكشف عن هذه المعلومات حكومة كيان العدو ودوائره الدبلوماسية، حتى أن السفير الإسرائيلي في باريس أتهم المجلة اليهودية بأنها «كشفت أسراراً لا يحق لها كشفها للعدو.'

إلا أن الموضوع لم ينته عند هذا الحد، بل بدأ الجميع في البحث عن وجود جهاز مخابراتي اسمه (مخابرات الإنترنت).

ويطرح تقرير المجلة اليهودية المزيد من الشكوك حول استفادة الكيان الصهيوني من الكم الهائل من المعلومات المتاحة عن المشتركين من العالمين العربي والإسلامي وتحليلها وتكوين صورة إستخباراتية عن الشباب العربي والمسلم.

ويقول جيرالد نيرو الأستاذ في كلية علم النفس بجامعة بروفانس الفرنسية، وصاحب كتاب (مخاطر الإنترنت): إن هذه الشبكة تم الكشف عنها، بالتحديد في مايو2001 وهي عبارة عن مجموعة شبكات يديرها مختصون نفسانيون إسرائيليون مجندون لاستقطاب شباب العالم الثالث وخصوصا المقيمين في دول الصراع العربي الإسرائيلي إضافة إلى أمريكا الجنوبية. ويضيف: ربما يعتقد بعض مستخدمي الإنترنت أن الكلام مع الجنس اللطيف مثلا، يعتبر ضمانة يبعد صاحبها أو يبعد الجنس اللطيف نفسه عن الشبهة السياسية، بينما الحقيقة أن هكذا حوار هو وسيلة خطيرة لسبر الأغوار النفسية، وبالتالي كشف نقاط ضعف من الصعب اكتشافها في الحوارات العادية الأخرى، لهذا يسهل 'تجنيد' العملاء انطلاقا من تلك الحوارات الخاصة جدا، بحيث تعتبر السبيل الأسهل للإيقاع بالشخص ودمجه في عالم يسعى رجل المخابرات إلى جعله 'عالم العميل.'

وبدأ موقع 'الفيس بوك' الذي ينضم إليه أكثر من مليون عضو شهريا، في طرح المعلومات المتعلقة بأعضائه علنا على محركات البحث على الإنترنت مثل 'غوغل' و 'ياهو'، بهدف الدخول المبكر في السباق لبناء دليل إلكتروني عالمي يحتوي على أكبر قدر ممكن من المعلومات والتفاصيل الشخصية مثل السير الذاتية وأرقام الهواتف وغيرها من سبل الاتصال بالشخص، وهوايات الأعضاء وحتى معلومات عن أصدقائهم، وينضم

حاليا نحو 200 ألف شخص يوميا إلى 'الفيس بوك' الذي أصبح يستخدمه 42 مليون شخص، طبقا للموقع ذاته.

العدو الخفي

وتتوافق المعلومات التي نشرتها الصحيفة اليهودية الصادرة في فرنسا مع المعلومات التي كانت صحيفة «الحقيقة الدولية» نشرتها في عددها (111) الصادر بتاريخ 9 نيسان 2008.

وأكد تقرير «الحقيقة الدولية» الذي كان تحت عنوان «العدو الخفي» «أن الثورة المعلوماتية التي جعلت من عالمنا الواسع قرية صغيرة رافقتها ثورات أخرى جعلت من تلك القرية محكومة من قبل قوة غير مركزية أقرب ما تكون إلى الهلامية، تؤثر بالواقع ولا تتأثر به.

وأضاف تقرير الصحيفة أن «الإنترنت التفاعلي» شكل بعد انتشاره عالميا واحدا من أهم أذرع تلك القوة اللامركزية التي بدأت بتغيير العالم بعد أن خلقت متنفسا للشباب للتعبير من خلاله عن مشكلات الفراغ والتغييب والخضوع والتهميش، والتمدد أفقيا وبصورة مذهلة في نشر ـ تلك الأفكار والتفاعل معها عربيا ودوليا.

كما أن اللجوء إلى تلك القوة بات من المبررات المنطقية لإحداث التغيير الذي يلامس الواقع الشعبي وربما السياسي، كما حصل في مصر بعد دعوات للعصيان المدني نشرت على موقع «الفيس بوك» ومحاولات الشاذين جنسيا في الأردن لتنظيم أنفسهم من جديد من خلال اجتماعات تجرى على ذات الموقع بعناوين واضحة وأفكار معلنة.

والمثير في هذه المتسلسلة العنكبوتية أن المتلقي العربي الذي ما تعود على مثل هذه التحركات التغييرية، انساق وراء الدعوات التي أطلقتها جهات لا تزال مجهولة لإعلان «العصيان المدني» في مصر ـ يوم السادس من نيسان، وحدث الإضراب من دون قوة مركزية تديره وتشرف عليه وتتبنى أفكاره وسياقاته التغييرية في أدوات تحكم جديدة

وتحولت أدوات الاحتلال والتغيير التي كانت تملكها القوى العظمى من تلك التي عرفها العالم طوال السنوات الماضية إلى أدوات جديدة تجعل من تلك القنوات التفاعلية على الشبكة العنكبوتية وسيلة مؤثرة تتحكم بها في الوصول إلى التغييرات المطلوبة، وبات الأمر لا يحتاج إلا إلى أفكار ودعوات تنشر عبر موقع مثل «الفيس بوك «تديره الأجهزة الأمنية الأمريكية والصهيونية.

كما أن هناك شعورا جمعيا عربيا باستفادة الكيان الصهيوني من الكم الهائل من المعلومات المتاحة عن المشتركين من العالمين العربي والإسلامي التي توجد في موقع «الفيس بوك» وتحليلها وتكوين صورة استخباراتية عن الشباب العربي والمسلم يستطيع من خلالها تحريك الشارع العربي.

ولا تخفى تجربة الكيان الصهيوني في الاستفادة من التكنولوجيا المعلوماتية على أحد، فأجهزتها الأمنية والمخابراتية صاحبة باع طويل في هذا المجال وثرية بطريقة تجعلها قادرة على جمع ما تريد من معلومات في أي وقت عن الشباب العربي الذي يشكل النسبة الأكبر ويعد الطاقة في أي مواجهة مستقبلية.

ونتيجة لذلك، بات الشباب العربي والإسلامي 'جواسيس' دون أن يعلموا ويقدمون معلومات مهمة للمخابرات الإسرائيلية أو الأمريكية دون أن يعرفوا لاسيما وان الأمر أصبح سهلا حيث لا يتطلب الأمر من أي شخص سوى الدخول إلى الإنترنت وخاصة غرف الدردشة، والتحدث بالساعات مع أي شخص لا يعرفه في أي موضوع حتى في الموضوعات التي تشكل معتقدا أنه يفرغ شيئا من الكبت الموجود لديه ويضيع وقته ويتسلى، ولكن الذي لا يعرفه أن هناك من ينتظر لتحليل كل كلمة يكتبها أو يتحدث بها لتحليلها واستخراج المعلومات المطلوبة منها دون أن يشعر هذا الشخص أنه أصبح جاسوسا وعميلا للمخابرات الإسرائيلية أو الأمريكية.

ويشار إلى أن هناك العديد من الجهات في الكيان الصهيوني التي تقوم برصد ومتابعة ما يحدث في العالم العربي.

وفي الماضي استطاعت من خلال تحليل صفحة الوفيات بالصحف المصرية خلال حروب (56 و
67 و 73) جمع بيانات حول العسكريين المصريين ووحداتهم وأوضاعهم الاجتماعية والاقتصادية وهـو ما
أدى إلى حظر نشر الوفيات الخاصة بالعسكريين في فترة الحروب إلا بعد الموافقة العسكرية.

وكانت مصادر إسرائيلية أشارت بأن تحليل مواد الصحف المصرية ساهم في تحديد موعد بدء
حرب 1967 عندما نشرت الصحف تحقيقا صحافيا ورد فيه أن الجيش يعد لإفطار جماعي يحضره ضباط
من مختلف الرتب في التاسعة صباح يوم 5 يونيو1967. الملفت في العدو الجديد، أو الشبح العنكبوتي
المعروف الأهداف والذي يتنامى تأثيره في ظل المخطط المسيحي المتصهين الذي يشرف عليه قادة البيت
الأبيض في واشنطن ويهدف إلى تحقيق النبوءة التوراتية المزيفة بإقامة الدولة اليهودية الخالصة من خلال
تفجير 'الفوضى الخلاقة' في المنطقة العربية وصدام الحضارات بين الشرق والغرب بتصعيد الحملات المسيئة
إلى الإسلام ورموزه، انه تمكن من دارسة واقع الشباب العربي والإسلامي من خلال دخولهم اليومي على
شبكة الإنترنت، ورصد التناقضات التي يعتقد انه سيتمكن من خلالها تفجير الخلافات والصراعات الداخلية
في الدولة الواحدة وتفتيت المنطقة اجتماعيا واقتصاديا وسياسيا وإضعافها وصولا إلى المبتغى
'المشبوه.داخل المجتمع.

موقع You Tube

مما لا شك فيه أن عالم الويب اليوم أصبح أكثر تطورا و أسرع نموا من أي وقت مضىـ .. كـما أن
الويب على المستوى العالمي أصبح لا يعترف الا بالتميز و الابتكار والتفرد .. فمن يريد النجاح عليه أن
يعمل من أجله ولن يحققه الا من يعطيه حقه YouTube اسم سطع في عالم الإنترنت ليصبح بين عشية
وضحاها أكبر مستضيف لملفات الفيديو المنتجة على المستوى الشخصيـ في العالم .. وتدخل في مصاف
كبريات الشركات التقنية ذات الوجود المؤثر في عالم الإنترنت على المستوى العالمي .. لقد بدأتYouTube

كمقدم لخدمة مشاركة ملفات الفيديو الشخصية وامتدت اليوم لتصبح من كبريات مقدمي خدمات الفيديو الترفيهية في العالم.

نشأة You Tube

تأسس You Tube كموقع مستقل في الرابع عشر فبراير من العام 2005 بواسطة ثلاثة موظفين هم : تشاد هيرلي (أمريكي) تشين (تايواني) وجاود كريم (بنغالي) الذين يعملون في شركة Pay Pal المتخصصة في التجارة الإلكترونية بيد أن جاود كريم ترك رفقائه للحصول على درجة علمية من كلية ستانفورد. ليصبح الفضل الحقيقي في You Tube الذي نراه اليوم للثنائي الاخرين اللذان نجحا بالمثابرة في تكوين أحد أكبر الكيانات في عالم الويب في الوقت الحالي .وجدير بالذكر أن مولد You Tube قد شهدته مدينة Menlo Park في ولاية كاليفورنيا بالولايات المتحدة الأمريكية. و قد تم إطلاق الموقع للعامة في مايو من العام نفسه ليعقب ذلك تأسيس الشركة و اطلاق الخدمات في ديسمبر من نفس العام .. وفي نوفمبر من العام 2006 - و بعد أن حقق الموقع واحدة من أكبر معدلات النمو للمواقع على الشبكة العالمية و حصد المركز الخامس كأكثر المواقع زيارة على مستوى العالم - اشترته عملاق الويب Google بقيمة 1.6 مليار دولار أمريكي فيما يعد ثاني أكبر صفقة شراء تعقدها .. Google ليتحول إلى شركة بادارة مؤسسيه وملكية Google.

الخدمات و المميزات

اضافة إلى وظيفته الرئيسية كمستضيف لملفات الفيديو الرقمية للراغبين في مشاركتها عبر الويب فان YouTube قد اضاف الكثير من المميزات والخواص في وسط جو حافل بالمنافسة بعد أن أصبح المجال مفتوحا أمام الكثير من الشركات المماثلة و التي اقتبست نفس الفكرة و لكن بتطبيقات مختلفة .. ومن هذة الخواص والمميزات التي تميز YouTube تقدم YouTube خدماتها بشكل مجاني وتعتمد على مصادر دخل أخرى

تتمثل في الاعلانات والرعاية والدعايات اضافة إلى الاعلانات النصية .. كما تقوم حاليا بدور رائد في تقديم اعلانات الفيديو كمجال جديد وعملي لاعلانات الويب.

ويتمتع موقع الفيديو فيه بشعبية كبيره في الإنترنت. وأصبح بإمكان أي شخص في العالم رفع ما يريد من ملفات الفيديو الخاصة به على الإنترنت وبالمجان. أضافه إلى حفظ كل ما يحتاجه المتصفح من ملفات الفيديو واللقاءات والندوات والأفلام والمسرحيات القديمة والجديدة والموقع يعرض تقنية الفيديو عن تقنية. (Adobe Flash) وبحسب موقع (alexa) لإحصاءات مواقع الإنترنت فإن موقع (You Tube) هو ثالث أكثر مواقع الإنترنت شعبية بعد موقعي (Google) و (Yahoo) وصرح المسئولون عن موقع You) (Tubeأن عدد مشاهدة الأفلام من زوار الموقع عبر العالم يصل إلى 100 مليون يومياً. في شهر يناير 2008 فقط : 79 مليون مستخدم شاهدوا أكثر من 3 مليارات فيلم في موقع. (YouTube)

في شهر أغسطس : 2006 ذكرت جريدة (The Wall Street Journal) المتخصصة في المال والأعمال أن موقع (You Tube) يستضيف 6 ملايين و 100 ألف ملف فيديو تبلغ سعتها 600 تيرابايت = 600 ألف جيجابايت. في سنة 2007: استهلك موقع (You Tube) قدراً هائلاً من تدفق البيانات (band with) مماثلاً لاستهلاك العالم لجميع مواقع الإنترنت في عام 2000 م. يتم رفع 13 ساعة تقريباً من ملفات الفيديو كل دقيقة في موقع. (You Tube) في سنة 2008 : قدرت تكلفة الموقع اليومية مليون دولار يومياً.

شروط خدمة موقع You Tube

- ألا يكون للأفلام حقوق نشر محفوظة من دون إذن صاحب العمل.

- لا يسمح الموقع بنشر الأفلام الإباحية .

- لا يسمح الموقع بنشر الأفلام التي تسيء لشخصيات معينة أو الأفلام الفاضحة أو الإعلانات التجارية.

- لا يسمح الموقع بنشر الأفلام التي تشجع على الإجرام.

- الملفات المرفوعة للموقع لا تقل عن 10 دقائق ولا تزيد عن 1 جيجابايت 1024 ميجابايت

الموقع يسمح بعدة أنواع من الملفات، وتختلف من حيث الصوت والفيديو.

تم منع موقع (You Tube) في كثير من البلدان بسبب ما تضمنه الموقع من مخالفة للنظام الأخلاقي وما تضمنه من فضائح أو إساءة لشخصيات مهمة أو الحكومات في هذه البلدان.

ولم تكن أنشطة You Tube مرحب بها في كل مكان، فمثلا تم حجب الموقع في ايران بتاريخ 3 ديسمبر 2006 بدعوى منع الأفلام و ملفات الفيديو الهدامة كما حصل ذلك في تايلاند حيث تم حجب الموقع في 3 ابريل 2007 بدعوى نشر مقاطع فيديو تسخر من الملك و أعلنت وزارة الاتصالات التايلاندية انها سترفع الحجب حينما يتم حذف هذة الملفات وفي مايو 2007 تم حجب الموقع في المغرب من قبل شركة Maroc Telecom ودون ابداء أي اسباب .. غير ان بعض الأقوال تشير إلى احتمالية أن يكون السبب بعض ملفات الفيديو المؤيدة لجبهة البوليساريو أو بعض الملفات التي تمس الملك المغربي.. كما قامت تركيا بمنع موقع) YouTube بسبب ما تضمنه من أفلام مسيئة للأتراك ومصطفى كمال أتاتورك وضعها اليونانيون بسبب الأزمة بين تركيا واليونان على جزيرة قبرص.

أمريكا وعسكرة الفضاء الإلكتروني

تضع المؤسسات المعنية في صناعة القرار في الولايات المتحدة الأمريكية نصب عينها استمرار هيمنها المطلقه على كل وسائل الاتصال الحديثة في العالم ومنها احكام السيطره على الشبكة العنكبوتيه ومن هنا كان استحداث قيادة عسكرية مهمتها الرد على هجمات قراصنة المعلوماتية وتنفيذ عمليات في الفضاء الإلكتروني وقداعلنت وزارة الدفاع الأمريكية ذلك في 22 من شهر يونيو 2009 ، ووضحت الوزارة ان تلك القيادة ستدخل حيز العمل في شهر اكتوبر 2009 ، ويعكس ذلك تأكيدا على الاهمية القصوى التى تلعبها شبكة الإنترنت فى حياة الشعوب سلما أو حربا ويقدم انذار بامكانية عسكرة الفضاء الإلكتروني والذي اصبح يتعلق بالبنية التحتية الكونية للمعلومات .

ان وزارة الدفاع الأمريكية كما يرى الباحث عادل عبد الصادق تدرك أن الأخطار المرتبطة بـأمن الفضاء الإلكتروني هي من أخطر التحديات التي يواجهها الاقتصاد والأمن القومي في القرن الحالي. وكانت شبكات رقمية عسكرية أمريكية تعرضت لعدد كبير من الهجمات من قبل خبراء معلوماتية موهوبين، صينيين أو روس في الغالب، بحسب تقارير امريكية عديدة.

وجاء قرار البنتاجون بانشاء تلك القيادة ليمثل طورا جديدا في مجال الحرب الإلكترونية عن طريق الفضاء الإلكتروني ، وتم استحداث تلك القيادة للمرة الأولى في تاريخ الولايات المتحدة لتعمل تحت لواء القيادة الاستراتيجية الأمريكية ومن المقرر أن تباشر عملها في الأول من أكتوبر القادم. ، وسيكون مقر القيادة الجديدة في فورت ميد بولاية ميريلاند وستكون جاهزة للانطلاق العملي في اوائل العام القادم. وتستهدف وزارة الدفاع الأمريكية من تلك القيادة الجديدة ان تشرف على مختلف الجهود المتعلقة بالإنترنت في كل أجهزة القوات المسلحة، مع التاكيد انها لن تصل إلى مستوى عسكرة فضاء الإنترنت.

بل انها تعمل على حماية شبكات الجيش الأمريكي التي تتكون من على 15 ألف شبكة ونحو سبعة ملايين جهاز كومبيوتر حيث تحاول أكثر من 100 ألف وكالة استخبارات أجنبية دخول الشبكات الأمريكية بشكل غير مشروع حيث تتعرض لهجمات مستمرة و يتم محاولة دخولها عدة مرات يوميا ويتم مسحها ملايين المرات يوميا، مع تكرار وتعقيد هذه الهجمات .

ويتراوح هذا التهديد من قراصنة الإنترنت من الهواة المراهقين إلى العصابات الاجرامية التي تعمل كمرتزقة انترنت لحكومات أجنبية ، وترصد تقارير امريكية ان الصين بنت برنامجا متطورا لحرب الإنترنت .

وكان الرئيس باراك أوباما قد أعلن اعتزامه تعيين منسق لشبكات الإنترنت للبيت الأبيض لكي يقوم بتنسيق الجهود الأمريكية من أجل حماية شبكات الكومبيوتر والتعاون الوثيق مع الشركات التي تملك أو تتحكم في الأنظمة المالية والكهربائية وغيرها.

ماهية حرب الفضاء الإلكتروني

تعد هجمات شبكات الكمبيوتر والتي يطلق عليها حرب الفضاء الإلكتروني جزءاً من عمليات المعلومات والتي يمكن أن يتم استخدامها في مستويات ومراحل الصراع المختلفة سواء كان ذلك على الجانب التكتيكي أو الاستراتيجي أو العملياتي، ويتم استخدام تلك الهجمات في أي وقت سواء أكان وقت سلم أم حرب أم أزمة.

وتعرف كليات الحرب الأمريكية الإرهاب الإلكتروني، وتدعوه بهجمات الشبكات الكمبيوترية، وتصنفه تحت بند العمليات الإلكترونية. ويتضمن التعريف أن الحرب الرقمية هي الإجراءات التي يتم اتخاذها للتأثير بشكل سلبي على المعلومات ونظم المعلومات، وفي الوقت نفسه الدفاع عن هذه المعلومات والنظم التي تحتويها. وتوجد طرق عديدة يمكن من خلالها تنفيذ الهجمات عبر الفضاء الإلكتروني، منها الهجمات المباشرة من خلال التدمير الفيزيائي لأجهزة الخصم، أو نقاط الاتصالات الهامة ضمن

شبكاته، وذلك باستخدام القوة العسكرية المباشرة. وهناك أيضا سرقة المعلومات من أجهزة الخصم، ومن ثم اتخاذ قرارات أفضل في المعركة، إضافة إلى تخريب قواعد بيانات الخصم والتلاعب بها، لجعل الخصم يخطئ في اتخاذ القرارات. وبالطبع هناك استخدام الفيروسات والاساليب الإلكترونية مثل هجمات الحرمان من الخدمات للتأثير على مواقع الخصم، مما يؤدي إلى التقليل من مقدرة الخصم على الاتصال وإبطاء قدرته لاتخاذ القرار.

وتتضمن هجمات الكمبيوتر حدوث هجوم على خطوط الاتصالات وتأتي تلك الهجمات من مسافة بعيدة عن مصدر الهجوم وذلك عبر الشبكات الدولية للمعلومات العابرة للحدود ومن خلال موجات الراديو أو الشبكات الدولية للاتصالات بدون تدخل مادي أو طبيعي في الأراضي الخاصة بدولة أخرى أو القيام بغزوة تقليدية وعلى الرغم من الاستخدامات الحديثة لهجمات الفضاء الإلكتروني في الصراعات الحديثة في عصر المعلومات إلا انه لم يتم إدماجها بشكل كامل في العقيدة العسكرية للجيوش الحديثة. غير ان هناك جهودا أولية تبذلها بعض القوى الكبرى لتطوير أسلحة الفضاء الإلكتروني لكي يتم استخدامها في حروب المستقبل، وهو امر سينطوى حتما على تغيير المبادئ الخاصة بشن الحروب وتغيير طبيعة ميادينها الفعلية او الافتراضية.

أسلحة الفضاء الإلكتروني كعنصر في القوة العسكرية

وعلى مدار التاريخ البشرى فقد لعبت المعلومات والمعرفة دورا هاما وحيويا في تشكيل القوة، وأحدث التطور السريع لتكنولوجيا الكمبيوتر وخاصة في الشبكات تحولا كبيرا في مفهوم القوة ترتب عليه دخول المجتمع الدولي في مرحلة جديدة تلعب فيها هجمات الفضاء الإلكتروني دورا أساسيا سواء في تعظيم القوة أو الاستحواذ على عناصرها الاساسية.

وأصبح التفوق في مجال الفضاء الإلكتروني عنصرا حيويا فى تنفيذ عمليات ذات فاعلية في الأرض وفي البحر والجو والفضاء. وتعتمد القدرة القتالية في الفضاء

الإلكتروني على نظم التحكم والسيطرة. وقد أوجدت ملايين أجهزة الكمبيوتر المنتشرة فى كل مكان عالما افتراضيا نشأ نتيجة عملية الاتصال، ومثل وسيطا جديدا للقوة حيث يمكن للقراصنة دخول الفضاء الإلكتروني بهدف محاوله السيطرة على الاجهزة وسرقة المعلومات وإفسادها أو تعطيلها. ومع زيادة اعتماد المجتمعات والجيوش الحديثة على أجهزة الكمبيوتر، اصبح الإنترنت مرادفا لاستخدام الذكاء الاصطناعي.

وهكذا ظهرت مخاطر جديدة، كما ظهرت اسلحة الكترونية جديدة ومتعدده كالفيروسات وهجمات انكار الخدمة والاختراق وسرقة المعلومات والتشويش.

وهناك ما يعرف بالقنابل الإلكترونية والتى تستهدف تعطيل الاتصالات والتشويش عليها والتنصت على المكالمات، وبث معلومات مضللة عبر شبكات الحاسب والهاتف، ومنها تقليد بصمات الأصوات وخاصة أصوات القادة العسكريين وعن طريق ذلك يمكن إصدار أوامر ضارة بالقوات، واستهداف شبكات الحاسب بالتخريب عن طريق نشر الفيروسات ومسح الذاكرة الخاصة بالأجهزة المعادية، ومنع تدفق الأموال وتغيير مسار الودائع، وإيقاف محطات الكهرباء عن العمل.

ونظرا لدور مراكز الاتصال والشبكات فى الحروب، فقد صممت لذلك أسلحة خاصة تعتمد على الطاقة الموجهة ومنها أسلحة الميكروويف عالية القدرة. والمعروفة اختصارا بـ (HPM) ويمكن استخدامها لاختراق الأهداف عالية التحصين لتدمير و شل أسلحة الدفاع الجوي والرإدارات وأجهزة الاتصال والحاسبات التي تعمل ضمن منظومة القيادة والسيطرة. وتنتج هذه الأسلحة شحنات عالية من الطاقة تؤدي للإضرار بالأدوات الإلكترونية وتقوض ذاكرة الحواسب، وتتميز بالدقة الشديدة في إصابة الهدف.

وهناك نحو 120 دولة تقوم بتطوير طرق لاستخدام الإنترنت كسلاح لاستهداف أسواق المال ونظم الكمبيوتر الخاصة بالخدمات الحكومية. وتقوم أجهزة الاستخبارات الدولية بالفعل باختبار شبكات الدول الأخرى بصورة روتينية بحثاً عن ثغرات لتوظيفها عند الضرورة. كما أن هناك ما يشبة تشكيل قوات الكترونية.

الفضاء الإلكتروني كوسيط للأعمال العدائية

يعد الإنترنت وسيطاً مفيداً بسبب التنوع والاتساع للأنشطة التي تجري من خلاله والتي تعد جزءا لا يتجزأ من طبيعة العصر الحديث، والتي يتزايد دورها فيما يعرف بالاقتصاد الرقمي والحكومات الإلكترونية والتجارة الإلكترونية، فضلا عن دوره في وسائل الإعلام والاتصالات الدولية والمصارف والمنشآت الحيوية. ومن ثم فان أي عملية هجوم قد تستهدف الإنترنت كوسيط وحامل للخدمات وناقل لها من شأنه فشل الإنترنت في القيام بوظيفته ومن ثم فان التحكم في تنفيذ هذا الهجوم يعد أداة سيطرة ونفوذ إستراتيجية بالغة الاهمية سواء في زمن السلم أو الحرب.

وتعتمد القوات المسلحة على الإنترنت في الاتصالات العسكرية بين وحدات الجيش والأجهزة الحكومية المعنية وأجهزة الاستخبارات، ويستخدم الجيش الإنترنت كمصدر للمعلومات والصور الفضائية. وفي الجيوش المعاصرة يوجد اتصال بين الإنترنت الداخلي للجيش وبين الشبكة الدولية، ومن ثم يمكن أن يتعرض الجيش للهجوم عن طريق الإنترنت بعدة طرق كاختراق شبكات الجيش الداخلية وشن هجمات إنكار الخدمة للتأثير على عملية المعلومات واتخاذ القرار.

ويؤدي التعرض لهجوم مباشر إلى إتلاف كم هائل من أوامر السيطرة على أجهزة الكمبيوتر ونظم ربط الشبكات، ومن ثم يحدث شلل تام او جزئي في قدرة النظام على الردّ على طلبات المستخدمين المدنيين أو العسكريين. ويمكن لشخص واحد أن يحدث مثل هذا الشلل في شبكة أو مجموعة شبكات مترابطة.

وفي خلال السنوات الماضية تمكنت فيروسات سارس ولف من الانتشار في نصف مليون جهاز كمبيوتر في أقل من أربع ساعات، وأصبحت هذه الهجمات تستخدم في سياق صراعات دولية، فقد استخدم الناتو تقنيات الحرب الاليكترونية على صربيا وفي الحرب في كوسوفا، وغالبا ما يحدث محاولات للتأثير على شبكات مدنية او عسكرية فيما بين الصين وروسيا والولايات المتحدة واستراليا. كما استخدمت حروب شبكة

الإنترنت فى العدوان على العراق ثم احتلاله العراق وكذلك في الصراع العربي الصهيوني.

وقد تستخدم الدول هجمات الإرهاب الإلكتروني ضد دول أخرى، أو قد تستخدمها الجماعات الإرهابية، وفي السيناريو الأول قد تقوم إحدى الدول باستخدام هجمات الفضاء الإلكتروني ضد دولة أخرى دون أن تتورط بشكل رسمي ومباشر في حرب معلنة.

وقد تقوم دولة باستخدام هجمات الفضاء الإلكتروني كجزء من الاستعداد لنشوب صراع وحرب وهجوم تقليدي ضد دولة معادية. وتعد هجمات الفضاء الإلكتروني اقرب إلى مفهوم الحرب غير المتماثلة، وهو مفهوم عسكري يشير إلى الاستخدام غير المباشر للقوة وذلك بدلا من استخدام القوة بصورة مباشرة في مواجهه قوة مقابل قوة أخرى.

وتتضمن عمليات استغلال الفضاء الإلكتروني القدرة على توظيفة لخدمة وحماية نظم المعلومات ومنع تعرضة لعمليات هجومية معادية، وتعزيز الامن الاليكتروني بأبعاده المتعلقة بالبرمجيات والبنية التحتية. ومنع استغلالة في الحرب النفسية.

أما الدفاع عن الفضاء الاليكتروني فيعني القدرة على الحماية ضد هجوم أو استغلاله من قبل الخصم، وتأتي أهمية ذلك فى ضوء احتمال استخدام الفضاء الاليكترونى من قبل الجريمة المنظمة أو القراصنة أو جماعات إرهابية وبما يؤثر على الاستقرار الاقتصادي والاجتماعي للدول التي تعتمد على الفضاء الإلكتروني فى تسيير بنيتها التحتية. ومن ثم يصبح من مصلحة كل الدول أن تتعاون من أجل ضمان امن وسلامة الفضاء الاليكتروني.

حرب المستقبل وعسكرة الفضاء الإلكتروني

لاشك انه كما كان للفضاء الإلكتروني استخدامات سلمية كان لة استخدامات عسكرية ايضا لانه ارتبط باستخدام متعدد من قبل الدول والافراد والجماعات الارهابية بهدف تحقيق اهداف سياسية وبما عزز في الوقت نفسه من فرص ذلك الاستخدام عدم وجود اتفاقية دولية تنظم الفضاء الإلكتروني واستخداماته وتحدد الواجبات والمسؤليات في العمل على حفظ امنه ، ودخل ذلك في موضوع تنافسي بين العديد من الدول من اجل الاستحواذ على مصادر القوة داخل الفضاء الإلكتروني والتي اصبح يتعلق بعمل البنية التحتية الكونية للمعلومات والمرافق الحيوية كمحطات الطاقة والمحطات النووية وسدود المياه وخدمات الحكومة الإلكترونية والمصارف والبنوك والبورصات العالمية واصبح كل ذلك يشكل عنصر هام من عناصر الامن القومي الجديد .

وكما هو الحال في أية حرب، فإن الجيوش المتصارعة تستهدف دوما ثلاثة عناصر أساسية من أجل كسب المعركة؛ وهي العناصر العسكرية، والاقتصادية، والسياسية أو بكلمات أخرى إرادة الخصم، وفي عالم حروب المعلومات نجد العناصر الثلاثه ذاتها وعلى رأسها مراكز القيادة والتحكم العسكرية، والبنوك والمؤسسات المالية، ومؤسسات المنافع كمؤسسات المياه والكهرباء وذلك لإخضاع إرادة الشعوب.

وكل ذلك دفع العديد من الدول إلى الاهتمام بامن الفضاء الإلكتروني سواء اكان متمثلا في انشاء هيئات لمواجهه الطوارئ او استحداث قوانين لمكافحة الجريمة الإلكترونية وصورة ثالثة ظهرت في الاهتمام به عسكريا والذي ظهر في مبادرة الولايات المتحدة في انشاء قيادة عسكرية لحماية الفضاء الاليكتروني وهذه المبادرة من المتوقع ان تسري ايضا في العديد من الدول .

وجاء الخبر كالتالي(قيادة أمريكية جديدة لمواجهة حرب الإنترنت BBC)
:image روبرت جيتس روبرت جيتس أمر بتشكيل القيادة الجديدة

- أمر وزير الدفاع الأمريكي روبرت جيتس بتشكيل قيادة خاصة في وزارة الدفاع لمقاومة الانتهاكات التي تتم لشبكة الإنترنت الخاصة بالوزارة وأنظمتها الدفاعية وكذلك تنسق جهود البنتاجون في مجال الحرب الإلكترونية عن طريق الإنترنت .

- وقال متحدث باسم وزارة الدفاع إن جيتس استحدث هذه القيادة للمرة الأولى في تاريخ البلاد لتعمل تحت لواء القيادة الاستراتيجية الأمريكية ومن المقرر أن تكون باشرت عملها في الأول من تشرين الأول 2010 .

- وقال المسؤولون إن مقر القادة الجديدة سيكون في فورت ميد بولاية ميريلاند وستكون جاهزة للانطلاق العملي في اوائل العام القادم .

- وقالت وزارة الدفاع إن القيادة الجديدة ستشرف على مختلف الجهود المتعلقة بالإنترنت في كل أجهزة القوات المسلحة، ولن تصل إلى مستوى "عسكرة فضاء الإنترنت ."

- ويعتمد الجيش الأمريكي على 15 ألف شبكة ونحو سبعة ملايين جهاز كومبيوتر حيث تحاول أكثر من 100 ألف وكالة استخبارات أجنبية دخول الشبكات الأمريكية بشكل غير مشروع حسبما قال نائب وزير الدفاع وليم لين .تهديدات

- وكان لين قد أعلن الاسبوع الماضي أن الشبكات الدفاعية الأمريكية "تتعرض لهجمات مستمرة إذ يتم محاولة دخولها عدة مرات يوميا ويتم مسحها ملايين المرات يوميا،
كما أن تكرار وتعقيد هذه الهجمات يزداد بشكل كبير للغاية ."

- ويتراوح هذا التهديد من قراصنة الإنترنت من الهواة المراهقين إلى العصابات
لاجرامية التي تعمل كمرتزقة انترنت لحكومات أجنبية حسبما قال لين .

- ويقول مسؤولون أمريكيون إن الصين بنت برنامجا متطورا لحرب الإنترنت وإنه يمكن رصد موجة من الدخول غير المشروع على الإنترنت إلى مصادر في الصين .

- وكان الرئيس باراك أوباما قد أعلن اعتزامه تعيين منسق لشبكات الإنترنت للبيت الأبيض لكي يقوم بتنسيق الجهود الأمريكية من أجل حماية شبكات الكومبيوتر والتعاون الوثيق مع الشركات التي تملك أو تتحكم في الأنظمة المالية والكهربائية وغيرها .

- وأكد أوباما أن بلاده "ليست مستعدة لمواجهة تهديدات في مجال التجسس الإلكتروني عبر شبكات الإنترنت أو غير ذلك من الهجمات."

الفصل السابع

الصحافة الإلكترونية

تمهيد

تشكل تكنولوجيا الاتصال المحرك الرئيس في الثورة التي تشهدها وسائل الإعلام الجماهيرية المعاصرة،فالصناعة الصحفية تشهد مستجدات غير مسبوقة في هيكل الإعلام الدولي، فلأول مرة في التاريخ الإنساني تنشأ حال من التعدد بين الوسائل المطبوعة والوسائل المسموعة والوسائل المرئية، وكذلك حال التزاوج بين وسائل الإعلام والاتصال من جهة،ووسائل التقنية والحاسب الآلي من جهة أخرى، مما أفرز وسيلة إعلامية جماهيرية جديدة، هي الصحافة الإلكترونية، وتعتمد الصحافة الإلكترونية على تقنيات الاتصال الحديثة التي أحدثت تغيرات في هيكلية وبنية وسائل الاتصال الجماهيرية، وأظهرت تأثيراً مباشراً على شكل العملية الاتصالية ومحتواها وأساليبها، لاسيما مع توجه شركات التقنية العملاقة للتحول إلى قوى رئيسية في صناعة الإعلام الجماهيري، لتنتقل بذلك من السيطرة على الوسيلة إلى السيطرة على الرسالة، وذلك من خلال ازدياد حالات الاندماج والاحتكار بين الشركات الإعلامية وشركات التقنية العملاقة، مثلما حدث من اندماج بين تايم وارنر وأمريكا أون لاين وCNN من جهة ومايكروسوفت وNBC من جهة أخرى، والاندماج الأخير أفرز شبكة Msnbc التي تقوم بتوزيع ما يعادل 200 مليون صفحة من الأخبار شهرياً .

لقد أكد بيل جيتس رئيس مجلس إدارة مايكروسوفت أكبر شركة تقنية في العالم للصحافيين في رابطة الصحف الأمريكية قائلاً: "الصحافة الإلكترونية ستتفوق على المطبوعة، وخلال عقد من الزمن سيقوم المعلنين بتحويل كل إعلاناتهم بشكل كامل إلى الويب، وهو ما سيؤدي إلى موت الصحافة المطبوعة".

ومع انتشار استخدام الشبكة العالمية للمعلومات بشكل هائل، فقد قدرت الإحصائيات عدد مستخدمي الإنترنت في العالم بـ605 مليون مستخدم، ومع الانتشار العالمي والإقليمي لشبكة الإنترنت وما تحتويه من خدمات إلكترونية دفع الكثير من

المؤسسات الصحفية إلى تغيير ثقاتها وتبني هذه التقنية والتنافي استخدامها إعلامياً وإعلانياً، من خلال الصحافة الإلكترونية التي بدأت سريع وتحولت إلى منافس قوي للصحافة المطبوعة بشكلها التقليدي مفهوم الصحافة الإلكترونية

من الإشكاليات القائمة في أدبيات الإعلامعدم وجود تحديد دقيق لمفهوم الصحافة الإلكترونية، فبينما يحصرها البعض في مجرد استبدال المادة المقروءة على صفحات المطبوعات إلى مادة إلكترونية، إلا أنها لدى آخرين تتجاوز ذلك بكثير، بحيث تمس التحولات أطراف العملية الاتصالية كافة، لتشمل الوسيلة والرسالة والمستقبل .

كما رافق الانتشار السريع للإنترنت الفرصة والقدرة على نشر الأخبار والمعلومات من خلال الوسيلة، وهو ما عرف بالصحيفة الإلكترونية التي يمكن تعريفها بأنها : "تجمع مفهوم الصحافة ونظام الملفات المتتابعة أو المتسلسلة" فهي منشور إلكتروني دوري يحتوي على الأحداث الجارية سواء المرتبطة بموضوعات عامة أو بموضوعات ذات طبيعة خاصة، ويتم قراءتها من خلال جهاز كمبيوتر وغالباً ماتكون متاحة عبر شبكة الإنترنت. والصحيفة الإلكترونية أحياناً تكون مرتبطة بصحيفة مطبوعة .

وفي الوقت الذي الذي احتلت فيه الصحيفة المطبوعة مكانة مهمة في عملية الاتصال طوال القرون الثلاثة الماضية، وكانت من أهم الأدوات في تطور المجتمعات، والدفاع عن مكتسبات الحضارة الإنسانية، وكانت وسيلة مهمة لتدفق المعلومات إلى الجماهير، ففي دول الشمال الغنية كانت الصحف المطبوعة محور الاهتمام في المجتمع نتيجة الدور الذي لعبته في تطور هذه المجتمعات،وصياغة منظومة المبادئ السياسية والاقتصادية والاجتماعية، أما في دول الجنوب فقد أسهمت الصحافة المطبوعة في الكفاح الوطني ضد الاستعمار، وكانت من أهم الأدوات التي استخدمتها حركات التحرر الوطني .

ويعد التحول الإلكتروني في الإصدار الصحفي ثورة بالمعنى المتكامل، فإذا كان مصطلح ثورة يعني التحول من حالة إلى أخر، فإن الصحيفة تشهد هذه الوضعية بالضبط

في الوقت الحاضر، حيث بدأت الصحيفة تتحول من منتج مطبوع إلى منتج يتم استقباله على شاشة، وإذا كان الشائع تقسيم وسائل الإعلام الى وسائل إلكترونية (إذاعة وتلفزيون)، ووسائل مطبوعة (جرائد ومجلات)، فإن الصورة الحاضرة الآن في مجال تكنولوجيا الاتصال تضع كافة الوسائل الاتصالية في إطار تكنولوجي واحد حيث تصبح جميعاً وسائل إلكترونية.

إن فكرة الصحيفة الإلكترونية بوصفها صحيفة المستقبل تمثل وسيلة إعلامية عصرية يمكنها أن تقدم خمس وسائل تقليدية مجتمعة مثل: وكالة الأنباء، الصحيفة، المجلة، الإذاعة والتلفزيون، القناة الفضائية في وسيلة إعلامية واحدة وبتكاليف مادية لا تكاد تذكر،حيث لا تحتاج الجريدة الإلكترونية لمبالغ طائلة لاستئجار مباني وشراء مطابع وورق وتعيين موظفين بعقود مع توفير متطلباتهم ومستلزماتهم المعيشية والمهنية.

وعلى الرغم من أن الإنترنت أتى بالعديد من المزايا، إلا أن لكل شيء جانبه المظلم. ولقد كانت الصحف الأمريكية أول من لمست هذا الجانب المظلم للتقنية الحديثة والإنترنت .فقد كشف أحد المتخصصين الإعلاميين الأمريكيين مؤخرًا أنه يتعين على أي صحيفة أمريكية جذب 100 قارئ على الإنترنت لتعويض المكسب الذي كانت تحصل عليه من بيع نسخة واحدة مطبوعة من صحيفتها. واستطرد قائلاً أن زيادة تحول القراء من النسخ المطبوعة إلى النسخ الإلكترونية، أصبح من المحتم على الصحف تكثيف الإعلانات التي تنشرها على الإنترنت وإلا ستخسر مكانتها للأبد مشيرًا إلى أنه هناك بعض الصحف الأمريكية التي أجبرتها الخسائر على الانسحاب من عالم الصحافة بالفعل.

ومما يزيد الأمر سوءً، حقيقة أن محاولة فرض دفع رسوم مقابل قراءة الصحف الإلكترونية لم يجد نفعًا وإنه لا سبيل آخر أمام الصحف سوى زيادة إيراداتها من الإعلانات. وهذا مايدفع الصحف الأمريكية ان تفتش لها عن مخرجًا من هذا المأزق الجديد.

جدلية الصحافة الإلكترونية والمكتوبة:

شهدت أوائل الثمانينات من القرن الماضي ثورة حقيقية حيث كان الانتاج الإلكتروني الكامل لطبعات الصحف يقترب بصورة اكبر كل يوم وفي التسعينات من القرن العشرين شهدت الصحافة ثورة حقيقية في مختلف المجالات.

ان ظهور الحاسب الآلي وانتشار استخدامه أعطى للأعلام قوة جديدة وأرضاً خصبة بدءاً من التحرير وانتهاء بالتوزيع واكتسب قوة اضافية بظهور شبكة الإنترنت التي تميزت بسهولة نقل المعلومات بين الدول وبين الشعوب وهنا سوف يكون التركيز على مدى تأثير تكنولوجيا الإنترنت على الصحف المطبوعة فهناك من الكتاب يقول إلى ان تكنولوجيا الإنترنت أثرت بشكل ايجابي على الصحافة المطبوعة كونها ساعدت في الإعلان عن الصحف المطبوعة وكذلك ساهمت في الحصول على الانتشار وأسهمت بشكل فاعل في ردم الفجوة الكبيرة بين المؤسسات الصحفية الكبيرة والصغيرة وكذلك مكنت الصحف من النشر على المستوى العالمي والتخفيف من الأعباء المالية والإدارية والمكانية وملاحقة التطورات التكنولوجية التي كانت تعاني منها هذه الصحف.

وعلى الجانب الثاني طرح كتاب آخرون بينوا أهمية الصحافة المطبوعة كونها تعايشت مع القراء عبر اكثر من خمسة قرون وما زالت كذلك مقابل الوليد الجديد (الصحافة الإلكترونية) الذي لا يتجاوز عمره اكثر من عقدين من الزمن وأعطوا الكثير من الأمثلة والطروحات حول أهمية الصحافة المطبوعة كونها تقدم المعلومات التي تتوافق مع الأعمار ما بين 20-40 عاماً أو اكثر وكذلك كونها لا تحتاج إلى اجهزة أو بيئة مناسبة وأنها تتوافق في قراءتها مع مجتمعات متخلفة لا تملك تكنولوجيا متطوره للتعامل مع الصحافة الإلكترونية كذلك إمكانية حفظ الصحيفة والرجوع اليها مستقبلاً.

صحيح ان الصحافة التقليدية تقدم طبعات الكترونية لنفس الإعداد وبالمجان ولكن هذه الصفة تنتفي عندما نطلب مواداً ومعلومات لأيام سابقة بالمجان اذن عليك

الدفع للحصول على المعلومات المطلوبة وهذا أمر طبيعي لغرض الحصول على تمويل مادي للصحف.

التأثير الايجابي للصحافة الإلكترونية:

أ.   ان ظهور الصحافة الإلكترونية لا تعني انقراض الصحافة الورقية بل أنها خيار آخر للمستهلك وليس بدلاً عن الصحافة المطبوعة.

ب.   أنها فتحت أبواباً كبيرة للربح للمؤسسات الصحفية عليها أن تستغلها بتعديل الأساليب الإنتاجية والتحريرية بما يتلاءم مع التغيرات في التكنولوجيا ورغبات القراء.

ت.   ظهور الوسائط المتعددة من نص وصوت وصورة وفيديو وتقنيات الإعلام الجديد وقنوات الاتصال الأخرى مثل Chatting.

ث.   توفر كماً ضخماً من المعلومات.

ج.   توفر فرص للوصول إلى مجالات شديدة التخصص تعني مجموعات محددة من القراء.

ح.   خاصية التنوع أي يسمح بإنشاء صحف متعددة الأبعاد ذات حجم غير محدد نظرياً ممكن من خلالها إرضاء مستويات متعددة من الاهتمام وباستخدام النص المترابط أو النص الفائق " Hyper text"، هي المحرك لهذا التنويع في الأعلام.

خ.   خاصية المرونة ويتم ذلك بنقل وتحميل وتخزين المواد بمختلف الأشكال والطرق.

التأثير السلبي:

أ.   نقص في مهارات عدد من العاملين كونهم بعيدين عن الصلة بمهنة وحرفية الصحافة.

ب.   نشر بعض الاخبار دون التأكد من مصداقيتها أو موثوقية مصادرها.

ج. مشكلة الصحف الإلكترونية بشكل رئيسي هي بطء وعدم فاعلية شبكة الإنترنت.

د. ضعف برامج قراءة النص العربي وتصميم الصفحات.

ه. ضعف المحتوى هي من ابرز معوقات نجاح الصحيفة الإلكترونية العربية.

و. المشكلات التسويقية التي تواجه الصحف العربية التي لحقت بركب التكنولوجيا ووضعت لها مواقع على الشبكة في ظل سوق لم تتضح معالمه بعد.

ز. ضعف البنية التحتية للاتصالات وشبكة الإنترنت في عدد من الدول العربية.

ح. ارتفاع تكاليف خدمات الإنترنت والتي تعد لوحدها عائقاً رئيسياً في موجة انتشار التقنية الحديثة.

ط. ضعف قاعدة القراء العرب حتى لأهم وأشهر الصحف العربية.

ي. عدم الدقة في ذكر اسماء المواقع والاماكن.

ظهور نمط آخر من الصحافة الإلكترونية:

ان بروز ظاهرة الصحافة الإلكترونية وطغيانها عبر شبكة الإنترنت حفزت الاجواء لانطلاق شكل آخر جديد من الصحافة اطلق عليه (المواقع الاخبارية الإلكترونية) ورغم دلالات هـذا الاسـم الا انها في واقع الحال لم تخرج عن كونها صحيفة متكاملة من حيث مضامينها وتخضع لذات المحددات الإلكترونية تبويباً وكذلك في طريقة عرضها لموضوعاتها واسلوب تحرير موادها وقد عرف عن هذه المواقع استقلاليتها وعـدم تبعيتها لأي صحيفة اخرى وهي ثمرة من ثمرات ما يسمى اليوم بالفضاء التفاعلي ويلاحظ ان هـذه المواقع اثبتت نجاحاً وحضوراً فاعلاً إلى درجة أن بعضهم تشجع واندفع باتجاه اصدار مجلات أو نشرات أو صحف ورقية ومنها صدور مجلة (Wired) التقنية والتي صدرت الكترونياً ثم صدر العدد الـورقي منهـا بعـد ذلـك وهذا ما اطلق عليه البعض بالهجرة المعاكسة.

ان الاسلوب الذي تعمل به هذه المواقع يكون عادة على شكل جوابات أو نوافذ تعرض الاخبار المستحدثة معتمدة (اغلبها) على وكالات الانباء أو مراسلين خاصين بالمواقع اضافة إلى نشر المقالات الخاصة بالموقع أو نقلاً عن مواقع اخرى وقد تعهد بعضها إلى عقد بروتوكولات مع مواقع اخرى لتبادل الاخبار والموضوعات الصحفية الأخرى.

ويلاحظ أن الصحف الإلكترونية تميز نفسها عن المواقع الاخبارية من خلال وجود الترويسة التي تتضمن اسم الصحيفة وتاريخ الاصدار الا ان اغلبها لا يشير إلى اسم رئيس التحرير أو إلى الجهة التي تقف وراء هذه الصحيفة.. ونلاحظ اليوم ان هناك ابتكارات وتغيرات تحاول كل انماط النشر الإلكتروني استخدامها لتميزها عن غيرها ولجذب اعداد اكبر من المتصفحين لها علماً بأن كثير من هذه الصحف والمواقع درجت على اشراك المتصفح وفتح الحوارات معه أو السماح له بأبداء ارائه فيما ينشر من موضوعات ولعل بعض الاخبار أو المقالات تحصد مشاركة مئات وربما اكثر من ذلك من المشاركين (كما يحدث مثلاً في موقع قناة الجزيرة).

بعض مزايا الصحافة الإلكترونية:

ليس من الانصاف الولوج في اجراء مقارنات بين الصحافة التقليدية والإلكترونية ولكننا نحاول أن نستدل على بعض خصائص ومزايا الصحافة الإلكترونية كونها ظاهرة فرضت نفسها على الواقع الاعلامي ومنها:

1. قدرتها على عبور الحدود الجغرافية وصولاً إلى جميع انحاء العالم دون رقابة أو موانع أو رسوم في حين لا تزال اغلب الصحف الورقية حبيسة اماكن صدورها أو مجتمعاتها. بل وبشكل فوري، ورخيص التكاليف، وذلك عبر الإنترنت، وبذلك فأن صحفاً ورقية مغمورة بات بمقدورها أن تنافس من خلال نسختها الالكترونة صحفاً دولية كبيرة أذا تمكنت من تقديم أشكال تقنية متقدمة ومهارات ارسال، ونوعية جيدة من المضامين وخدمات متميزة. و"لإن الارسال عبر الإنترنت سيعني

بالضرورة منح الصحف الإلكترونية صبغة عالمية بغض النظر عن امكانياتها ولان المضامين هنا يجب أن تكون متوافقة مع هذه الصبغة العالمية، فأن البعض بات يتساءل بجدية عما أذا كان يصح اطلاق صفة (الصحيفة المحلية) على الصحف التقليدية التي تصدر لها طبعات الكترونية.

2. رخص ثمن انطلاقها فهي لا تكلف اصحابها مبالغ مثل الصحافة الورقية التي تحتاج إلى رأس مال غير هين ناهيك عن مسألة التسويق والتوزيع والحاجة إلى العمالة وكل ما تحتاجه الصحافة الإلكترونية توفر بنية تحيتة وخدمة الإنترنت.
3. يمكن القول ان الجريدة الإلكترونية مشروع فردي في حين تفرض الصحافة التقليدية ان تكون مهمة جماعية.
4. تفوق الصحف الإلكترونية في سرعة التعامل مع السبق الصحفي بعكس الصحف التقليدية.
5. امكانية احصاء عدد المتصحفين للصحيفة.
6. يمكن للصحيفة الإلكترونية حفظ ارشيف سهل الاستفادة منه من قبل الزائرين بعكس الصحف الورقية.
7. فرضت الصحافة الإلكترونية على الصحفيين العاملين فيها تطوير قدراتهم وامكانياتهم والمامهم بكل ماهو جديد في عالم متغير متطور إضافة إلى الاساسيات التقنية الخاصة بالصحافة الإلكترونية وقدرة التعامل مع الملتيمديا.
8. ولأن التنافس والبحث عن فرص التميز والربح مهمة جداً كان لا بد للقائمين على الصحافة الإلكترونية الاهتمام بتقديم كل ما هو افضل شكلاً ومضموناً وهذا ما أدى إلى بروز ظاهرة الاندماج بين مؤسسات الاتصال والانتاج وصولاً لانطلاقة المؤسسات والمراكز الاعلامية المتخصصة الكبرى التي باتت تسجل حضورها عبر استخدامها درجات متقدمة من التكنولوجيا وتقدم خدماتها لاغلب المؤسسات الاعلامية من شبكات ووكالات انباء ومؤسسات انتاج وهذا يشير

بوضوح إلى ان العالم يتجه اكثر فأكثر نحو التخصص الحرفي الميداني في الخدمات الاعلامية المعتمـدة على التطور التكنولوجي.

ومن ابرز المظاهر في هذا الجانب اندماج شركة (امريكا أون لاين) التي تدير احدث اهـم البوابات الإلكترونية في امريكا مع شركة (تايم وارنر) للنشر والاتصال والترقية بمبلغ زاد عـلى 120 مليـار دولار عـام 2000.

ويمكن النظر إلى ماتعنيه الصحافة الإلكترونية على النحو التالي:

صحف يتم إصدارها ونشرها عبر شبكة الإنترنت العالمية أو غيرها من شبكات المعلومات سواء أكانت نسخة أو إصداراً إلكترونياً لصحيفة مطبوعة ورقية، أو صحيفة إلكترونية ليست لها مطبوعة ورقية، بحيث يتم تحديثها بشكل منتظم من يوم لآخر أو من ساعة لأخرى، حسب إمكانية الجريدة.

تجمع الصحف الإلكترونية بين مفهومي الصحافة ونظام الملفات المتتابعة، وتحتوي على الأحداث الجارية، ويتم الاطلاع عليها من خلال جهاز كمبيوتر عبر شبكة الإنترنت.

يقوم القارئ باستدعائها وتصفحها والبحث داخلها، بالإضافة إلى حفظ المادة التي يريـدها منها وطبـع مـا يرغب في طباعته، كما يمكن للمتصفح تخزين المعلومات إلكترونياً وإدارتها واستدعائها، سواء تم الاستخراج والتخزين من مادة سبق نشرها ورقياً أو تم إدخالها مباشرة بما فيها مـن كلـمات وصـور ورسـوم إلى شاشـة الكمبيوتر الشخصي أو التلفزيوني التفاعلي.

كذلك يمكن تحديد مفهوم الصحافة الإلكترونية عبر ما يلي:

- الاتفاق على أنهالا تأخذ الشكل الورقي المطبوع،حتى لو كانت الصحيفة في الأصل ورقية.

- مستخدم الصحافة الإلكترونية يقوم باستدعائها من شبكة المعلومات.

- لا بد أن تأخذ طابعاً دورياً، (تغيير المحتوى في أوقات محددة) حتى تنطبق عليها صفة الصحافة.

- المادة المكونة للصحافة الإلكترونية ليست نصوصاً فقط،بل يمكن أن تضم بجانب النصوص الصوت والصورة المتحركة (لقطات فيديو)، تبعاً لتطور الصحيفة التقني.

- استخدام نظام النص(Text) يمكن أن يقال عنه إنه صحافة إلكترونية إلى حد ما بالرغم من أنه خدمة تلفزيونية، وليست صحفية.

وعليه يمكن تقديم التعريف التالي للصحافة الإلكترونية، هي وسيلة من الوسائل متعددة الوسائط (Multimedia)، تنشر فيها الأخبار والمقالات وكافة الفنون الصحفية عبر شبكة المعلومات الدولية "الإنترنت" بشكل دوري وبرقم متسلسل، باستخدام تقنيات عرض النصوص والصور المتحركة وبعض الميزات التفاعلية، وتصل القارئ من خلال شاشة الكمبيوتر، سواء كان لها أصل مطبوع أو كانت صحيفة إلكترونية خالصة.

بعض تعريفات الصحافة الإلكترونية:

يسري تعبير الصحافة الإلكترونية على كل أنواع الصحف الإلكترونية العامة والمتخصصة التي تنتشر عبر شبكة الإنترنت طالما أنها تبث على الشبكة بشكل دوري، او يتم تحديث مضمونها من يوم إلى آخر، أو من ساعة لأخرى أو من وقت لآخر حسب إمكانيات الجهة لاتي تتولى نشر الصحيفة.

وضع الدكتور فايز الشهري تعريفاً للصحافة الإلكترونية يؤكد فيه أنها عبارة عن تكامل تكنولوجي بين أجهزة الحاسبات الإلكترونية وما تملكه من إمكانيات هائلة في تخزين وتنسيق وتبويب وتصنيف المعلومات واسترجاعها في ثوان معدودة، وبين التطور الهائل في وسائل الاتصالات الجماهيرية التي جعلت العالم قرية إلكترونية صغيرة.

أن الصحافة الإلكترونية هي جمع وأعداد وتحرير الأخبار،وفق كتابة مصممة للإنترنت وبثها عبر الأمار الصناعية وكيبلات الاتصال، فهي الصحافة الممارسة على

شبكة الإنترنت، حيث تقوم ببث رسائل إلكترونية إلى جمهور غير محدد جغرافياً، لتقدم لهم الأخبار والتقارير والتحليلات والحقائق والأحداث الجارية، بآنية وبسرعة نقل عالية وتفاعلية وسرعة استرجاع وأرشيف إلكتروني يمكن القارئ من البحث في مئات الصفحات المنشورة سابقاً، وتخطت الحدود لتحظى بصفة الكونية ومساحات لا محدودة من الصفحات، ناهيك عن أنها وسيلة متعددة الوسائط بحيث استطاعت تقديم خدمات إذاعية وتلفزيونية وصولاً للبث الفضائي الحي.

انطلاقة الصحافة الإلكترونية:

شهد الميدان الصحفي عدة محاولات لتوصيل الصحيفة إلى قرائها عبر الوسائل الإلكترونية، لتوفير الوقت الذي تستغرقه عملية توصيل الصحف إلى القراء،وقد بدأت محاولات غرسال الصحف بالفاكس منذ منتصف القرن الماضي، لكن تكلفتها كانت عالية جداً حيث وصلت إلى خمسين دولاراً، ثم انتقلت المحاولات إلى خدمة الفيديو تكس (Videotext) في عقد الثمانينات، عبر خطوط الهاتف ليتم استقبالها على شاشات التلفزيون، أيضاً مقابل اشتراك شهري أكثر من ثمن الجريدة، كما أ، مدى وضوح الصورة انخفض قليلاً، شركة كمبيوسيرف (CompuServe)، حاولت تقديم طبعة الكترونية من الصحف القومية في أمريكا، أيضاً في الثمانيات، لكن تكلفتها كانت عالية نسبياً ولم تجد رواجاً بين القراء

بدأت الصحف الإلكترونية في عقد التسعينات في الانتشار على الشبكة الدولية للمعلومات (www)، وقد ساعدها في ذلك الانخفاض المستمر في أعداد قراء الصحف المطبوعة، وزيادة تكلفة التوزيع والإنتاج في الصحف الورقية، ومحاولة الصحف الورقية أن تدخل على الطريق السريع للمعلومات (الإنترنت) من قبيل المنافسة.

هناك اختلاف بين المهتمين في الصحافة الإلكترونية على اسم أول صحيفة إلكترونية ظهرت على شبكة الإنترنت كصحيفة بالكامل، هي صحيفة (هيلزنبورج داجبلاد) عام 1991 وهي صحيفة سويدية، أم صحيفة تريبيون (Tribune) الأمريكية

التي تصدر من ولاية مكسيكو هي الصحيفة الإلكترونية الأولى التي صدرت عام 1992، وقد كان مـن بـين الصحف الكبرى التي ظهرت على شبكة الإنترنت صحيفة (US Today) كأولى الصحف الكبرى التي تسـمح للمستخدم أن ينتقل من موقع لآخر، وكذلك الانتقال إلى الأقسام المتعددة، وفي عـام 1993 كـان هنـاك مـا يقرب من 20 صحيفة ومجلة، لها مواقع على الإنترنت منها مجلة أخبار الأسبوع (News Week) التي تشرت فضيحة كلينتون ومونيكا على الإنترنت تقدمها الصحيفة الورقية، إضافة إلى أنها توفر خـدمات البحـث أو تكنولوجيا اتصال النص الفائق أي إمكانية البحث داخل المواقع المشابهة، كما إنها تقدم خـدمات الوسـائط المتعددة (النصية والصوتية والمصورة).

النسخ الإلكترونية من الصحف الورقية:وفي هذا النوع تقصر الصحف الورقية خدماتها عـلى تقـديم بعـض مضمون الصحيفة الورقية مع بعض الخدمات الأخرى، كما تفعـل معظـم الصحـف الأردنيـة التـي لا تنشر الإعلانات أو كل النصوص على مواقعها

وعلى سبيل المثال إن الصحف الأردنية جميعها أو معظمها تمتلك موقعاً على الإنترنت، ولكنها لا تضـع كـل صفحات الجريدة الورقية على الإنترنت وبخاصة الإعلانات.

فئات الصحافة الإلكترونية

صنفت الصحف الإلكترونية على شبكة الإنترنت إلى ثلاث فئات:-

الأولى: مواقع تابعة لمؤسسات صحافية تقليدية كالصحف وبعض الفضائيات.

الثانية: المواقع الإخبارية كالبوابات الإعلامية.

الثالثة: الصحف الإلكترونية البحتة التي ليس لها صحيفة مطبوعـة، وتغطـي مجـالات الأخبـار كافـة مـن سياسة واقتصاد ورياضة وسينما وموسيقى، وتحاول أن تستفيد مـن تقنيـات تصـميم الصـفحة لمزيـد مـن التنوع، وهي صحف يومية يتم تحديث موادها الإخبارية آنياً وصفحاتها يومياً .

سمات الصحف الإلكترونية

إن المستجدات التي أحدثتها التقنيات الإعلامية الحديثة في البيئة الاتصالية المعاصرة، أضفت عليها سمات وخصائص غير مسبوقة أبرزها:

1. الحالية والآنية: هي الدرجة التي تستطيع مواقع الصحف الصف الإلكترونية في شبكة الإنترنت مواكبة الأحداث والمستجدات، وتزويد القراء بآخر الأخبار والمعلومات، بمعنى أن الممارسة الصحفية في بيئة الصحافة الإلكترونية ألغت المفاهيم التقليدية في الصحافة المطبوعة، وغيرت ثقافة العمل الصحفي، مثل مفهوم (Dead Line) أو وقت الطبع، إذ أن الصحيفة الإلكترونية غير مقيدة بأوقات الأعداد والطبع والتوزيع فأهم ما يميز الصحافة الإلكترونية عن الصحافة المطبوعة هي الفورية والمرونة في نقل الأخبار فور وقوعها التغطية الصحفية الحية: حيث يمكن أن توفر بعض الصحف الإلكترونية تغطية حية للأحداث مع موقع حدوثها، وفي لحظة وقوعها، فضلاً عن إمكانية تغطية مؤتمرات صحفية حية عن بعد، من خلال استخدامها لأحدث تقنيات البث الصحفي الحي على الإنترنت .

2. الاتصال التفاعلي: ويعد هذا العنصر من أبرز سمات الصحافة الإلكترونية، ويشمل الاتصال التفاعلي المباشر وغير المباشر، وتعد التفاعلية معياراً رئيسياً في تقييم مواقع الصحافة الإلكترونية، فقد استطاع النظام الاتصالي للصحافة الإلكترونية عبر شبكة الإنترنت تنمية مشاركة المستخدم وتحقيق أعلى درجة من التفاعلية جعلت الجمهور المستخدم جزءاً لا يتجزأ من الحدث ومشتركا معه .

3. العمق المعرفي: تتميز خدمات الصحافة الإلكترونية بالعمق والشمول، بمعنى أ،طبيعة التقنيات المستخدمة في الصحافة الإلكترونية تهيئ مساحات ومواد غير محدودة في فضاءات شبكة الإنترنت من خلال إحالة تفصيله إلى روابط عديدة للمواقع الإلكترونية ذات الصلة.

4. الحركيـة: وتعنـي إمكانيـة نقـل المعلومـات عـن طريـق النشـر الإلكـتروني مـن مكـان إلى آخـر

التحديث: تتميز الصحافة الإلكترونية بقدرتها على تحديث المواد الصحفية بشكل مستمر، وتعد القدرة والمرونة التي تملكها الصحيفة الإلكترونية في متابعة الأحداث والمستجدات عامـلاً رئيسـياً في استثمار هذه السمة، وتسهم عملية التحديث الدائم في الصحافة الإلكترونية، في تقديم عنصر الزمن والفورية في معايير الصحافة الإلكترونية على معيار الدقة البـارز في الصحافة المطبوعـة، وذلك في حال تعذر تحقيق عنصر التثبت والدقة، والتعويض عن ذلك بمعايير أساسـية للصحافة الإلكترونية وهي التوازن والموضوعية .

5. تعدد خيارات التصفح: مكنت خيارات التصفح مـن الحصـول عـلى التنـوع والتعـدد في مضامين ومحتويات الصحافة الإلكترونية وبات المستخدم يستطيع الحصـول عـلى مـواد مختلفة تلبي الحاجات الاتصالية، وتحقق الإشباعات الإعلامية.

6. الاستهلاك حسب الطلب (اللاتزامنية): غدا بالإمكان إرسال الرسائل واستقبالها وتصفح الصحيفة في وقت مناسب للفرد المستخدم، إذ لا تتطلب عمليـة اسـتخدام الصـحافة الإلكترونية مـن كـل أطراف العملية الاتصالية مشاركة في الوقت ذاتـه، أو حتـى تحديـد أوقـات محـددة لاسـتخدام الصحيفة الإلكترونية .

7. الوسائط المتعددة: تعد الوسائط المتعددة من المميزات الرئيسية في الصحافة الإلكترونية، التـي أصبحت توظف النصوص والجداول والرسوم البيانية والصور الثابتـة واللـون والحركـة والرسـوم المتحركة، والصوت والفيديو بأساليب مندمجة ومتكاملة .

8. الكونية: تتميز الصحافة الإلكترونية بسمة النطاق العالمي، فالبيئة الجديدة لوسائل الاتصال هـي بيئة عالمية ، فإمكانات هذا النوع من الصحافة ألغت الحواجز الجغرافية، وتواصلت مع جماهير عديدة ومتنوعة، الأمر الذي يوجب على المؤسسات الصحفية مراعـاة هـذا البعـد في إصداراتها الإلكترونية، من حيث

خريطة أجندة الصحيفة، وتحديد جمهورها على الشبكة العنكبوتية، ومضامين المواد المتقدمة.

9. التفتت واللاجماهيرية: هي إحدى سمات الصحافة الإلكترونية البارزة، التي يقصد بها الانتقال من مفهوم الحشد في التعامل مع جماهير الوسيلة الإعلامية إلى مخاطبة اهتمامات الأفراد والجماعات، وفق طبيعة الصحيفة الإلكترونية، التي تتيح للمرسل توجيه رسائل تتفق وميول وحاجات تتفق ورغبات الجمهور المستهدف، مثلما تتيح للمستقبل السيطرة على حجم ونوع المواد التي يستقبلها، عبر نظام الوصلات Links التي تحيل المستخدم حسب رغبته إلى مواقع ومواد وخدمات أخرى، أو أن يحدد المستخدم قائمة الاهتمامات التي ينشدها ثم تتولى الصحيفة تزويده بها إلكترونياً،كما ظهر أسلوب ثالث وهو أخبار ومواد الجمهور التي تتيح للمستخدم تشكيل المحتوى الذي يتعرض له، وتخصيص الأخبار وشكلها وفقاً لاهتماماته، من خلال عدة خيارات تطرحها الصحيفة الإلكترونية لجمهورها .

10. الأرشيف الإلكتروني: من السمات البارزة في الصحافة الإلكترونية الأرشيف الإلكتروني، الذي يعد مكوناً حيوياً في عملية إصدار الصحيفة الإلكترونية، ويثري عنصر التفاعلية في عرض واستدعاء وأرشفة المواد من قبل المستخدمين، ويتجاوز الأرشيف الإلكتروني دور ومساحة حجم الأرشيف المطبوع، إلى حجم المواد التي يمكن حفظها واسترجاعها، أو الأشكال المختلفة، أو حجم الجمهور إلى يخدمه الأرشيف الإلكتروني، وفق عنصري الفورية والتفاعلية.

11. الدمج: تتميز الصحيفة الإلكترونية بإمكانيات فنية متقدمة، تتيح تقديم تغطية صحفية متعددة الوسائط، عبر عرض الموضوع الصحفي بأشكال مصاحبة، مثل الصور الحية والرسوم الجرافيكية والصوت والنصوص، ما يعني تمكين المستخدم من اختيار الشكل الذي يرغبه مباشرة على المادة، وكذلك تحويلها من مسموع

أو مرئي إلى مطبوع، من خلال وسائل التقنية المتاحة، حاسب آلي، هاتف جوال، أو جهاز تلفزيون أو غيرها من الوسائل.

12. نظام الربط والوصلات: هي تقنيات فنية تتمثل في قدرة الصحيفة الإلكترونية على ربط عناصر وأشكال المعلومات المختلفة،وتحقق إثراءا معلوماتياً وبعداً تفاعليا، وفق نظام الوصلات التي تتيح للمستخدم مزيداً من الخيارات المعرفية والتعمق في متابعة الحدث أو القضية، ليس في موقع الصحيفة فحسب، وإنما قد يتجاوز إلى مواقع أخرى

13. الوصلات التشعبية: وهي توفر وصلات إلى نصوص متصلة بالموضوع في نفس الموقع، وهذه الحالات في النص تستفيد من ميزات الإنترنت في تتبع مصادر الموضوع .

الخدمات التي تقدمها الصحف الإلكترونية

1. **الشريط الإخباري:**

وهو عبارة عن شريط متحرك يوضع في مكان مناسب من الصفحة الرئيسية للصحيفة، ويتيح لزائر الموقع مطالعة عناوين آخر الأخبار والتطورات العربية والعالمية التي ينشرها الموقع في صفحته الرئيسية أولاً بأول، وذلك على مدار الساعة، وهذه العناوين متصلة بصفحاتها التفصيلية .

2. **الصفحات التفاعلية:**

أ. المشاركة في التصويت: يعد التصويت من الأدوات المهمة للموقع ولزائره على السواء فللزائر من حيث إتاحة المجال أمامه للتعبير عن الرأي، وللموقع من حيث يمكنه قياس رأي زائريه في الأحداث والقضايا المختلفة ومعرفة مدى تفاعلهم معها ومواقفهم منها، ونتيجة التصويت دائماً تظهر في مكان التصويت نفسه، وذلك بعد لحظة من المشاركة، دونما الحاجة إلى إعادة تحميل الصفحة.

ب. المشاركة في الحوار المباشر: إمكانية المشاركة في الحوار المباشر عن طريق المشاركات الحية التي يوفرها الموقع على الصفحة الرئيسية.

ت. نشرة الأخبار البريدية: مجموعة من الأخبار والموضوعات المحلية والإقليمية والدولية والسياسة والاقتصادية والثقافية والعلمية المختارة مما ينشر ـ يومياً في الأقسام المختلفة للصحيفة، يتم إرسالها للأعضاء المسجلين في الصحيفة في نشرة خاصة عبر البريد الإلكتروني، لتمكنهم في زحمة الأعمال والواجبات من متابعة ما يستجد من أحداث وتطورات، وتيسر لهم الحصول على ما قد يحتاجونه من معلومات .

ميزات الصحافة الإلكترونية:

اتفق العديد من الباحثين على أن الصحافة الإلكترونية تحمل سمات الصحف المطبوعة، وتقوم بالدور الذي تقوم به كما أنها تحمل سمات الصحف المسموعة والمرئية (الإذاعة والتلفزيون)، وهي تتفوق على الصحافة العادية في كونها تسمح لجمهورها باختيار الوقت المناسب لهم ولذلك فإن الصحافة الإلكترونية تتميز عن غيرها بمايأتي:

1. تعدد الوسائط المستخدمة في تقديم الأخبار إذ لا يقتصر ـ الأمر على الكلمة المطبوعة والصور الفوتوغرافية كما هو الحال في الصحافة المطبوعة أو حتى الحركة والصوت، كما في الإذاعة والتلفزيون فقد أصبح الخبر الإلكتروني يجمع كل هذا.

2. تعدد المصادر وتنوعها: إذ لم يعد القارئ أو المستخدم مكرهاً على التعامل فقط مع الأخبار التي يجمعها مندوبو وسيلة واحدة فقط، ولكن بإمكانه التنقل بين المواقع للتعرض إلى مختلف الروايات في الحدث الواحد.

3. التحديث المستمر للصحيفة وللأخبار على مدار الساعة، أي إمكانية البث والتوزيع على مدار 24 ساعة يومياً.

4. إمكانية البحث داخل الأرشيف الإخباري: أي أن القارئ يستطيع أن يعـود بنفسـه إلى خدمـة الأرشيف لمعرفة خلفيات الموضوع وحيثياته.

5. إمكانية إنتاجها بناء على طلب القارئ أو المستخدم: وبالتالي إمكانيـة تعديلها حسب رغبـات القراء، ولا يتوافر هذا في الصحف الورقية.

6. سهولة الوصول إلى نوعيات معينة من الأخبار من خلال نظام (خريطة الموقع).

7. ربط الأخبار المنشورة بالأخبار المشابهة لها داخل الموقع أو في مواقع أخرى، إذ يستطيع القارئ أن يتوسع في قراءة الموضوع من روابط أخرى.

8. إمكانية وصول أخبار معينة فور وضعها في الموقع إلى صندوق البريد الخاص بالمستخدم مـن خلال الاشتراك.

9. أنها موجود ضمن إطار موقع معين (Website) ويمكن لكل من يملك البنية التحتيـة أن يتصفحها وله حرية قراءة أي جزء وتكبيره وتصغيره والتخاطب الإلكتروني مع كاتبه.

10. للقارئ حرية القراءة في أي وقت يشاء،مع إمكانية تخزينها واسترجاعها.

11. أن الوحدة الأساسية للجريدة الإلكترونية هي الموضوع المطروح وليس الصفحة، حسب الترقيم المعروف بالصحف المطبوعة.

12. لا توجد مشكلة مساحة في الصحيفة الفورية الإلكترونية.

تحرير وتصميم ومعوقات الصحف الإلكترونية:

تحرير الصحف الإلكترونية:

تتطلب الصحافة الإلكترونية مهارات إعلامية جديدة، تتفق وخصائص الوسيلة الجديدة، حيث يفرق الشهري بين الكتابة للصحافة الإلكترونية والكتابة للصحافة المطبوعة، ويشبه الكتابة في الصحافة الإلكترونية بالكتابة لوكالات الأنباء، التي تعتمد في المقام الأول على الاختصار والدقة والسرعة.

أن العمل في الصحف الإلكترونية يتفوق أحيانا كثيرة على الصحف المطبوعة بمعنى أنه يحتاج إلى تأهيل عال جداً مقارنة مع الصحف المطبوعة ولذلك ينبغي على المحررين ورؤساء التحرير أن يتقنوا فن العمل مع تكنولوجيا الاتصال ومهاراته لأن العمل في المجال الإلكتروني يختلف في بعض الأمور التحريرية عن الصحف المطبوعة.

وترى مها عبد المجيد أنه "من الصعوبة بمكان أن يظل الأسلوب الصحفي الكلاسيكي ذاته في وسيلة إعلامية جديدة يتسم جمهورها بأنه طرف منتج فيها، وبشكل مباشر في مجرياتها".

تتيح شبكة الويب للصحيفة أن تضع على موقعها مئات وربما آلاف من صفحات الويب التي ينتقل إليها المستخدم من الصفحة الأمامية للموقع، وتستخدم الصحف الإلكترونية ثلاثة أنماط من تكنولوجيا نقل النص على الشبكة ،وهي:-

الصحف التي تستخدم تقنية الجرافيك التبادلي (Graphic Interchange Format, GIF) الذي يتيح نقل صورة شكلية من بعض مواد الصحيفة الورقية إلى مواقعها على الإنترنت، مثال صحف (الشعب المصرية، السياسة الكويتية).

الصحف التي تستخدم تقنية النص المحمول (Portable Datagram Format, PDF) ويتيح نقل النصوص والأشكال والصور والرسوم والصفحات كاملة من الصحيفة الورقية إلى موقعها على الشبكة بشكل مطابق تماماً للنسخة الورقية .

الصحف التي تستخدم تقنية النص الفائق (Hyper Text Markup Format, HTML) وهو النمط الذي يتيح وضع نصوص الصحيفة الإلكترونية بشكل مستقل عن نصوص الصحيفة الورقية، ويستفيد من إمكانيات الإنترنت المتعددة وأهمها الجمع بين النص والصورة والصوت ولقطات الفيديو، وإمكانية توافر خدمات البحث والأرشيف ونسخ الصور .

تصميم الصحف الإلكترونية:

قد يجذب التصميم ألطباعي القارئ بالعناصر المرئية ذات التأثير الكبير، وبالمقابل فإن الويب يمكن أن يعرض صوراً متحركة قد يتحكم المستخدم فيها، حيث يقوم التصميم الطباعي على أساس ترك أعين القراء تمر على المعلومات، واستخدام التجاوز المكاني لتقوم عناصر الصفحة بتفسير بعضها البعض.

هذا ويسهم في تصميم الويب تحريك الشاشة، أو ضغط المؤشر ليتم التعبير عن العلاقات المعلوماتية، كجزء من التفاعل وحركة المستخدم والهدف من التصميم الجيد للصفحات في كل الصحف هو تسير القراء بالنسبة للمستخدم في حالة الصحيفة الإلكترونية، أي مدى كفاءة موقع الصحيفة في عرض المعلومات واستعداداتها بطريقة سهلة في بيئة الوسائط المتعددة، أو سهولة القراءة بالنسبة لقارئ الصحف الورقية،وقد خلصت العديد من الدراسات إلى أن غالبية المستخدمين يشعرون بالراحة مع المواقع الأقل استخداماً وتعقيداً للألوان، والتي تحمل معلومات أكثر وتعقيد أقل وتتيح قدراً كبيراً من التفاعلية .

هناك العديد من الفروقات بين تصميم الصفحة الورقية المطبوعة، وتصميم الصفحة الإلكترونية على صفحة الويب تتمثل فيما يلي:

الإبحار:

يعد الإبحار عبر النص الفائق (Hypertext Navigation) مكوناً رئيسياً لتصميم الويب، كما هو الحال في تقليب صفحات الصحف المطبوعة التي تعد أحد عناصر التصميم، لكن الإبحار التحرك خلال النص، وهو أهم ما يميز الويب، يتمثل الإبحار وفي التصميم الطباعي عملية تقليب الصفحات التي تعد أحدى أهم مزايا الوسيلة المطبوعة.

وقت الاستجابة وقوة التبيين:

يمكن الحديث هنا عن استجابة الموجة إذ تكون سريعة في حالة الإبحار في صفحة الويب، لدرجة كافية لتحميل صفحة الويب بالسرعة نفسها التي يمكن للفرد بها أن يقوم بقلب الصفحة في الجريدة، وكذلك الحديث عن قوة وضوح الشاشة، إلى الدرجة التي تصل سرعة القراءة من الشاشة لدى القراء، إلى السرعة نفسها في الجريدة المطبوعة .

المساحة:

يشمل هذا العنوان أيضاً الحديث عن المساحات وعدد الصفحات، والمقصود به إيجاد شاشات أكبر تكون بحجم أو مقاس الصفحات التي تظهر فيها الصحف المطبوعة، مما يتطلب تصميم شاشات صغيرة ، ولكن هذا يمكن التغلب عليه بتكبير حجم الكتابة في الصفحة، ربما يكون مشكلة في نوعية الخط الذي يكتب به منشئ الرسالة ومدى توفرها على شاشة كمبيوتر القارئ كما أن العديد من القراء ليس لديهم جلد على الجلوس طويلاً على شاشات الكمبيوتر.

ولذلك فإن استخدام الألوان والأصوات وطرق الإبحار المختلفة داخل الموقع وأماكن وضع المعلومات، وكذلك حجم المادة والمساحات الفارغة وحجم الصور، كلها يجب أن تؤخذ في الاعتبار عند تصميم مواقع الصحف لتقديم الموقع إلى المستخدم ومساعدته في الإبحار داخله وخلق جو مريح أثناء الاستخدام، دون أن يكون هناك حشو للموقع بمعلومات تؤدي لازدحامه دون ضرورة .

طرق استعراض محتوى الصحيفة الإلكترونية:

لموقع صحيفة (Christian Science Monitor) الأمريكية السبق في تطوير خمس طرق لاستعراض محتوى الصحيفة الإلكترونية وهي:

النسخة الإلكترونية التقليدية (Electronic Edition):

وهي التي تظهر على الصفحة الأولى للموقع ومزود بالرسوم والصور والعناصر الجرافيكية الكثيرة، وتقسم الصفحة فيها أربعة أعمدة متساوية في الحجم تحوي معظم المواد المنشور في عدد اليوم من الصحيفة المطبوعة.

النسخة النصية Text Edition:

وهي التي تحقق هدف التصفح بيسر وسهولة دون أن يكون هناك صور ورسوم، فقط العناوين والأخبار الساخنة في العالم، ومن خلال العناوين والروابط الموجودة يمكن الدخول إلى بقية النصوص.

النسخة اللاشجرية Treeless Edition:

وهي خدمة غير مجانية يجب أن يشترك فيها المستخدم لكي تتاح له إمكانية استقبال نسخة مطابقة تماماً للنسخة المطبوعة على شاشة الكمبيوتر باستخدام (PDF) حيث تقوم الصحيفة بإنزال العدد مباشرة على كمبيوتر المشترك ولذلك فإنه يمكنه قراءة الصحيفة سواء كان المشترك متصلاً بالإنترنت أم لا، مما يعني أن المشترك يستطيع الحصول على نسخة مبكرة من الصحيفة قبل توزيعها بالأسواق.

النسخة الدولية Monitor World:

وهي نسخة يتم نشرها في نهاية كل أسبوع من الجريدة تقتصرـ على أهم التقارير والأخبار والمقالات المتعلقة بالشؤون الدولية أي خارج الدولة التي يصدر منها البث.

النسخة المطبوعة Print Edition:

خدمة غير مجانية تتيح للمستخدم مطالعة النسخة المطبوعة كاملة على شاشة الكمبيوتر مقسمة حسب الصفحات والأبواب في صورة نصوص فائقة (Hypertexts) وتختلف عن النسخة النصية والنسخة الإلكترونية في أنها تعرض للمستخدم كل المواد المنشورة في العدد، وتتيح هذه الطريقة للمستخدم عدداً من الخدمات منها إمكانية إرسال أي موضوع بالبريد الإلكتروني وكذلك كتابة رسالة للمحرر أو إرسال نسخة لأية جهة.

النسخة الرقيمة Digital Edition:

هي نسخة مطابقة تماماً للنسخة المطبوعة وبها نفس امتيازات النسخ المطبوعة وتتيح إمكانية تصغير وتكبير النصوص، وهي طريقة طورتها صحيفة (The Boston Globle) الأمريكية.

النسخة اللاسلكية Wireless Edition:

تعني النسخة اللاسلكية إرسال الأخبار والموضوعات إلى أي جهاز لاسلكي يملكه المشترك في أي منطقة في العالم ومتوافق مع التكنولوجيا الجديدة المعروفة باسم Adaptive Info مثل الهواتف الخلوية، وتستخدم هذه الطريقة العديد من الصحف وحتى المحطات الفضائية مثل الجزيرة موبايل.

الصحف المطبوعة والصحف الإلكترونية

هناك من يرى أن المقارنة بين الصحافة الورقية والإلكترونية مرفوضة من منطلق أنا الصحافة الورقية صحافة بالمعنى العلمي والواقعي للكلمة وأن الصحافة الإلكترونية مجرد وسيلة للنشر وجمع النصوص والمقالات والأخبار والصور وبشكل آلي مجرد من المشاعر والإبداع والفاعلية.

أما الطرف الآخر فيرى أن الصحافة الإلكترونية مكملة لدور الصحافة الورقية والمطبوعة، وليس هناك صراع بينهما إلا أن التمويل أصبح الآن من آليات نجاح تلك الصحف في شكلها الحديث الذي ينعكس بالتالي على شكل وأداء الموقع من حيث تنوع أخباره وتحديثها بين الحين والآخر إذ أن ثقافة الإنترنت أصبح لها جماهيرها وشعبيتها وهي في ازدياد مطرد على العكس من قراء الصحف والكتب.

ويكفي الصحافة الإلكترونية أنها في الغالب تتبع الحرية الكاملة التي يتمتع بها القارئ والكاتب على الإنترنت بخلاف الصحافة الورقية التي تكون بالعادة قد تم تعديل مقالاتها من قبل الناشر لأكثر من مرة حتى يكون وفقاً لسياسة الصحيفة.

قبل التطرق إلى الفرق بين الصحيفة المطبوعة والصحيفة الإلكترونية سنذكر مميزات الصحيفة الإلكترونية:

1. السرعة في تلقي الأخبار العاجلة وتضمين الصور وأفلام الفيديو مما يدعم مصداقية الخبر.

2. سرعة وسهولة تداول البيانات على الإنترنت بفارق كبير عن الصحافة الورقية التي يجب أن تقوم بانتظارها حتى صباح اليوم التالي.

3. حدوث تفاعل مباشر بين القارئ والكاتب حيث يمكنهما أن يلتقيا في التو واللحظة معاً.

4. أتاحت الصحافة الإلكترونية إمكانية مشاركة مباشرة للقارئ في عملية التحرير من خلال التعليقات التي توفرها الكثير من الصحف الإلكترونية للقراء بحيث يمكن للمشارك أن يكتب تعليقاته على أي مقال أو موضوع ويقوم بالنشر لنفسه في نفس اللحظة.

5. التكاليف المالية الضخمة عند الرغبة في إصدار صحيفة ورقية بدءاً من الحصول على ترخيص مروراً بالإجراءات الرسمية والتنظيمية،بينما الوضع في الصحافة

الإلكترونية مختلف تماماً حيث لا يستلزم الأمر سوى مبالغ مالية قليلة لتصدر الصحيفة الإلكترونية بعدها بكل سهولة.

6. ارتفاع تكاليف الورق الذي يكبد الصحف الورقية مشقة مالية يومياً، بينما لا يحتاج من يرغب التعامل مع الصحافة الإلكترونية سوى لجهاز كمبيوتر ومجموعة من البرامج التي يتم تركيبها لمرة واحدة.

7. عدم حاجة الصحف الإلكترونية إلى مقر موحد لجميع العاملين إنما يمكن إصدار الصحف الإلكترونية بفريق عمل متفرق في أنحاء العالم.

الفرق بين الصحيفة المطبوعة والصحيفة الإلكترونية:

سيتم التركيز هنا على الفروقات بين الصحيفة المطبوعة والصحيفة الإلكترونية ضمن عناصر الاتصال الأساسية الخمسة القائم بالاتصال "المصدر أو المرسل" والرسالة والوسيلة والمستقبل والتغذية العكسية.

القائم بالاتصال:

فتح الإنترنت بوابات الفيضان المعلوماتي على مصراعيها لتصبح مشكلة الإفراط المعلوماتي من أخطر المشاكل التي نواجهها حالياً، وأصبح في حكم المؤكد استحالة التعويل على الوسائل البشرية وحدها لمسح الشبكة دورياً بحثاً عن المعلومات المطلوبة، وكان لا بد من أتمة هذه العملية وذلك باللجوء إلى ما يسمى بالروبوت المعرفي Knowbot أو البرمجي Softbot بصفته وكيلاً آلياً يحال إليه القيام بهذه المهام الروتينية الشاقة والوكيل الآلي هذا بالروبوت له نصيب من الذكاء الاصطناعي يمنحه القدرة على التحليل والاستنتاج والتوقع.

ويمكن الاستفادة من هذا الوكيل الآلي ليقوم مقام المندوب الصحفي العالمي الذي يبحث عن المعلومات على شبكة الإنترنت، ويضيفها إلى موقع الصحيفة الإلكترونية معتمداً على الذكاء الاصطناعي في هذه المسألة.

الجانب الثاني: المتعلق بالمحرر الصحفي، فمن خلال الدراسات والبحوث ذات الصلة بتحليل نظام النص الصحفي بأشكاله ومستوياته المختلفة يمكن معرفة مجموعة القوانين المختلفة التي تحكم إنتاج هذا النص وبلورة الخطوات التي تتضمن أداء الوظائف التحريرية داخل النص على النحو الأكمل، مما يمكننا من الاستفادة من هذا النتاج العلمي في بناء نظام خبير يضمن القيام بوظائف المحرر Editor من خلال برنامج يعمل على أنظمة الحاسب الآلي، وفي ظل هذه التطورات المتوقعة فلنا أن نتصور ما يمكن أن يطرأ على طبيعة عمل أي من المندوب أو المحرر الصحفي مستقبلاً، إلى الحد الأدنى يمكن أن تصبح معه هذه المهن بشكلها الحالي مهناً منقرضة، ومن المتصور أنه من الممكن في ظل هذه التحولات أنه يصبح لدينا داخل المؤسسات الصحفية نوعان من العمالة، الأغلبية وهي العمالة التي ستتحول إلى مجموعة من المشغلين Users،والأقلية التي تتمثل في الخبراء Experts الذين سيتولون عملية تحليل النظام وتطوير البرامج التي سيعتمد عليها العمل داخل المؤسسات الصحفية.

باختصار إن المحرر أو القائم في الاتصال في الصحيفة المطبوعة ليس بالضرورة أن يعرف كيف يستخدم الكمبيوتر والإنترنت والروابط الأخرى المتصل بها، من جهاز الاسكنر والكاميرات الرقمية لتنزيل الصور الثابتة والأم بي ثري لتنزيل الأصوات أو الأم بي فور لتنزيل الصور المتحركة فضلاً عن البرامج الأخرى لمعالجة الصور والأصوات والصور المتحركة بينما في الصحيفة الإلكترونية لا بد أن يعرف على الأقل استخدام الكمبيوتر وتصفح الإنترنت.

الرسالة:

الرسالة الصحفية عبر الصحافة الإلكترونية لا يختلف مضمونها تماماً مع مضمون الرسالة عبر الوسيلة التقليدية، الصحافة المطبوعة ولكن الاختلاف يأتي من سهولة التعامل مع هذه الرسالة سواء في الوصول إليها أو حفظها، أو تخزينها، فقد وفرت الصحافة الإلكترونية ميزات كثيرة أهمها: أن الرسالة لم تعد تلك الجامدة التي لا حراك

فيها بل أصبحت الرسالة مدعومة بالصورة الثابتة والمتحركة والصوت والرسوم، والخرائط التوضيحية.

والرسالة في الصحافة الإلكترونية تقترب من الوسيلة الناقلة لها بحيث يصبحان وجهين لعملة واحدة، فالوسيلة هي الرسالة كما يقول ماكلوهان، ولكن يأتي الاختلاف المهم في كتابة الرسالة واستقبالها فإذا كنت عازماً على إعداد موضوعك للشبكة فإنك تحتاج إلى التخطيط للوحدات الفوقية hyperlinks وللشكل غير الخطي nonlinear من أخبار الشبكة أن الصفة غير الخطية تعني أن بإمكان القراء الدخول إلى الخبر والصفحة عند أية نقطة، وللتحول من عنصر إلى آخر يضغط القراء على وحدات فائقة السرعة تنقلهم إلى موضوعات أخرى.

الوسيلة:

يختلف شكل الصحيفة المطبوعة التقليدي عن شكل الصحيفة الإلكترونية، وتتزايد أوجه الاختلاف فيه وخصوصاً في ظل دخول أنظمة الوسائط المتعددة، حيث يمكن استقبال مادة الموضوع الصحفي على مستويات عديدة، نصية وصور ثابتة، وصور متحركة، وهناك إمكانية لاستقبال هذه العناصر الخاصة بالموضوع أما على شاشات عديدة أو على شاشة واحدة منقسمة على أجزاء عديدة ومن المؤكد أن دخول عنصر الصورة المتحركة في إطار الصحيفة الإلكترونية سيحدث تحولاً جذرياً في الشكل الإخراجي العام لها، وإذا أضفنا العنصر السمعي فلنا أن نتصور حجم هذا التحول فضلاً عن ذلك فإن المادة الصحفية الواحدة داخل الصحيفة الإلكترونية ستعتمد على مجموعة من الملفات المعلوماتية المساندة التي يمكن فتحها بسهولة.

المستقبل:

إن المعطيات التكنولوجية المتاحة في إطار الصحيفة الإلكترونية المعتمدة على تقنية الحاسبات ستسهم في تخطي مسألة القراءة، فكثير من القراء يتكاسلون عن القراءة

لسبب أو لأخر مما جعلهم يهربون عن الصحافة المطبوعة إلى الراديو والتلفزيون بصورة كبيرة حيث من الممكن أن يقوم جهاز الحاسوب في ذاته بقراءة مضمون المادة الصحفية داخل الصحيفة الإلكترونية، بمجرد أن يقوم المستخدم بطلب ذلك عن طريق الإشارة إلى النص المطلوب قراءته باستخدام لوحة مفاتيح الجهاز أو الماوس، بل أنه من الممكن في حالة رغبة المتلقي الذي يجيد القراءة إذا أراد أن يوفر على نفسه عناء المتابعة البصرية في تصفح النص على شاشة الحاسوب، أن يعطي إيعاز للبرنامج بقراءة المادة الصحفية المطلوبة.

التغذية العكسية:

في الصحافة الإلكترونية تكون التغذية العكسية تغذية مرئية منقولة بالصوت والصورة ومباشرة بين المرسل والمستقبل.

الصحافة المطبوعة مسار خطي، الإلكترونية مسار لا خطي

في ضوء الخصائص السابقة التي تميزت بها بيئة عمل الصحافة الإلكترونية، يمكننا استخلاص منهج العمل الذي تعمل به هذه الصحافة، ولمزيد من التوضيح سنعرض في عجالة لمسار ومنهج عمل الصحافة المطبوعة، فمن خلال المقارنة تتضح الصورة أكثر.

الصحافة المطبوعة: مسار (خطي):

يمكن القول أن الصحافة المطبوعة تتبع منهجاً في العمل يقوم على المسار الخطي،إى ينقل القارئ من نقطة إلى نقطة في مسار مستقيم حتى ينقل المعلومة من المصدر إلى الجمهور، كالتالي:

المرحلة الأولى: ساحة الأحداث ومصادر المعلومات، وفيها تتم مرحلة جمع المعلومات بواسطة الصحفيين.

المرحلة الثانية: جهة الاتصال ويقوم بهذه المهمة المحررون وجهاز تحرير الصحيفة ومسؤولياتها وإدارتها ككل، وفي هذه المرحلة تكون المواد القابلة للطباعة، سواء صور أو نصوص مكتوبة، هي النمط الوحيد المستخدم.

المرحلة الثالثة: وسيلة الاتصال وهي صحيفة من الورق مطبوع عليها المحتوى التحريري الذي حصل عليه جهازها التحريري.

المرحلة الرابعة: جمهور متلقي عليه أن يقرأ فقط، ولا يملك من وسائل الاتصال والتفاعل مع الصحيفة شيئاً سوى عينية وسطور الحبر المصفوفة على الورق.

هكذا تصنع المراحل السابقة نموذجاً خطياً ينتقل من نقطة لأخرى في خط مستقيم من المصدر للقارئ.

الصحافة الإلكترونية: مسار لا خطي:

في مقابل البساطة والسهولة التي يتميز بها المسار الخطي الذي تتبعه الصحافة المطبوعة، تتبع الصحافة الإلكترونية مساراً لا خطياً يتسم بالتنوع والتعقيد ويقوم على تعدد البدائل والخيارات في كل مرحلة من مراحل ممارسة العمل عبر الصحافة الإلكترونية كشكل من أشكال الاتصال كالتالي:

المرحلة الأولى: ساحة الأحداث ومصادر المعلومات لا يوجد بها صحفيون محترفون فقط، بل تضم هواة ومستقلين وكثير ممن لا يمكن الحكم عليهم بأنهم صحفيون من الأصل، كخبراء في مهنة ما أو نشطاء في حركة سياسية أو منظمة دولية متخصصة أو مدافعين عن حقوق الإنسان.

المرحلة الثانية: جهة اتصال لا تقتصر على صحيفة أو مؤسسة صحفية وقنوات تلفزيونية، بل يوجد بجانبها منظمات وحركات سياسية وأحزاب ومنظمات دولية ووزارات تابعة لدول وأشخاص مستقلين وهواة وغير ذلك، وجهة الاتصال لا تقوم فقط بالتعامل مع نصوص مكتوبة، كما هو الحال في الصحافة المطبوعة، بل يتعين عليها القيام بتحرير

للمواد المقروءة والمسموعة والمرئية،وتحديث قواعد البيانات والبحث عن مراجع ومصادر إضافية للمادة المقدمة...أخل، وتلقي هذه المهام المتنوعة في أهدافها وطبائعها بظلالها على البنية الداخلية وعلاقات العمل السائدة داخل الصحيفة أو جهة الاتصال، فهي تفرض نوعاً جديداً من التفاعل والتداخل الإيجابي بين الصحفيين من جهة والتقنيين ومتخصصي تكنولوجيا المعلومات من جهة أخرى، لأنه ليس من السهل ممارسة الصحافة الإلكترونية بدون وجود أخصائيين في تصميم صفحات الويب وإدارة المواقع وقواعد البيانات وتأمينها وتحديثها وتركيب البرمجيات الخاصة بالتحديث الدوري للمحتوى.

المرحلة الثالثة: وسيلة الاتصال تتغير من نسخة ورقية مطبوعة من الصحيفة، أو موقع على الإنترنت أو قناة معلومات صحفية تليفزيونية، أو محتوى صحفية يتم بثه بالكامل لاسلكياً على ما يعرف بالكتاب الإلكتروني أو غير ذلك من الأوعية الرقمية الحاملة للمعلومات، التي يتجدد محتواها كل يوم وفي الوقت نفسه تحتفظ بالمحتوى القديم، عكس الوعاء الورقي في الصحيفة التقليدية الذي يفقد قيمته كلية تقريباً بالنسبة للقارئ في نهاية دورة صدوره وظهور العدد التالي منه.

ووسيلة الاتصال داخل الصحافة الإلكترونية يتعين أن تكون قادرة على تقديم خدمات متنوعة منها (الروابط النشطة وخدمة البريد الإلكتروني والأرشيف الإلكتروني وخبراء جاهزون للرد على الأسئلة من قبل الجمهور، واستقصاءات للرأي ونظم محادثة فورية ومواد مكتوبة ومواد مرئية ومواد مسموعة).

الصحافة المطبوعة والإلكترونية بين العواطف وحقائق الواقع:

يتطلب الحديث عن الصحافة المطبوعة أو الورقية، والصحافة الإلكترونية تناول الجوانب الإيجابية والسلبية في كل منهما، ثم تناول طبيعة العلاقة بينهما، وحتى لا يبدو الحديث مملاً، فإن ذلك يبدو مهماً في عصر يمل فيه الناس التطويل، ويمكن وضع الجوانب الإيجابية والسلبية في نقاط محددة على النحو الآتي:

إيجابيات الصحافة المطبوعة:

1. زيادة العلاقة بينها وبين القارئ التي تكونت عبر سنوات طويلة.
2. لا يحتاج تصفحها غير الإلمام بالقراءة والكتابة.
3. ذات مصداقية أعلى، لاعتمادها على مصادر لاستقصاء الأخبار، والتزامها أساليب التحرير.
4. تحفظ حقوق الملكية الفكرية، لضيق فرص الادعاء والانتحال.
5. أقل تكلفة من الصحافة الإلكترونية.

سلبيات الصحافة المطبوعة:

1. غير قادرة على مجاراة الصحافة الإلكترونية في السرعة.
2. التفاعل مع القراء أقل، والمجال أمام أصحاب الرأي من كل المستويات أضيق.
3. معرضة لتسلط الرقيب، وما ينتج من ذلك من تضييق على الرأي ومصادرة للصحفية وملاحقة للصحفيين.

إيجابيات الصحافة الإلكترونية:

1. قادرة على اختصار المسافات، وتجاوز الحدود السياسية.
2. قادرة على تجاوز مقص الرقيب.
3. سريعة التداول.
4. تحقق التفاعلية بين الكاتب والقراء، ويجعل القراء إيجابيين في تعاملهم مع المادة الإلكترونية.
5. تتيح المجال لكل صاحب فكر أو رأي أن يطرح ما لديه.
6. أتاحت المجال للمرأة العربية لتتجاوز السلطوية التي تمارس عليها، وما ينتج من ذلك من تقييد حركتها، والتضييق عليها.
7. أتاحت المجال لتفتح زهور إبداعية في الصحافة والأدب.

سلبيات الصحافة الإلكترونية:

أ. فقدان المصداقية بسبب الاعتماد على مصادر غير موثوق بها في نشر الأخبار، والخلط بين الخبر والرأي.

ب. التأثير سلباً في اللغة، بسبب الضعف اللغوي الواضح الذي يعانيه الكتاب.

ث. عدم التزام أساليب التحرير الصحفي السليمة، مما ينعكس سلباً على فن التحرير الصحفي الذي يمثل ركيزة أساسية للعمل الصحفي المنضبط.

ت. فتح المجال أمام المدعين للولوج إلى عالم الصحافة من الأبواب الخلفية.

ث. وجود مجال كبير للسطو على أفكار الاخرين وإبداعهم.

ج. تحتاج إلى مهارات كثيرة غير القراءة والكتابة، وتعد أكثر كلفة.

العلاقة بين الصحافة المطبوعة والإلكترونية:

إن التنافس بين الصحافة واقع لا يمكن أن ينكره أحد، وخصوصاً أولئك الذين يتشبثون بالماضي، ويظلون يلون ذلك الماضي بألوان وردية، كأنه جنة كان فيها كل ما يسر الخاطر، ويبهج النفس، متناسين ما كان فيه من آلام، ومواجع، ومن ثم فإن المنتمين إلى الصحافة المطبوعة الذين ينكرون ما تتمتع به الصحافة الإلكترونية من إيجابيات لا تتوافر للصحافة التي ينتمون إليها، يكونون كمن ينكرون حقائق الحياة كشروق الشمس، ووهج حرارتها، أو جمال القمر في الليلة الرابعة عشر، وقد بدا تأثير الصحافة الإلكترونية واضحاً في اجتذابها قراءً من مختلف الأعمار، وخصوصاً جيل الشباب الذي لاتربطه تلك العلاقة الحميمة مع المطبوع من كتاب وصحيفة، كما كان الأمر لدى الأجيال السابقة، وأكدت الأرقام ولاسيما في الغرب أن الإقبال على الصحافة الإلكترونية أثر سلباً في الصحافة المطبوعة، وتمثل ذلك في الاستغناء عن عدد كبير من العاملين في الصحف المطبوعة، وضعف الاشتراكات، وانخفاض أرقام التوزيع.

ومع هذا الواقع البين، هناك رؤساء تحرير يقفون موقف العداء من الصحافة الإلكترونية، رافضين الإقرار بواقع حي، وهناك صحف حاولت التكيف مع هذا الواقع

بتأسيس نسخ إلكترونيـة مـن الصحافة المطبوعـة، وهنـاك مـن حـاول التمييـز بين الصحيفتين المطبوعـة والإلكترونية، بإيجاد مواد تخص كلاً منهما.

ومن الرؤى المتقدمة للعلاقة بين النوعين، أن الصحافة الإلكترونية قد تسهم في الترويج للصحافة المطبوعة من خلال تناول رؤوس الموضوعات وترك التفاصيل للصحافة المطبوعـة، ويتحقـق النجاح لهـذه الرؤية إذا كانت الصحيفة المطبوعة شائقة ومثيرة، كـأن تتضمـن أخبـار الحـوادث المحليـة، أو انفرادات صحفية مهمة.

وتوظف الصحافة المطبوعات التقنيات الإلكترونية التي تسهم في تسريع إيقاع عملها، وتقلل الفارق الزمني بينها وبين الصحافة الإلكترونية.

وإذا حاولنا قراءة الواقع العربي في هذا الإطار، يمكن الاعتراف بأن الصحافة الإلكترونية في مرحلـة التضييق الشديد على الحريات استطاعت أن تتجاوز الرقابة، وأن تضع الحقائق أمام القراء، كما ربطت بين أبناء الدول العربية في مختلف المهاجر، وأتاحت المجال للجميع لتـداول القضـايا الوطنيـة، ومناقشتها، بـل معايشة ما يحدث في أرض الوطن لحظة بلحظة.

كما أنها أمدت الصحافة المطبوعة بأقلام جيدة، لم تعرف إلا عبر الكتابة الإلكترونية، وفي الوقت نفسه زحفت جحافل من الكتاب غير المؤهلين من الصحافة الإلكترونية لاقتحام الصحافة المطبوعـة، بـل منهم من اكتسب الصفة الصحفية من غير أن يكون جـديراً بها، وهـؤلاء يشـوهون جمـال لغتنـا العربيـة، ويحرفون الفنون التحريرية، ومنهم من يسيء إلى الاخرين مستغلاً المنابر المختلفة.

ومما تعانيه صحافتنا الإلكترونية غياب الهيكلية الإدارية، والاعتماد على الجهود الفردية، وغياب التمويل، والرؤية التسويقية، وعدم وجود فريق عمل محدد، وهذا يجعل العمل قابلا للتوقف والتعثر في أي وقت.

وينعكس هذا الوضع سلباً على هذه الصحافة، فهي تستقي الأخبار من مصادر غير موثوقة، وتشارك في إعداد المواد أقلام غير مدربة، بل إن الآنية التي تميز الصحافة الإلكترونية تبدو مفتقدة، في ظل وجود مواد كثيرة فيها سبق نشرها في الصحافة المطبوعة.

إن قضية العلاقة بين الصحافة المطبوعة والصحافة الإلكترونية تبدو مقعدة، وخصوصاً أن المعلومات والإحصاءات الدقيقة غير متوافرة، وهي تحتاج إلى دراسات معمقة تفضي إلى رؤية واقعية بعيدة عن التخمين، والاستنتاجات الخاطئة، مما يؤسس لواقع إعلامي يتكيف مع المستجدات، بدلاً من رفض الجديد من موقف عاطفي.

الخصائص الاتصالية للصحف الإلكترونية

تتسم الصحف الإلكترونية بالعديد من الخصائص الاتصالية، التي تنطلق من قدرات شبكة الإنترنت كوسيلة اتصال حديثة، حيث أكدت معظم الأبحاث والدراسات على أنها أصبحت وسيطاً إعلامياً جماهيرياً فعالاً، حيث مكنت كافة الأفراد والمؤسسات من إرسال واستقبال المعلومات عبر أي مسافة، وفي أي وقت، وفي أي مكان، خاصة بعد أن شهدت نمواً مضطراً وتزايداً سريعاً في إقبال العديد من المؤسسات الصحفية، والتعليمية، والأكاديمية، ومراكز البحوث على استخدامها والاشتراك في المواقع المختلفة التي تتيحها إلى قيامها بإنشاء مواقع لها عبر الشبكة.

كما تتنوع الخصائص التي تتسم بها الصحافة الإلكترونية لتكون بمثابة المعالم المميزة للنشر على شبكة الإنترنت، ولذلك فإن نجاح الإصدارات الصحفية على شبكة الإنترنت يقتضي فهم هذه الخصائص، والعمل على الإفادة الوظيفية منها، لتقديم نمط اتصالي جديد يتناسب مع الطبيعة الحديثة للنشر الإلكتروني، وتتمثل أهم الخصائص الاتصالية للصحافة الإلكترونية فيما يلي:

1. التفاعلية (Interactivity) أو الاتصال التفاعلي:

حيث لا تعد التفاعلية سمة للوسيلة بقدر ما هي عملية ترتبط بالاتصال نفسه، وهي في الصحف الإلكترونية بمثابة نقطة التقاء بين الاتصال المباشر، والاتصال الوسطي، والاتصال الجماهيري، ويمثل هذا النمط في الاتصال في المواقف الاتصالية التي ينتج عنها تبادل الأدوار بين المشتركين فيها وتأثر كل طرف بمعطيات الطرف والأطراف الأخرى.

وتعد الصحف الإلكترونية إحدى أهم الوسائل الاتصال الجماهيري، التي باتت تتوافر على الاتصال التفاعلي، فالمستخدم يحصل على المعلومات الفورية من المواقع، ويتمكن من التفاعل مع مصدر هذه المعلومات ومع غيره من الزوار الذين يترددون على الموقع نفسه، كما إنه يستطيع أن يكون لنفسه خدمة إخبارية مناسبة لاحتياجاته ورغباته.

ويؤكد (هربت) على أن الصحافة الإلكترونية تعد من الصحف التفاعلية لأنها تتميز بفتح المجالات للحوار والمناقشات في مختلف أنواع القضايا والموضوعات بفضل إفادتها من التقدم التكنولوجي الرقمي الذي يدعم الحوار ويثري قنواته.

وعلى الرغم من صعوبة التحديد الدقيق للمقصود بالاتصال التفاعلي الذي تتيحه الصحافة الإلكترونية، إضافة إلى صعوبة القطع بأساليب محددة لتحقيقه، فإن ماتقدمه الصحافة الإلكترونية في هذا المجال يمثل نقله كبيرة، تستهدف السماح للقراء للتعبير عن آرائهم، من خلال اتصالهم بالمحررين والكتاب، عبر العديد من الأنماط التفاعلية التي تتيحها هذه الصحف لقرائها، ولعل أهم خاصية أضافتها شبكة الإنترنت في هذا المجال هي عملية التفضيل الشخصي للمعلومات، حيث يتاح للمستخدم اختيار الموضوعات، والمقالات الإخبارية، أو الخدمات التي يرغب في الحصول عليها بشكل مسبق، وبذلك يشارك في صنع المادة الصحفية عبر الشبكة ، ولا يقتصر دوره في التعرض لها فقط.

ويمكن تقسيم التفاعلية التي تتم في هذا النمط الاتصالي إلى قسمين هما:

أ. **الاتصال التفاعلي المباشر**

وهو النمط الذي تتحقق فيه التفاعلية بشكل مباشر ، ويتم عبر مشاركة القراء في غرف الحوار Chat Room، التي تنشئها الصحف لتبادل الحوار بين المحررين، والقراء حول القضايا المختلفة، وأيضاً يتحقق هذا النمط من التفاعلية من خلال خدمة المرسال Messenger، التي تسهم في تحقيق الاتصال المباشر بين إدارة الصحفية ومحرر بها، كما يتيح للمحررين إمكانية الاتصال المباشر بمصادرهم لإجراء الأحاديث الصحفية معهم، ويمكن للصحف الإلكترونية الإفادة من خدمة الاجتماع على الشبكة Net Meeting، التي تمكن من الاتصال المباشر بمصدر أو أكثر في الوقت نفسه بشكل مرئي وغير مرئي، كما يمكن الإفادة من هذه الخدمة التفاعلية في عقد الاجتماعات الإلكترونية بين المحررين.

ب. **الاتصال التفاعلي غير المباشر**

وتتمثل أهم خدمات الاتصال غير المباشر التي تتيحها الصحف الإلكترونية، في البريد الإلكتروني E-mail، الذي يسمح بإرسال رسائل القراء الإلكترونية، والتي تتضمن تعليقاتهم إلى الصحف التي يتعرضون لها، ثم تعمل الصحف على الرد على ما ورد في هذه الرسائل بشكل آلي.

وإلى جانب هذه الخدمة يمكن لقراء الصحف الإلكترونية التواصل غير المباشر مع صحفهم من خلال المشاركة في المنتديات الحوارية، التي تطرحها الصحف حول بعض المجالات ذات العلاقة باهتمامات قرائها، وتعمل هذه المنتديات وفق تقنية Bulletin Board System، التي تتيح للصحف التحكم في المشاركات الواردة إليها، بالتعديل أو الحذف إذا لزم الأمر.

كما تعمل بعض الصحف الإلكترونية على تحقيق التفاعل غير المباشر مع قرائها، ومحرريها، ومصادرها عبر القوائم البريدية Mailing List، مثلما يحصل في تزويد

المشتركين فيها عبر البريد الإلكتروني بالعناوين التي تطرحها، وتتلقى منهم بالطريقة نفسها ملحوظاتهم، وتساؤلاتهم، ومشاركاتهم، وطلباتهم حول هذه الموضوعات.

2. العمق المعرفي

تتميز الخدمات الصحفية المقدمة في الصحف الإلكترونية بالعمق المعرفي والشمول، ويتهيأ من اتساع المساحة المتاحة لهذه الصحف، حيث لا ترتبط الصحف الإلكترونية شأنها في ذلك شأن كل المواقع الإلكترونية بقيد المساحة كما في الصحف المطبوعة.

وإلى جانب ذلك يتوفر في المواد الصحفية المنشورة بالصحف الإلكترونية قدر معرفي مناسب، حيث تعمل هذه الصحف –عبر ما تقدمه من خدمات إضافية- على تقديم عمق معرفي إضافي للمواد المنشورة فيها، وتستهدف هذه الخدمات تقديم خلفيات الأحداث، وربطها بالقضايا أو الموضوعات المتعلقة بها، ويتم ذلك من خلال سماح النمط الإلكتروني المستخدم في تصميم الصحف الإلكترونية، بانتقال القراء- بمجرد الضغط على إيقونة خاصة بذلك- إلى خدمات معرفية أخرى تقدمها الصحيفة نفسها ومن هذه الخدمات ما يلي:

أ. تصفح موضوعات صحفية أخرى ذات علاقة بالموضوع المستهدف.

ب. العودة لأرشيف الصحيفة، حيث تتيح بعض الصحف إمكانية استعادة أعدادها الماضية لمدة تصل إلى خمس سنوات.

ج. النفاذ لمركز معلومات الصحيفة، للاستزادة حول بعض المواد المنشورة في العدد نفسه.

د. الاطلاع على عدد من الطبعات التي تصدرها الصحيفة حتى يتسنى لقرائها في كل مكان الاطلاع على طبعاتها المختلفة.

هـ. بالإضافة إلى هذه الخدمات تتيح الصحف الإلكترونية عدة روابط تتناسب مع اهتمامات هذه الصحف وتلبي حاجات القراء.

3. المباشرة أو الفورية

ويقصد بذلك تقديم الصحف الإلكترونية لخدمات إخبارية آنية Online تستهدف إحاطة مستخدميها بآخر الأخبار، والمعلومات في مختلف المجالات لملاحظة تطورات الأحداث المتلاحقة.

وهناك من يطلق على الصحيفة الإلكترونية بالصحيفة الفورية إشارة لإمكانية نقل الأخبار والأحداث المختلفة فور وقوعها، وتميزاً لها بهذه السمة الفريدة مقارنة بالصحيفة التقليدية، فلم تعد الممارسة الصحفية في البيئة الإعلامية الفورية مقيدة بما اصطلح على تسميته Dead line، كما أها غير مقيدة بوقت الإعداد، والطبع والتوزيع.

كما أن الفورية التي تتسم بها الصحيفة الإلكترونية بصاحبها مرونة غير مسبوقة في الاستفادة من هذه الفورية وتطبيقاتها، وهو ما يظهر في قدرة الصحفية الإلكترونية على تحديث محتواها، ونقل الأخبار المهمة فور وقوعها، مقارنة بوسائل الإعلام الإلكترونية التقليدية مثل الإذاعة والتليفزيون، والتي تتسم بالفورية -إلى حد ما- وهو ما يجعل فورية هذه الوسائل في عرض الأخبار المهمة منقوصة، لأن إضافة مادة جديدة طارئة تقتضي وقف نقل أو عرض بقية المواد.

كما أنه لا يمكن تحديث المحتوى ككل في أكثر من اتجاه؛ لأن الوسيلة التقليدية (إذاعة-تليفزيون) لا تستطيع أن تقدم للمتلقي سوى عنصر واحد في اللحظة نفسها.

بينما توفر شبكة الإنترنت إمكانية تحديث المعروض ككل مع إضافة العناصر الجديدة الطارئة، فالموقع الفوري الواحد يستطيع أن يعرض العديد من المواد المحدثة في دقائق قليلة، لذا فالفورية التي يتيحها النشر الفوري – ويمكن للإصدار الفوري أن يستفيد منها- تتسم بالمرونة أيضاً، وهو ما يبرز على وجه الخصوص عند التعامل مع الأخبار الطارئة وأوقات الأزمات.

4. التحديث المستمر للمضمون المقدم

حيث ينطوي عمل الصحف الإلكترونية على تحديث خدماتها الإخبارية بشكل مستمر طوال اليوم، وذاك لمسايرة الطبيعة الخاصة بشبكة الإنترنت التي تعد الفورية إحدى أهم سماتها، وتفترض علاقة الوقت بطبيعة المحتوى المقدم في الصحف الإلكترونية نشرـ المعلومات، واستكمالها،وتصحيحها، وتحديثها بشكل دائم إلى ما لا نهاية، فتتحول بذلك المادة الصحفية المنشورة إلى تاريخ متطور.

ولم تكن الإمكانية التي يتيحها النشر الفوري في تحديث المواد والأخبار معروفة بشكل كامل حتى فبراير 1997م، عندما استخدمت صحيفة Dallas Morning موقعها الإلكتروني لنقل ومتابعة تطورات الأخبار حول الانفجار الذي وقع في مدينة أوكلاهوما، ومتابعة الحدث باستمرار.

وعلى هذا يفترض النشر على شبكة الإنترنت تحديث الخدمات الصحفية المقدمة، وبخاصة الإخبارية منها في مدى زمني لا يتجاوز ساعة واحدة، وفي هذا الإطار تقوم الخدمة الإلكترونية لمحطة (CNN) التلفزيونية بتحديث محتواها كل عشر دقائق، كما تشير إلى تاريخ وساعة وآخر تحديث.

5. تعدد خيارات التصفح

حيث يوفر نظام النشرـ الإلكتروني القدرة على إتاحة التصفح الحر أمام القراء انطلاقاً من استخدامه لنظامي الكتابة الإلكترونية، الهيبرتكست، والهيرميديا اللذين يتيحان قدرات عالية من المرونة والتنوع، إضافة إلى قابليتهما للدمج والتحول بما يساعد على ربط النصوص المنشورة بأجزاء متعلقة بها في مواقع أخرى من الشبكة.

كما أسهم تضمن الأجهزة الحاسوبية الحديثة بشكل مجاني لبرامج التصفح عبر الإنترنت مثل: Netscape Internet Explorer في تسهيل تصفح الجمهور للمواقع المختلفة عبر الشبكة حيث إن الصحيفة الإلكترونية لا تتوقف عند حد ما تتوافر عليه من

مضامين صحفية، بقدر ما يتصل ذلك بما تتيحه من إمكان الاستزادة حول ما تقدمه من مضامين عبر المستخدم غير المحدد، ووفقاً لذلك فالصحيفة الإلكترونية تستهدف تقديم خبرات عريضة لقرائها أكثر من عملها على تقديم منتج إعلامي محدود وهو ما يؤكد حرية التصفح التي يتيحها النشر الإلكتروني.

6. سهولة التعرض

تعد سهولة التعرض أحد أهم عوامل تفضيل الجمهور للوسائل، ولذلك فإن إقبال الجماهير يزداد على الوسائل التي لا تحتاج إلى بذل جهد جسدي وعقلي، لفهم واستيعاب ما تتوافر عليه من مواد، وتبعاً لما تتيحه الصحف الإلكترونية من مزايا عديدة تستهدف تسهيل عمليات التعرض لها، حيث أصبحت الخيار الاتصالي المفضل للجيل الجديد من القراء الشباب، ذلك أن أفراد هذا الجيل يهتمون بالإنترنت لتلقي الأخبار من الشاشة أكثر من الورق، وتتحقق سهولة التعرض التي تتسم بها الصحف الإلكترونية من خلال التزام مضامينها بسمات تحريرية مميزة تركز على الوضوح، والاختصار، إضافة إلى إفادة هذه الصحف من الوسائط المتعددة لدعم ما تقدمه من مضامين.

7. النشر على نطاق واسع Global Reach

وهي أكثر الجوانب التي تميز الصحافة الإلكترونية، وتعمل بشكل تلقائي أوتوماتيكي؛ لأنها ترتبط بطبيعة الوسيلة نفسها، ولا تخضع للصحفي، أو آليات العمل الصحفي، وإنما هي عنصر أساسي يرتبط بشبكة الإنترنت نفسها، ولا توجد أي وسيلة اتصال تنافس الإنترنت في قدرتها على التعامل مع القضايا والأحداث العالمية على نطاق عالمي لا حدود له، لذلك فرضت هذه السمة على الصحف الإلكترونية أن تضع الأخبار والقضايا العالمية واضحة في الصفحة التمهيدية للموقع كل يوم: كما فرضت على العديد من المؤسسات الصحفية، والصحفيين أنفسهم إعادة تقييم أجندة أولوياتهم للقضايا والأحداث.

8. القدرة على الربط بين العناصر المتعددة داخل هيكل المعلومات:

تأتي القدرة على ربط العناصر وأشكال مختلفة من المعلومات مع بعضها البعض كأهم الملامح التي تميز الصحافة الإلكترونية؛ لأها تتيح للمستخدم أن ينتقل من متابعة معلومة ما في وثيقة ما، إلى وثيقة أخرى مختلفة تماماً، وقد تكون محفوظة في حاسب آخر.

وتتيح شبكة الويب للصحف الإلكترونية إمكانية الربط بين خبرات، ومعارف متنوعة للعديد من الأفراد في مجالات مختلفة من المعلومات، لتكون في النهاية مساحات شاسعة من المعرفة الإنسانية المتشعبة، والمرتبطة ببعضها البعض بشكل مرن ديناميكي، ويترتب على ما سبق أهمية أن تراعي الصحف الإلكترونية أساليب وآليات الربط المستخدمة، والكيفية التي يتم استخدامها للربط بين المحاور والأجزاء الموضوعة، وكذلك وصلات المقدمة، والشكل الذي تظهر به وكذلك التأكد من فاعلية استخدامها.

9. استخدام الوسائط المتعددة: (تم الاشارة اليها في موضع سابق من الكتاب)

تزايد اعتماد الصحف الإلكترونية على الوسائط المتعددة نظراً لمساهمة هذه الوسائط بشكل رئيسي في تسهيل التعرض لهذه الصحف، ولذلك أصبح استخدام هذه الوسائط المتعددة أحد أهم السمات الاتصالية المميزة للصحافة الإلكترونية، كما أن الاستخدام السليم للإمكانيات المتنوعة التي توفرها شبكة الإنترنت ومنها استخدام الوسائط المتعددة يحقق فائدة عظيمة، لأنه يساعد على تقديم محتوى مميز ومؤثر بما يلائم احتياجات واهتمامات مستخدمي الإنترنت، كما يكتسب استخدام عناصر الوسائط المتعددة مثل: الصور المتحركة، والثابتة، والأصوات، والمؤثرات السمعية والبصرية خاصة ترتبط بدور العناصر المرئية في تسهيل متطلبات العرض للوسائل المختلفة، حيث تسهم الصورة والألوان في تقليل الجهود التي يتعين أن يبذلها القراء لتلقي الرسائل المتضمنة في هذا النمط من الاتصال، كما تسهم الأصوات التي تستخدم في عرض مضامين الصحف الإلكترونية- مسامع من أحداث، كلمات، أعمال موسيقية، أو تمثيلية- في دعم هذه المضامين من خلال إضافة بعض الأبعاد التأثيرية الجديدة.

10. الأرشيف الإلكتروني الفوري

تأتي خدمة الأرشيف على جانب كبير مـن الأهميـة خاصـة في مجال النشر ـ الإلكترونـي للصحافة الإلكترونية، فتقديم الموضوعات المختلفة داخل الموقع بالإضافة لخدمة الأرشيف، وإمكانية البحـث، يقدم للمستخدم سياقاً شاملاً حول الموضوع الحالي الذي يتعامل معه ويستخدمه، كمـا إنه يعـد في حـد ذاتـه مصدراً للبحث، فالقدرة على البحث والتجوال بحرية والحصول على النتائج بسرعة ودقـة عاليـة كل هـذا يمثل فروقاً مهمة جداً بين خدمة الأرشيف الصحفي بشكله التقليـدي، وبـين خدمة الأرشيف في الصحافة الإلكترونية، كما إنه في الصحافة الإلكترونية باتت عملة الأرشفة والحصول على المعلومات واستدعائها سهلة وميسورة؛ لأنها أتاحت العديد من الطرق التي تمكن المستخدم مـن الحصول عـلى كافة المعلومـات عـبر خدمة الأرشيف الإلكتروني، الذي يضم أشكالاً مختلفة من المعلومات مثل: المواد الصوتية، ولقطات الفيديو الحية، والصور، إلى جانب المواد النصية المكتوبة، مما يحقق نوعاً من التكامل والثراء في عرض المعلومات.

11. التفتيت أو اللاجماهيرية

ويقصد بالتفتيت كأحد سمات الصحيفة الإلكترونية، هو التخلي عن مفهوم الحشد في التعامـل مع مستخدمي الوسيلة الإعلامية، وتقديم منتج إعلامـي يمكنه أن يتكيـف مـع الاهتمامـات الفرديـة لكـل قارئ.وترتبط هذه السمة أيضاً بالجمهور وطبيعة استخدامه للصحيفة الإلكترونية، وتتحقق هذه الإمكانيـة بإحدى طريقتين:-

الطريقة الأولى: إتاحة اختيارات متعددة أمام القارئ ليختار منها: ويقوم هذا الأسلوب على استخدام نظـام الوصلات Links، والتي تحيل المستخدم حسب رغبته إلى مواقع إخبارية، أو جماعات المناقشة، أو خـدمات البحث، أو الأرشيف، وغير ذلك من الخدمات المعلوماتيـة، والفوريـة التـي يـود الانتقـال إليهـا عـبر شبكة الإنترنت، وتسمح هذه الطريقة للمستخدم بالبحث، والرجوع إلى الوثـائق، والمصـادر المختلفـة للمحتـوى المقدم إليه في الموقع الإخباري.

الطريقة الثانية: وتسمى دفع المحتوى Push Content: حيث يكون على المستخدم تحديد قائمة تتضمن كل المجالات التي تهمه، ثم يتولى الموقع نفسه بعد ذلك مهمة إرسال هذه المواد والمعلومات إلى المستخدم بشكل أوتوماتيكي، ليطالعها على شاشة الكمبيوتر في الوقت الذي يريده.

12. القابلية للتحويل

وتختلف عن التفاعلية واللاجماهيرية في أنها ترتبط بأسلوب عمل الصحفي في الصحيفة الإلكترونية أكثر من ارتباطها بالمستخدم نفسه، ذلك لأن الصحيفة الإلكترونية توفر إمكانية عرض الموضوع الصحفي متضمناً عدة وسائل مثل: الصور الحية، والرسوم المتحركة، والصوت، بالإضافة إلى النصوص، وهو ما يتيح للمستخدم فرصة الاختيار من بين العناصر المختلفة، فيمكنه الحصول على القصة الإخبارية بالشكل الذي يريده ويرضيه.

وتتيح الإنترنت إمكانية تقديم تغطية متعددة الوسائط، أي الاستخدام المتزامن والمنسجم لوسائط وأشكال إعلامية متنوعة في عرض التغطية الصحفية.

13. التمكين

فالصحافة الإلكترونية تعمل على تمكين الجمهور من بسط نفوذه على المادة المقدمة وعملية الاتصال ككل، من خلال الاختيار ما بين الصوت، والصورة والنص الموجود مع المحتوى الصحفي، سواء أكان ذلك أخباراً، أم تقارير، أم تحليلات. فالمصادر متعددة والقارئ ليس أمامه قصة إخبارية واحدة فقط، بل بين يديه كل القصص التي نشرت عن الموضوع نفسه في السابق، وروابط لمواقع أخرى بها معلومات متعددة ويمكنه الاختيار منها.

14.الخدمات المضافة والقائمة على السرعة

حيث إن بيئة العمل في الصحافة الإلكترونية تقدم للجمهور سلسلة من الخدمات القيمة المضافة القائمة على فكرة السرعة، أو الآنية، فالصحيفة بإمكانها أن تؤدي دور حلقة الاتصال اللحظية والآنية بين جمهورها، عبر حلقات النقاش، وغرف المحادثة، ومنتديات الحوار، وقوائم البريد، ومواقع تبادل رسائل البريد الإلكتروني، كما تستطيع مضاعفة القدرة على التحقق من المواقع بشكل فوري عبر تعدد المصادر والإحالات الموجودة على الموقع، وتستطيع القيام بخدمة التحديث الفوري تبعاً لتطور الأحداث.

15. الشخصية

بيئة العمل في الصحافة الإلكترونية بما تحمله من مرونة واعتماد كثيف على تكنولوجيا المعلومات، حيث بإمكانها أن تجعل كل زائر للموقع يكون قادراً على أن يحدد لنفسه وبشكل شخصي- الشكل الذي يريد أن يرى به لموقع، فيركز على أبواب ومواد بعينه، ويحجب أخرى، وينتقي بعض الخدمات ويلغي الأخرى، ويقوم بكل ذلك في أي وقت يرغبه، وفي كل الأحوال، حيث يلتقي، ويستمع، ويشاهد ما يتوافق مع اختياراته الشخصية، وليس وفق ما يقوم الموقع ببثه.فعلى سبيل المثال: يختار الشخص الأخبار التي تهمه، ويمكنه أن يتعمق فيها ويعرف أصولها، أو يكتفي بالعناوين الرئيسة فقط.

16. الحدود المفتوحة

فمساحات التخزين الهائلة الموجودة على الحاسبات الخادمة التي تدير المواقع لا تجعل هناك قيوداً -تقريباً- تتعلق بالمساحة، أو بحجم المقال، أو عدة الأخبار، يضاف لذلك أن تكنولوجيا الإنترنت- خاصة تكنولوجيا النص الفائق والروابط النشطة- تسمح بتكوين نسيج متنوع وذي أطراف وتفريعات لا نهائية، تسمح باستيعاب كل ما يتجمع لدى الصحيفة من معلومات.

17. إعادة تعريف مفاهيم العمل الصحفي

فرضت الصحافة الإلكترونية واقعاً مهنياً جديداً فيما يتعلق بالصحفيين، وإمكانياتهم، وشروط عملهم، فقد أصبح المطلوب من الصحفي المعاصر أن يكون ملماً بالإمكانيات التقنية، وبشروط الكتابة للإنترنت وللصحافة الإلكترونية، حيث تتسع مهام المحرر من مجرد صياغة المادة، أو جمع المعلومات إلى ضرورة إجادة مهارات فنية متعددة، بداية من فنون الإخراج الصحفي، وتحديد شكل عرض المادة، إلى امتلاك الأدوات الفنية الرئيسية للمحرر على الإنترنت من التعامل مع الكاميرات الديجيتال، مروراً بالتعامل مع الكمبيوتر المحمول، إلى إجادة عمليات التحميل، والبث على الموقع- أحياناً- في وقت الطوارئ والأزمات.

18. التشبيك

أي توفير مواقع ومحتوى لمؤسسات ومدارس فكرية متعددة، يتم إتاحتها للقارئ حتى يستطيع أن يقدم أرضية كافية لفهم الواقع المتغير من أكثر من زاوية.

وهنا نشير إلى أن شبكة الإنترنت تعيد تعريف ما يقدمه المحرر، حيث لا تقتصر على ما أنتجه العاملون في المؤسسة الصحفية، وإنما يمتد ليشمل كل ما تتيحه من مواد ومحتوى، سواء تم إنتاجها بواسطة المحررين أنفسهم، أو تم نشرها وبثها على مواقع أخرى.

19. توسيع دائرة النشر

وذلك عبر خدمة "إرسال لصديق" التي تتيحها الصحف الإلكترونية، حيث تتيح للمستخدم إمكانية إرسال أي موضوع يعجب به لصديقه من خلال الضغط على زر إرسال لصديق، وكتابة عنوانه الإلكتروني ليصله الموضوع فوراً، وبالتالي تتزايد معدلات النشر "والانقرائية" للمادة الواحدة من خلال هذه الطريقة.

ويؤخذ على هذه الخدمة أنها تجهد المستخدم الذي قد يرسل إليه أصدقاؤه مئات الموضوعات التي أعجبتهم، وبالتالي تؤدي إلى ملء بريده الإلكتروني مما يجعله ينتقي من تلك الموضوعات أو يحذفها.

20. قياس سريع لرجع الصدى

حيث منحت تقنيات الصحافة الإلكترونية عملية رجع الصدى FeedBack، إمكانيات حقيقية لم تكن متوفرة من قبل في وسائل الإعلام، فالصحافة الإلكترونية من أكثر وسائل الإعلامقدرة على قياس رجع الصدى، والتعرف على ردود فعل القراء والزوار حول المادة المنشورة، وهو ما يشير إلى تحول العملية الاتصالية إلى عملية تبادلية بين المرسل والمستقبل، بمعنى أن الاتصال سيتحقق بين طرفي العملية الاتصالية، وسيعلو دور المستقبل، في هذه الحالة، ليس فقط إلى الدرجة التي يستطيع معها طلب المزيد من المعلومات بل سيصل الأمر إلى تحول المرسل العادي إلى منتج للمادة الإعلامية.

21 .إعادة إنتاج المادة:

ويتم ذلك من خلال تجميع العناوين التي سبق نشرها على الموقع بالفعل حول موضوع معين، أو قضية معينة عادت إلى الظهور على ساحة الحدث، ويتم تصنيف المادة الموجودة بطريقة سريعة، وتكيون ملف خاص يستخدم لعرض لعناوين تحيل إلى موضوعات سبق إنتاجها، كما ويسلط الضوء على الحدث، المادة الموجودة بطريقة سريعة، وتكيون ملف خاص يستخدم لعرض لعناوين تحيل إلى موضوعات سبق إنتاجها، كما ويسلط الضوء على الحدث، إل أن يتم إنتاج موضوعات جديدة يتم إضافتها إلى الملف.

22. إمكانية التعديل والتصحيح

وفرت الصحافة الإلكترونية باعتمادها على التقينات السهلة التي توفرها الحاسبات الإلكترونية، إمكانية التعديل، والترتيب في النص، والعنوان، والصور وكذلك إمكانية تحريره بطريقة سريعة ودون تكلفة تذكر مقارنة بالصحف المطبوعة.

23. تنوع أشكال العرض:

حيث تتيح إمكانيات وطبيعة الإنترنت أشكالاً وبدائل متنوعة ومتعددة لعرض المادة، مثل: الفلاش، والنوافذ الخاصة، وغيرها من الأدوات، ولا يقتصر الأمر إلى هذا الحد، بل إن البدائل المطروحة قابلة للتجديد، والتطوير، والابتكار، والقابلية لتوليد الأفكار.

24. أقل تكلفة:

حيث يتطلب البث الإلكتروني للصحف عبر شبكة الإنترنت إمكانيات مالية أقل بكثير مما هو مطلوب لإصدار صحيفة ورقية. فالصحف الإلكترونية ستستغني عن الأموال التي يحتاجها توفير المباني، والمطابع، والورق، ومستلزمات الطباعة، ناهيك عن متطلبات التوزيع، والتسويق والعدد الكبير من الموظفين، والمحررين والعمال.

25. معرفة عدد القراء والزوار:

حيث توفر الصحافة الإلكترونية إمكانية تسجيل أعداد قراء الصحيفة، حيث يقوم كل موقع على الشبكة بالتسجيل التلقائي لكل زائر يومياً، وهناك بعض البرامج تسجل اسم، وعنوان أي زائر، ومثل هذه الإمكاية توفر للمؤسسات المعنية، والدارسين إحصائيات دقيقة عن زوار موقع الصحيفة، وتوفر لها مؤشرات عن اعداد قرائها، وبعض المعلومات عنهم، حيث يمكنها أن تتصل بهم بشكل مستمر.

26. توجد في إطار معين Website :

حيث إن الصحافة الإلكترونية دائماً ما توجد في إطار موقع معين Website، وهذا الموقع يمكن الدخول إليه من خلال عدة طرق، منها طلبه مباشرة من خلال أي محرك بحثي، أو من خلال الاحتفاظ به في قائمة التفصيلات، أو من خلال وصلات خاصة في مواقع أخرى.

ويرى (زيجين) أن أهم خصائص الصحافة الإلكترونية تتمثل: في أنها تعطي المعلومات النصية أولوية في نشرها دون الصور، والفيديو، أو الصوت، الذي يقتصر وجودها في بعض الأحيان على صفحة العنوان فقط Home Page، وذلك دون الصفحات الأخرى، وكذلك لا تعطي أهمية للاقتباس، ومصدر المعلومة للحكم على صحة القصص الإخبارية التي تنشرها على الشبكة إضافة إلى العديد من الخصائص التي تنبعث من سمات الإنترنت المتعلقة بالتغطية الصحفية مثل:

التغطية الصحفية المستمرة Continuing Coverage: حيث إن العمل الصحفي على الإنترنت لا يتوقف على مدار أربع وعشرين ساعة، مما يتيح المادة الصحفية بشكل مستمر فضلاً عن السرعة في التغطية.

التغطية الصحفية الفورية Fresh and Updated Coverage: حيث تتوافر العديد من المصادر والمواقع الصحفية التي تبث أخبارها بشكل فوري ومتجدد على شبكة الإنترنت، مما يتيح للصحفي الحصول على المعلومات في حينها In Real Time كما توفر بعض هذه المصادر خدمة Breaking News التي توفر معلومات عن الأخبار المفاجئة.

التغطية الصحفية الحية Live Coverage: حيث يمكن أن توفر الإنترنت تغطية حية للأحداث من موقع حدوثها، وفي لحظة وقوعها، فضلاً عن إمكانية تغطية المؤتمرات الصحفية عن بعد، وتعمل العديد من الشركات المتخصصة على تطوير تقنيات البث الصحفي الحي على الإنترنت.

التغطية الصحفية المعمقة In Depth Coverage: حيث تتوافر على الإنترنت العديد من المصادر الصحفية، التي تتناول الموضوعات ذاتها بطرق متنوعة، مما يسمح بالتعرف على أبعادها المتعددة، كما يوجد العديد من الروابط Links، والتي تحيل الصحفي إلى مصادر، ووثائق، وإحصائيات، وبيانات تعمق معرفته ومعلوماته حول الموضوع الذي يكتب عنه، فضلاً عن وجود تعمق معرفته ومعلوماته حول الموضوع الذي يكتب عنه، فضلاً عن وجود العديد من المصادر المساعدة من قواعد معلومات، وموسوعات، ومراجع، وقواميس، والتي من شأنها أن تساعد في استكمال أبعاد الموضوع وخلفياته.

التغطية الصحفية التفاعلية Interactive coverage: حيث تتيح الإنترنت إمكانيات التفاعل الإيجابي بين القراء والصحفيين، وتزيد من مشاركة القراء في أداء الأعمال الصحفية، حيث أصبحت السيادة في الصحافة الإلكترونية الحديثة للقارئ الذي أصبح بمقدوره الرد على كل الآراء والمعلومات المنشورة.

التغطية الصحفية الرقمية Digital Coverage: حيث توفر الإنترنت العديد من المواد الصحفية، والصور، والبيانات، والرسوم بشكل رقمي قابل للمعالجة والاستخدام الفوري، دون الحاجة إلى إعادة إنتاجه،كما يمكن تخزينها واسترجاعها في أي وقت، وهو أمر مهم في العمل الصحفي، حيث يوفر الجهد والوقت، كما يفتح آفاقاً رحبة لأداء العمل الصحفي بطرق أكثر سرعة وسهولة وتنظيم.

التغطية الصحفية متعددة الوسائط Multimedia Coverage: حيث توفر الإنترنت العديد من الوسائل التفاعلية التي تجعل التواجد عليها مميزاً، مثل: الصوت، والصورة، والألوان والجرافيكس، واللقطات المرئية المتحركة، وهي مواد تفعل عملية الاتصال الصحفي بين الصحيفة وقرائها، وتنقل القارئ إلى موقع الحدث، وتقربه من شخوصه، ومصادره، وأجوائه، كما تيسر أداء الوظائف الصحفية من أخبار وشرح، وتفسير، فضلاً عن القدرة على التحكم في طريقة العرض، والأنباط، والأحجام، والخلفيات، والمساحات.

التغطية الصحفية المتكاملة Comprehensive Coverage: حيث تجمع الإنترنت بمفرداتها بين أكثر من عنصر من عناصر الممارسة الصحفية، فهي مصدر صحفي يزود بالمعلومات، وأداة اتصال بالمصدر مثل: التلفون، والبريد الإلكتروني، وجماعات النقاش، وهي وسيلة كتابة ومعالجة للمعلومات، ومكتبة، وأرشيف ضخم، وتساعد كل هذه العناصر على إمكانية قيام الصحفي بتغطية متكاملة لحدث ما دونما مغادرة مكتبه أو موقعه.

التغطية الصحفية الذاتية Self Duty Coverage: حيث بمقدور الصحفي –باستخدام الإنترنت- القيام بكل مفردات العمل الصحفي بمفرده، من اختيار الموضوع، وجمع بياناته، والاتصال بمصادره، وكتابته، بل ونشره.

التغطية الصحفية المؤلفة Customized Coverage: يمكن من خلالها توليف، وتوفيق التغطية الصحفية التي توفرها الإنترنت، وفقاً لاحتياجات القراء من الأخبار والمعلومات، وتفصيلاتهم الصحفية، واهتماماتهم وأوقاتهم، وتنقلاتهم، كما يمكن أن تؤلف الصحيفة مصادر الإنترنت بما يتوافق مع احتياجاتها الصحفية وتوظيفها كأحد مصادرها الصحفية الذاتية.

التغطية الصحفية الموضوعية Objective Coverage: حيث تتوافر عدة مصادر تتناول الحدث ذاته على شبكات الإنترنت، ويمكن مقارنة توجهاتها، ورؤيتها، ومعالجتها له، وهو يساعد على تكوين صورة موضوعية عن طبيعة الأحداث والموضوعات.

التغطية الصحفية اللامحدودة I Fin News Hole Coverage: حيث توفر مساحة كبيرة ولا محدودة على الإنترنت تسمح بتغطية كبيرة للحدث، وإحالة تفاصيله إلى روابط عديدة.

وهناك بعض المميزات والسمات التي تميز الصحف الإلكترونية بشكل عام، وأخرى تميزها كشكل صحفي جديد على شبكة الإنترنت، وهي كما يلي:

أولاً: مميزات الصحيفة الإلكترونية بشكل عام

رغم اتفاق البـاحثين عـلى أن الصحيفـة الإلكترونيـة تحمل سـمات الصحيفة الورقيـة، وتـؤدي وظائفها، فقد مد البعض الآخر نطاق المقارنة ليؤكد أن الصحيفة الإلكترونية تحمل أيضاً سـمات الخدمات الإذاعية، والتلفزيونية، والخدمات المسموعة، والمصورة بطريقة الفيديو، لقدرتها على تقـديم الأخبار في أي وقت، مستغلة في ذلك ما أتاحته تكنولوجيا النص الفائق على شبة الإنترنت، كما تتيح للمسـتخدم اختيـار الوقت المناسب للتعرض لها.

وتتحدد مميزات الصحيفة الإلكترونية فيما يلي:

1. إمكانية متابعة الجديد من الأخبار في أي وقت، خاصة مـع وجـود خدمـة التحـديث التـي يـتم إدخالها على الصحيفة الإلكترونية على مدار اليوم.

2. إمكانية إنتاجها بناء عـلى طلـب المسـتخدم فالصحيفة الإلكترونيـة يمكـن أن تنقل للمسـتخدم الأخبار والموضوعات عند طلبها وفي الوقت الذي يحدده، وتعرف هذه الخدمة بخدمـة الأخبار تحت الطلب News On Demand، وتمكـن المسـتخدمين مـن اختيـار المعلومات التـي يريـدون مطالعتها من بين المعلومات الكثيرة التي تقدمها الصحيفة.

3. إمكانية تعديلها لتلبي حاجات المستخدم الفردية، لكونها لا تحتاج إلى توزيع جماهيري تقليـدي، فيما عرف بشخصنة الصحف الإلكترونية؛ إذ يمكن لمنتج الصحيفة الإلكترونيـة أن يجهـز قائمـة بالأخبار التي يختارها المستخدم مسبقاً، لتكون جاهزة للعرض فـور قيامـه بالـدخول إلى موقـع الصحيفة، كما يمكن أن يطلب الأخبار والموضوعات التي يريدها من قائمة العناوين الرئيسـية، أو البحث داخل الصحيفة باستخدام كلمات مفتاحيه.

ثانياً: سمات الصحيفة الإلكترونية كشكل صحفي

1. تصدر في الوقت الحقيقي لتحريرها.
2. تعطي المستخدم الفرصة لقراءتها متى يشاء.
3. تستخدم الوسائط المتعددة، حيث يمكن لمستخدم الكمبيوتر الاستماع إلى الخبر صوتياً.
4. تتيح فرصاً واسعة في البحث والاختيار، والاستخدام.
5. تسبق الصحف المطبوعة في توقيت الصدور، حيث بوسع المستخدم قراءة الصحيفة اليومية الساعة الثانية عشر مساءً، في حين أنها تصل الموزعين الساعة السادسة صباحاً.
6. تتجاوز التغطية الصحفية كل الحدود الزمنية والمكانية.
7. تتضمن أشكالاً مختلفة من المعلومات التي لا تظهر في الصحف المطبوعة.
8. تربط القارئ بمصادر المعلومات بما فيها الوثائق والخبراء.
9. وسيلة سهلة ومنخفضة التكاليف، وأكثر مصداقية من الورقية.
10. تعدد المصادر وتنوعها؛ إذ لا يكون المستخدم مكرها على التعرض للأخبار فقط، بل يستطيع التنقل بين المواقع للتعرض إلى مختلف الروايات في الحدث الواحد.
11. سهولة الوصول إلى نوعيات معينة من الأخبار من خلال نظام التصنيف الإلكتروني (خريطة الموقع).
12. ربط الأخبار المنشورة بالأخبار المشابهة لها داخل الموقع، أو في المواقع الأخرى، والتي تقدم إضافات أكثر، وخلفيات عن الأحداث، والأشخاص، والأماكن الواردة في الخبر.

13. إمكانية وصول أخبار معينة فور وضعها في الموقع إلى صندوق البريد الإلكتروني الخاص بالمستخدم، من خلال الاشتراك في خدمة النشرات الإلكترونية News Letter، التي تقدمها غالبية المواقع الإخبارية لمستخدميها.

14. إن الصحيفة قد توجد بمفردها أو في إطار موقع مؤسسة أخرى.

15. إن الوحدة الأساسية فيها الموضوع وليس الصفحة.

16. يوجد توظيف للنص المكتوب، إلى جانب الصور والرسوم.

17. إن الصحيفة المنشورة قد تكون صحيفة تنشر أساساً على الإنترنت، أو هي نسخة إلكترونية من صحيفة مطبوعة.

18. إن هذه الصحيفة قد تكون متاحة بدون Password وقد تكون بعض أجزائها متاحاً فقط، والباقي يحتاج إلى كلمة سر للدخول.

19. إن النسخة الصحفية يتم تحديثها بشكل مستمر.

20. لا توجد مشكلة المساحة في طبيعتها وتقديمها.

إن عملية الاطلاع على الصحف الفورية تتضمن قراءة النص، ومساعدة الصور الفوتوغرافية، واللقطات المصورة (الفيديو) والاستماع إلى اللقطات السمعية، وبالتالي يمكن القول إنها عملية إبحار Navigating داخل الموقع وليست مجرد قراءة مثلما يحدث للنسخة المطبوعة.

توظيفها أدوات البناء الأساسية بشكل كامل، فالنص Text، قد يكون ثابتاً Static، أو متحركاً Moving، أو وصلة Link قابلة للضغط، وبالنسبة للصور الفوتوغرافية قد تكون مستقلة Independent، أو عرضاً لشرائح Slide Show، أو جاليري Gallery وبالنسبة للرسوم اليدوية Graphics، قد تكون ثابتة Static، أو متحركة Moving، أو وصلة قابلة للضغط Link، أما اللقطات الصوتية Audio، قد تكون صوتاً مستمراً Instant أو Looping، أو تعاد بشكل متكرر، أو لا تعاد (مرة واحدة فقط) وبالنسبة للقطات الفيديو Video، أيضاً الشيء نفسه، أما بالنسبة لتفاعل

المستخدم User Interaction، قد يكون من خلال From Input، وهي أماكن يمكن طلب معلومات منها (نص، صوت، إطارات، قوائم) وقد تكون E-mail Input، تعطي العنوان البريدي، ووسيلة لإرساله وقد تكون Chat تخاطب أو دردشة.

وأخيراً إذا كانت الصحافة الإلكترونية تختلف عن الوسائل الإعلامية الأخرى في العديد من الأمور الجوهرية، فإن القاسم المشترك بين اهتماماتها يتمثل في المضامين التي تعتبر معيار نجاح أية وسيلة إعلامية، فإذا كان نشر أفضل مقال عن أحدث الأخبار سيظل دائماً هو صاحب الأهمية الاولى، فإن ما يميز الصحف الإلكترونية هو تقديم أكثر المعلومات شمولاً، وأفضل الوسائل للوصول إليها.

شبكات المعلومات والشبكات الإخبارية والمواقع الإخبارية على شبكة الإنترنت

أصبحت شبكة الإنترنت بفضل انتشارها الواسع من ناحية وغزارة المعلومات التي تحويها من ناحية أخرى أحد أهم مصادر الأخبار للصحافة ووسائل الإعلام المعاصرة، وقد واكبت المدارس الأكاديمية صعود شبكة الإنترنت كمصدر للأخبار والمعلومات الصحفية بنحت مصطلح (التحرير بمساعدة الكمبيوتر Computer assisted reporting ثم مصطلح (التحرير بمساعدة الإنترنت Internet assisted reporting وخصصت له برامج دراسية في الكليات الجامعية المتخصصة في الصحافة ومنتديات على شبكة الإنترنت وجمعيات صحفية عديدة في جميع أنحاء العالم، ويشير المصطلح السابق إلى استعمال الإنترنت للحصول على مصادر ووثائق ومعلومات حول ملايين الموضوعات.

ويؤكد ما سبق تزايد أعداد الصحفيين الذين يستخدمون الشبكة في جمع المعلومات وكتابة التقارير والموضوعات الإخبارية بل وإجراء الحوارات عبر البريد الإليكتروني في الوصول إلى الوثائق والمصادر البشرية المناسبة للموضوع.

وقد كشفت الدراسات التي أجريت حـول استخدام الصحفيين شبكة الإنترنت فـي الحصـول عـلى الأخبـار والمعلومات أن الطريقة التي يبحث بها الصحفيون عن أخبارهم قد تغيرت خلال السـنوات الأربـع الأخـيرة من القرن العشرين بمعدل يفوق تغيرها في الأربعين سنة التي سبقتها، ويرجـع هـذا التغـير في الأسـاس إلى استعمال شبكة الإنترنت.

الأنماط الجديدة في تحرير الأخبار

نمط لوحة التصميم:

من الأنماط المهمة في تحرير الأخبار التي أفرزتها تكنولوجيا الاتصال عبر الإنترنت ما يسمى بنمط لوحة التصميم Storyboard الذي يأخذ في اعتباره أن الخبر الإلكتروني يتميز عـن الخبر المطبـوع باستخدام كل الإمكانات التي يتيحها بيئة العمل على شبكة الإنترنت خاصة الوسائط المتعددة التفاعلية، ويتم في هذا النمط إدخال الصوت والصورة ورجع الصدى إلى القصة الخبرية، ويتضح هذا النمط في الشكل التالي:

نمط لوحة التصميم لخبر ينشر على الإنترنت

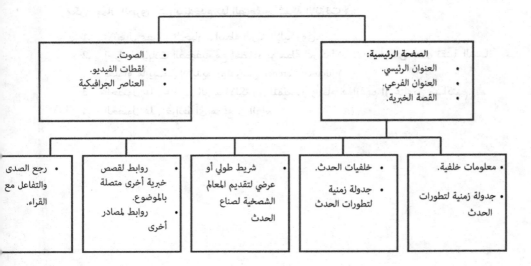

إن الصحفيين العاملين في مؤسسات إخبارية في الولايات المتحدة الأمريكية يستخدمون الإنترنت في البحث والإعداد لموضوعاتهم الصحفية.

ففي بعض الحالات تكون المقابلة عبر البريد الإليكتروني E-mail Interviewing مع المصدر الإخباري هي الوسيلة الوحيدة للحصول على أقوال المصدر. ويتميز البريد الإليكتروني كمصدر للحصول على الأخبار كما تقول المصدر، ويتميز البريد الإليكتروني كمصدر للحصول على الأخبار كما تقول كارول ريتش في أنه يمنح المصدر الوقت الكافي للتفكير بالرد ويعفي المحرر من تدوين الملاحظات والثقة في الاقتباسات، أما عيوبه فتتمثل في عدم الفورية في المقابلة وغياب أسئلة الاستفسار والمتابعة لما يقوله المصدر.

ولا يقتصر دور الإنترنت على إمداد الصحفيين بالأخبار المنتشرة على ملايين المواقع الإخبارية ومواقع الصحف والمجلات والإذاعات والتلفزيونات على الشبكة بل إنها تتيح للصحفي خدمات البحث في قواعد المعلومات المنتشرة في العالم في أي موضوع أو عن شخص أو فكرة أو قضية أو دولة أو مدينة أو حدث تاريخي...الخ، ومن أشهر محركات البحث على الشبكة: Yahoo Netscape, MSN Info seek, Excite, Lycos وغيرها من المحركات، ويتوافر للصحفي خدمة البحث باللغة العربية على بعض المحركات مثل محرك Google.

ويمكن إجمال الطرق التي يستخدم بها الصحفيين شبكة الإنترنت في:

1. الاتصال بمصادر الأخبار بواسطة البريد الإليكتروني.
2. إجراء المقابلات الصحفية مع المصادر بواسطة البريد الإليكتروني أو من خلال تقنية التسامر عن بعد أو ما يسمى الفيديو كونفرانس Video-conference.
3. الحصول على عناوين البريد الإلكتروني للمصادر وأرقام هواتفهم أو عناوين مساكنهم.
4. الحصول على خرائط أي موقع في العالم.

5. الحصول على مصادر في جماعات النقاش العامة Usenet groups.
6. الحصول على مصادر خبيرة في موضوعات متعددة.
7. الحصول على خلفيات عن مصادر وموضوعات ودول ومنظمات.
8. الحصول على سجلات رسمية.

الخبر في عصر الكمبيوتر:

شهدت صناعة الخبر الصحفي في العقود الثلاثة الأخيرة تطوراً كبيراً على جميع المستويات المادية والفنية، ففي إطار المنافسة الشديدة التي تعرضت لها من وسائل الإعلام الإليكترونية (الراديو والتلفزيون) كان على الصحافة أن تتبنى طرقاً جديدة في جمع الأخبار ونشرها حتى تحافظ على مكانتها كوسيلة الإعلام الأكثر جماهيرية والأكثر تأثيراً في الأفراد والمجتمعات.

وكان ظهور وتطور الحاسب الآلي المخرج الملائم للصحافة فتوسعت في استخدامه لتطوير طرق إنتاجها وتوزيعها كما كان ظهور الاتصال الشبكي عبر أجهزة الكمبيوتر Computer-mediated- Communication الحل الأمثل للصحافة المطبوعة للاقتراب من الطبيعة التزامنية والصوتية والمصورة التي تميز أخبار الإذاعة والتليفزيون.

فعلى مدى سنوات عديدة ظل ناشرو الصحافة والمجلات تراودهم فكرة نقل المعلومات إلى جمهورهم بطريقة إليكترونية، ففي مقابل الطباعة على الورق بدا للناشرين أن نقل المادة الإعلامية بواسطة الكمبيوتر يحقق مصالح الطرفين.. الصحف والجمهور، ولعل أهم الفوائد التي رأت الصحف أنها ستتحقق من خلال النشر الإليكتروني على شبكة الويب هي:

- خفض التكاليف المتزايدة لإنتاج الصحيفة الورقية، فعلى مدى سنوات أجبرت هذه التكاليف الصحف والمجلات على زيادة أسعار بيعها للجمهور كما أجبرت البعض الآخر على الخروج من صناعة النشر.

- نقل المعلومات والأخبار بطريقة أسرع من طباعتها على الورق، فالمعلومات التي تحويها الصحيفة الورقية تكون قديمة 12 ساعة على الأقل والمقالات التي تنشر في مجلة شهرية غالباً ما تكتب قبل النشر بثلاثة أشهر أو أكثر.

الصحيفة الإلكترونية نتاج للتطور الهائل:

لعل من أبرز معالم التطور الذي شهدته الصحافة المطبوعة- مستفيدة في ذلك من تكنولوجيا الحاسب الآلي وتكنولوجيا الاتصال الشبكي- ظهور ما سمي بالصحيفة الإليكترونية Electronic Newspaper في إشارة إلى الصحيفة اللاورقية التي يتم نشرها على شبكة الإنترنت ويقوم القارئ باستدعائها وتصفحها والبحث داخلها بالإضافة إلى حفظ المادة التي يريدها منها وطبع ما يرغب في طباعته.

وإذا كانت الصحيفة الإليكترونية هي نتاج للتطور الهائل الذي شهدته تكنولوجيا الحاسب الآلي فإن الفضل في ظهورها يعود إلى محاولات الباحثين والصحفيين المتعددة والدؤوبة لإنتاج صحيفة لا ورقية تستطيع أن تقوم بوظائف الصحيفة، المطبوعة وتضيف إليها من خلال استغلال الإمكانات الاتصالية لشبكة الإنترنت، ويتوقع الباحثون في هذا المجال أن تقود المحاولات المستمرة لتطوير الصحيفة الإلكترونية إلى تقدمها على الصحيفة الورقية في المستقبل القريب على اعتبار أن السبيل لبقاء الصحافة- بصفة عامة- كوسيلة اتصال جماهيرية يكمن في تطورها من حيث الشكل إلى وسيلة إلكترونية.

ويرتبط مفهوم الصحيفة الإلكترونية بمفهوم آخر أشمل وأعم هو مفهوم النشر الإلكتروني Electronic Publishing الذي يستخدم للإشارة إلى استخدام الكمبيوتر في عمليات إنشاء وتحرير وتصميم وطباعة وتوزيع المطبوعات، وبالتالي فإن غالبية الصحف الورقية يمكن اعتبارها مطبوعات إلكترونية لأنها تنشأ وتحرر وتنسق وتنقل إلى المطابع وتوزع استخدام أجهزة الكمبيوتر كما يشير مفهوم النشر الإلكتروني- على مستوى

محدد- إلى استخدام أجهزة الكمبيوتر وشبكات الاتصال في توزيع المنتج النهائي على القراء.

تطور الصحف الإلكترونية:

حتى مطلع التسعينات من القرن العشرين كانت الإنترنت مجرد شبكة تربط أجهزة الكمبيوتر وتستخدم في نقل وتبادل المعلومات بين الإدارات الحكومية والجامعات ومراكز البحوث، ومع ظهور الشبكة العنكبوتية الدولية (WWWالورلد وايد ويب) وظهور شركات مزودي خدمات الإنترنت للأفراد عن طريق الاشتراك تزايد الاستخدام الجماهيري للإنترنت وتحولت بالفعل إلى وسيلة اتصال تؤدي وظائف الاتصال الشخصي والاتصال الجماهيري.

وعندما أصبحت الإنترنت ظاهرة وخرجت من إطار الاستخدامات الحكومية والجامعية المحددة انفجر ما يسمى بالنشر الإلكتروني (الصحف والمجلات ومواقع المعلومات والأخبار) ومن كل وسائل الإعلام التقليدية الأخرى فإن الصحافة المطبوعة دخلت عصر النشر ـ الإلكتروني ولديها تاريخ طويل من العمل الإلكتروني فمنذ نحو خمسين عاماً كانت الصحف ترسل عبر موجات الراديو إلى عشرات الآلاف إلى المنازل عن طريق أجهزة الفاكس وكانت النسخة بطريقة من 50 إلى 100 دولار، كما عرفت الصحافة محاولات لإرسال الصحف بطريقة الفيديوتكس Videotex في بداية الثمانينيات وذلك باستخدام خطوط التليفون ليتم استقبالها على شاشات التليفزيون أو شاشات الكمبيوتر في المنازل مقابل اشتراك شهري، ولكن انخفاض وضوح الصورة بالإضافة إلى بطء الاستعراض جعل قراءة الصحف بهذه الطريقة عملية صعبة، وكان استقبال الصحيفة الورقية أرخص كثيراً من استقبالها بهذه الطريقة، كما بدأت بعض الشركات في الثمانينيات مثل كمبيوسرف في تقديم طبعات إلكترونية من الصحف القومية في إطار تجريبي، ولم تستمر هذه المحاولات بسبب تكلفتها العالية ولأنها لم تجد عدداً كافياً من المستهلكين لاستمرارها.

وبدءاً من تسعينيات القرن العشرين بدأت الصحف في الخروج إلى الإنترنت بدوافع عديدة، لعل من أهمها إمكانية متابعة الجديد من الأخبار في أي وقت خاصة مع وجود خدمة التحديث التي يتم إدخالها على الصحفية الإلكترونية على مدار اليوم، ولا يتوافر هذا في الصحيفة الورقية نظراً للكلفة العالية لإصدار طبعات إضافية من الصحيفة لمتابعة الجديد من الأحداث.

الخبر الإلكتروني:

ومن هنا ظهر مفهوم (الخبر الإلكتروني) الذي يشير إلى الأخبار التي يتم بثها على مواقع الصحف الإلكترونية ومواقع المحطات الإذاعية والتلفزيونية والمواقع الإخبارية المختلفة على الشبكة على مدار الساعة، وتخضع هذه الأخبار في غالبية المواقع إلى عمليات تحديث مستمرة تمكن من إضافة أية تفاصيل جديدة إلى الحدث وتزود شأنها شأن الأخبار الصحفية والتلفزيونية بالصور والخلفيات بالإضافة إلى ربطها بالأحداث المشابهة وقواعد البيانات والمعلومات.

ورغم الأصول الصحفية والإذاعية للأخبار الإلكترونية على أساس أن غالبيتها مستمد من الصحف الورقية ونشرات الإذاعة والتليفزيون ووكالات الأنباء، إنها أنها تتميز عن نظيرتها الصحفية والإذاعية بماياًتي:

1. تعدد الوسائط المستخدمة في تقديم الأخبار إذ لا يقتصر الأمر على الكلمة المطبوعة والصورة الفوتوغرافية كما هو الحال في الخبر الصحفي، كما لا يقتصر على الكلمة المنطوقة و الصورة المتحركة كما هو الحال في الخبر الإذاعي والتليفزيوني، فالخبر الإلكتروني يقدم مزوداً بكل الوسائط السابقة إذ يشمل الكلمة المطبوعة والصور الثابتة والمتحركة كما يمكن لمستخدم الكمبيوتر الاستماع إلى الخبر صوتياً.
2. تعدد المصادر وتنوعها،إذ لا يكون المستخدم مكرهاً كما هو الحال في الصحافة الورقية والمحطات الإذاعية والتلفزيونية على التعرض فقط للأخبار التي يجمعها

مندوبو الصحيفة والمحطة وتعكس وجهـة نظرهم وتقـديرهم الشخصي- للأحـداث، ويسـتطيع التنقل بين المواقع للتعرض إلى مختلف الروايات في الحدث الواحد.

3. التحديث المستمر للأخبار على مدار الساعة.

4. البحث داخل الأخبار وفي الأرشيف الإخباري سواء داخل الموقع أو في شبكة الويب.

5. سهولة الوصول إلى نوعيات معينة من الأخبار مـن خـلال نظام التصـنيف الإلكتروني (خريطـة الموقع) المستخدم في مواقع الصحف الإلكترونية والمواقع الإخبارية.

6. ربط الأخبار المنشورة بالأخبار المشابهة لها داخل الموقع أو في المواقع الأخر والتي تقدم إضافات أكثر وخلفيات عن الأحداث والأشخاص والأماكن الواردة في الخبر

7. إمكانية وصول أخبار معينة فور وضعها في الموقع إلى صندوق البريد.

الفصل الثامن

وسائل الإعلام الإلكترونية

ومستقبل وسائل الإعلام المطبوعة في العالم العربي

وسائل الإعلام الإلكترونية ومستقبل وسائل الإعلام المطبوعة في العالم العربي

ان كثرة التغيرات السريعة التي حدثت في العالم في المجال التكنولوجي والاتصالات، عملت على إيجاد الحرفية والمهنية لدى الكثير من المهن، والقدرة على تبادر وجهات النظر ومواكبة التطورات الكبيرة التي حدثت في أنحاء العالم، وتعدد وسائل والاتصال وتطورها قد تؤدي إلى ظهور وسائل الإعلام ووسائل الاتصالات الجديدة التي فرضت واقعا متميزا خلال الفترة الأخيرة من عقدين من القرن العشرين والعقد الأول من القرن الحادي والعشرين.

من أهم هذه التطورات ظهور شبكة الإنترنت للاستخدام العام، وجاء ظهور الإنترنت بسبب تطور وسائل الإعلام الرقمية في تشغيل وإدارة المعلومات. وقد وفرت شبكة الإنترنت عالية القدرة، ونتيجة لهذا وفرت وسائل التكنولوجية كثير من المنظمات بل والأفراد للاستفادة من هذا الكم الهائل من المعلومات.

وهذا يأتي من خلال إيجاد مواقع إلكترونية متخصصة لدعم وسائل الإعلام. وتشمل هذه المواقع عدد مصادر المعلومات والأخبار التي تتسم بالحداثة.

ربما من أهم مصادر المعلومات هذه وسائل الإعلام الإلكترونية التي فرضت الكثير من المشاكل عند ظهورها من خلال استغلالها من قبل أشخاص. وقد تمكن العالم العربي من التعرف على هذا المصطلح في أوائل عام 2000. وقد وصف وزير الدفاع الأمريكي دونالد رامسفيلد مواقع الجماعات الإسلامية بالتخريبية (كونها محسوبه على وسائل الإعلام الإلكترونية العربية غير الرسمية).

على الرغم من حداثة وسائل الإعلام الإلكترونية في العالم العربي، الا انها أوجدت كثير من قوانين الصحافة والنشر من أجل مواكبة هذا التطور، لقد أصبحت وسائل الإعلام الإلكترونية نافذة لكل باحث عن مساحة تعبير اوسع عن الرأي بعيداً

عن الاعتبارات السياسية التقليديه. ومع سرعة تـداول المعلومـات وإتاحتهـا طـوال اليـوم أصبحت وسائل الإعلام الإلكترونية منافسة للصحف المطبوعة وحتـى الاذاعـه و التلفزيـون. لقـد أثبـت دراسـة قامـت بهـا مايكروسوفت إن العالم سيشهد آخر طبع للصحيفة في عام 2018. ومع ذلك، فإن البـاحثين يـرون أن هـذه الرؤية إلى حد كبير صعبة المنال، وخصوصا في العالم العربي، حيث مايزال نحو 40 ٪ من سكانها تحت خط الفقر و يعانون من الأمية، ومثل هذه الظـروف تحـول دون امـتلاك الحواسـيب إضافة إلى ضعف البنيـة التحتية لشبكات الاتصالات.

اشكاليات الصحافة الإلكترونية:

السؤال الذي يطرح هنا هل ان الصحافة الإلكترونية أسهمت بشكل فاعل في رفد القـارىء بكل ما يحتاجه من أخبار ومعلومات باشكالها المختلفة؟

يبدو أن الإجابة على هذا السؤال يحتاج إلى معرفة طبيعـة المسـتفيدين وفي رفـد مجتمـع فمن المعروف ان هناك مجتمعات مختلفة ولكل مجتمع خصائص قرائية تختلف باختلافها.

فلا بد للتعرض إلى موضوع الصحافة الإلكترونية وأشكالها وهل هي الممثلـة الشرعية للطبعـات الورقية؟

يبدو للوهلة الأولى انه كذلك ولكن لكي يكون هناك تنافس ما بين الصحافة والإذاعة والتلفزيون كان لا بد للتفكير بالمنافذ التي يمكن من خلالها مواجهة (الصفة الفورية) للإذاعة والتلفزيون

والخروج بنتيجة طبع أعداد غير متماثلة للصحف الورقية في نقل الحدث ولكـن مـا هـو الوسيط الذي يمكن ان يجعل إدارات الصحف ان تكون في الحدث وليس تغطيته فقط؟ الجواب عـن ذلـك هـو استخدام شبكة الإنترنت لكي تكون وسيطاً متوافقاً لذلك

ولكن واقع الحال يشير إلى عدد من المعوقات التي أسهمت في تقليص استخدام هذه الشبكة ومنها:

1. أن اغلب الصحف العربية اليومية تدير مواقع الكترونية وتقدم صوراً وأخباراً تم نشرها في الصحيفة المطبوعة وكتبت خصيصاً لها.
2. ضعف فعالية إدارات التحرير العاملة في الطبعة الإلكترونية.
3. لا يتم تحديث الموقع الإلكتروني الا بعد صدور الجريدة بساعات.
4. ضعف التقنيات المستخدمة في معظم المواقع ومنها استخدام محركات البحث والبرامج الخاصة باسترجاع المعلومات.
5. قلة عدد المستخدمين العرب لشبكة الإنترنت مما قلل من اندفاع الناشرين العرب لزيادة مساهمتهم في النشر الإلكتروني فأن نسبة المستخدمين من العرب لشبكة الإنترنت ربما يتجاوز (1%) من مجموع مستخدميها عبر العالم أي بحدود 3.5% مليون وهذا يفسر معاناة الصحافة الإلكترونية من ضعف التسويق بالرغم من تواجدها الكبير على الشبكة.

وأمام هذه الحالة ماذا على الناشرين العرب تقديمه أو ما هي الرؤية إزاء هذا الحال ويظهر أن هناك توجهين لهذه هذه الإشكالية:

التوجه الأول: وقد ظهر جلياً من خلال إصدار نسخ الكترونية صماء من الصحف المطبوعة بأقل التكاليف ودون دخل يذكر مع الإشارة إلى أن للصحيفة موقعاً على شبكة الإنترنت يقوم بدور التواصل ما بين الصحيفة وقراءها أينما كانوا وقد اظهر بحث اجرته جريدة البيان الاماراتية ان 10% من زوار الموقع يهتمون بما تنشره الجريدة بالطبعة الورقية في حين يبحث 90% عن معلومات جديدة

أما التوجه الثاني: فيتمثل ببناء أشبه ما يكون بالبوابات (Portals) الشاملة في العالم العربي بدءاً من الشبكة العربية (أرابيا أو لاين) ومروراً ببوابات تطل علينا مثل (بلانيت ارابيا) و (نسيج) و (البوابة) فضلا عن عدد من المواقع التي تقدم الخدمات نفسها مثل (مكتوب) للبريد الإلكتروني و(اين) و (آراب فسيتا) وغيرها وان اهم ما يميز هذه البوابات الشاملة ان خدماتها لا تنحصر في تقديم آخر الأخبار على مدار الساعة بل تقدم معلومات اخرى من خلال عدد من محركات البحث كالنقاشات الساخنة والمنتديات السياسية والاقتصادية والرياضية وتقدم معلومات عن خدمات كثيرة يحتاجها المواطن العربي واهم ما يميز هذه البوابات الشاملة أنها تقدم لزوارها معظم ما يحتاجونه من معلومات وخدمات من خلال حيز تفاعلي واحد.

أما بالنسبة للمحتوى فأن عدد من البوابات اتفقت مع كبريات الصحف والمجلات العربية والاجنبية لشراء مقالات ومواضيع لاعادة نشرها إضافة إلى اعتمادها على الأخبار التي ترد من وكالات الأنباء وشبكة المراسلين الخاصة بها.

لذا تعتبر الطبعة الإلكترونية من الصحيفة على شاشة الحاسوب طبعة فيها نوع من التفاعل، إذ يسهل على القارىء أن يرسل ما يرغبه من تعقيبات وملاحظات على البريد الإلكتروني. ليرد عليه المحرر، وهي حالة جديدة لم يألفها الناس من قبل الصحافة حيث يوجد تفاعل بين المرسل والمستقبل، كما يمكن للمتلقي ان يصبح هو المرسل فيتأثر المرسل بالرسالة وربما لا تتيح الصحافة التقليدية ذلك التفاعل السريع.

ورغم ان هناك اليوم اعداد كبيرة للصحف الإلكترونية في الوطن العربي الا ان اول صحيفة الكترونية نشرت عبر الإنترنت كانت بداية عام 2000 باسم (الجريدة) في أبو ظبي وتحديداً في (2000/1/1) وبعدها صدرت (أتجاهات) في السعودية و (باب وبوابة) في الأردن واسلام أون لاين في مصر.

التعريف بوسائل الإعلام الإلكترونية:

هناك عدة مفاهيم لتحديد وسائل الإعلام الإلكترونية:

المفهوم الأول: مفهوم ضيق يركز على أن وسائل الإعلام الإلكترونية هي ذات المعنى للمواقع التي تلبي بعض الرغبات من خلال ضوابط محددة.

المفهوم الثاني: هو مفهوم واسع، والذي يتضمن، صعوبة تحقيق إختراق المعايير، إذ أن هناك فوائد جمة جراء استخدام وسائل الإعلام الإلكترونية للقارئ لاسيما من الناحية التثقيفية والتعليمية، إذ أن استخدام وسائل الإعلام الإلكترونية تتيح للقارئ الاستفادة من:

1. الصحف الإلكترونية
2. مواقع الأخبار على شبكة الإنترنت
3. البريد الإلكتروني
4. مجموعات الأخبار على الإنترنت
5. غرف الدردشة
6. الخدمات الإخبارية المقدمة من خلال الهواتف النقالة
7. الكتاب الإلكتروني
8. الراديو
9. أفلام الإنترنت

مزايا وسائل الإعلام الإلكترونية

بالمقارنة مع وسائل الإعلام المطبوعة الصحفية فان وسائل الإعلام الإلكترونية تتناول هذا الموضوع أضافه إلى العديد من الميزات التي يتناولها الكاتب في شكل واضح ومناسب، بما في ذلك:

• وفرة المحتوى .

- يقوم الكاتب بإظهار وجهة نظره بدون رقابة.

- تعميق الشفافية في السياسات الحكومية.

- وضع الصحافة نفسها من حيث التنمية والتحرير من الضوابط.

- تخفيض تكلفة المعاملات والاتصالات وكذلك تخفيض تكلفة الحصول على المعلومات.

وسائل الإعلام الإلكترونية في العالم العربي

وتبرز هنا الامور التي لا تزال مدار للنقاش:

الأول: ظهور وسائل الإعلام الإلكترونية العربية

ثانيا: العقبات التي تحول دون الانتشار الإلكتروني لوسائل الإعلام في العالم العربي

هل تمثل وسائل الإعلام الإلكترونية خطرا على الصحافة:

مازال موضوع العلاقة بين وسائل الإعلام الإلكترونية والصحافة المطبوعة في العالم مثار جدل واسع ومن هنا تمت مناقشة الموضوع من الزوايا التالية:

1- ان غالبية الصحف اليومية في الغرب والعالم العربي يتم الاطلاع عليها من خلال المواقع الإلكترونية على شبكة الإنترنت، وتشير صحيفة News link، أنه في نهاية عام 1998، كان عدد الصحف والمواقع الإلكترونية قد وصلت إلى 4900، منها 2000 في الولايات المتحدة. ومع ذلك، فإن عدد الصحف الإلكترونية لم تتجاوز 80 صحيفة في نهاية عام 1994. هذه الأرقام تشمل الصحف اليومية والأسبوعية والدوريات والمجلات والمنشورات الأخرى.

2- وجود عدد لا بأس به من الصحف في أمريكا، وأوروبا واليابان قد فصلت الصحف المطبوعة عن النسخة الإلكترونية من حيث الإدارة، وجودة المحتوى، وطبيعة مصادر الدخل ونفقات كل واحدة، ومنها صحف امريكية مهمه مثل (واشنطن بوست) و (نيويورك تايمز) و (شيكاغو تريبيون) و (الفاينانشيال تايمز) في لندن. كما أن النسخ

الإلكترونية أصبحت شاملة في تحديث محتوى وسائل الإعلام على مدار الساعة لسبعة أيام في الأسبوع تفوق في كثير من الحالات النسخ المطبوعة في نشر الخبر.

3- وجود عدد من المواقع التي يمتلكها عدد من الناشرين المختصين الكترونياً بعيداً عن الصحافة المطبوعة هي اليوم واحدة من أنجح البوابات الإلكترونية على الشبكة العالمية من حيث عدد الزوار أو المشتركين ودخلها من الإعلان بلغ أرقام لا تصدق. ذلك أن هذه البوابات الإلكترونية أصبحت مستقلة تماما عن النسخة المطبوعة وتقديم خدماتها على مدار الساعة. ومع ذلك، تذكر صحيفة News link، أن عدداً من الصحف الإلكترونية على الشبكة حاليا يجني الأرباح، ولكن عدد لا بأس به من الصحف أغلقت المواقع بسبب الخسائر.

4- وجود كثير من الصحف والمجلات ظهرت على شبكة الإنترنت وحققت نجاحا كبيرا، إلى درجة أنها تخطت عالم النشر التقليدي، مثل مجلة WIRAD.

5- يجب أن نذكر بأن العامل المشترك بين النشر التقليدي أو النشر الإلكتروني هو المحتوى المتميز وبدون ذلك تفقد الصحيفة أو الموقع الإلكتروني أهميته إذ يجب التركيز على المحتوى المتميز من أجل الانتشار من قبل الجمهور.

وفي النهاية، يجب أن نشير إلى أن الصحف تطورت من الصحف المطبوعة إلى الإلكترونية وأصبحت ذات طابع مميز ومستقلة كما أن هناك كثير من الأخبار المسلية.

معوقات الصحافة الإلكترونية في الوطن العربي:

إن دخول الإنترنت إلى العالم العربي يجابه عوائق عديدة، من أهم العوائق التي تواجه المستخدم العربي، ضعف وارتفاع تكلفة خدمة الاشتراك في شبكة الإنترنت إذا ما قورنت بالدول المختلفة، فإنعدام البنية التحتية للاتصالات في أغلب الدول العربية، وعدم مواكبتها للتطورات الحديثة في هذا المجال فضلاًعن أنها بالكاد تسد حاجة الاتصالات الصوتية ومحدودية ما تقدمه من خدمات اتصال دولي، ونقل المعلومات، كل

هذه الأمور مجتمعة أدت إلى محدودية انتشار خدمة الإنترنت وارتفاع تكلفتها مقارنة بالدول الأخرى

وهناك بعض الصعوبات التي تقف حائلاً دون انتشار الإنترنت في الوطن العربي أبرزها:

الأمية: تبقى الأمية المشكلة الكبرى التي تحد من تطور المجتمعات العربية، في ظل غياب أي خطط تعتزمها الحكومات للاستفادة من هذه التكنولوجيات الجديدة.

الكلفة: تحد كلفة الأجهزة ومعدات الارتباط بالإنترنت من وصول الجميع إلى الخدمة،عدا فئة قليلة من العلماء والمهندسين، فمثلاً كلفة الارتباط بالشبكة في الصومال وهي أفقر بلدان العالم تعادل راتب ستة أشهر.

اللغة: تسيطر اللغة الإنجليزية على الشبكة كما أن غالبية المواقع التي تقدم الخدمات تستخدم هذه اللغة.

البنية التحتية: البنية التحتية للاتصالات العربية هي عامل آخر في ضعف تطوير الإنترنت، ففي بعض الأقطار غالباً ما تكون خدمات الاتصال عن بعد مكلفة، وقد لا تصل إلى مسافات بعيدة كي تتمكن من تجهيز خدمات الشبكة.

وبالرغم من تنامي أعداد الصحف العربية على شبكة الإنترنت إلا أن بعض الدراسات تشير إلى أنه رغم الحضور الواضح لهذه المطبوعات الإلكترونية، إلا أنه حضور لا يتماثل مع النمو الهائل للمطبوعات الإلكترونية العالمية، خاصة فيما يتعلق يتناسب هذه الأرقام مع أعداد الصحف العربية وعدد الدول والسكان في الوطن العربي، وتواضع نسبة مستخدمي الإنترنت العرب قياساً إلى العدد الإجمالي للسكان في الوطن العربي بالإضافة إلى غياب الخطط ودراسات الجدوى للصحف الإلكترونية، وعدم وضوح مستقبل الصحافة الإلكترونية أمام الناشرين العرب .

ويتضــح ممــا ســبق أن الصــحافة الإلكترونيــة العربيــة تواجههــا عــدة تحــديات وتعــوق تميزها،ومنافستها لمثيلاتها الأجنبية، وأهم هذه التحديات هي:

أ. ضعف عائد السوق (القراءة والمعلنين).

ب. عدم وجود صحفيين مؤهلين لإدارة وتحرير المطبوعات الإلكترونية.

ج. المنافسة الشرسة من مصادر الأخبار والمعلومات العربية الدولية والأجنبية التي صدرت لها طبعات إلكترونية منافسة باللغة العربية.

د. عدم وضوح مستقبل النشر عبر الإنترنت في ظل عدم وجود قاعدة (مستخدمين) جماهيرية واسعة.

هـ. أن أمام الصحف الإلكترونية العربية طريق طويل يجب أن تمضي- فيه لكي تأخذ موقعها بين وسائل الإعلام العربية الأخرى من جانب وبين الصحف الإلكترونية العالمية من جانب آخر، وهو ما يتطلب التالي:

و. تبني استراتيجيات واضحة للتواجد على الشبكة وتحديد أهداف هذا التواجد وإذا ما كانت هذه الأهداف دعائية أم تسويقية أم ربحية.

ز. تنويع مصادر التمويل وعدم الاعتماد الكلي على الدعم الحكومي أو دعم المؤسسة الأم، بحيث تبدأ الصحف الإلكترونية العربية في بيع بعض موادها الصحفية والمعلوماتية والأرشيفية والصور وإدخال خدمات النشرات الإخبارية اليومية والتسويق والتجارة الإلكترونية على مواقعها.

ح. التأهيل الجيد للصحفيين خاصة من يعملون لحساب الصحيفة الإلكترونية في مجالات النشر- الإلكتروني وتكنولوجيا المعلومات والوسائط المتعددة.

ط. إجراء البحوث والدراسات العلمية الخاصة بجمهور الصحيفة الإلكترونية للتعرف على احتياجاتهم الحقيقية ومحاولة تلبيتها.

الصحف الإلكترونية والتطور التكنولوجي

لقد حدثت تطورات كبيرة في المجال التكنولوجي، والتطور الأبرز وجد مـن خـلال تكنولوجيـا الهاتف النقال وإفساحه المجال لكثير من الصحف من نشر طبعات إلكترونية، ولقت الصحف الإلكترونيـة رواجاً كبيراً في الآونـة الأخيرة وهذا بدوره أثر على بيع الصحف من خلال البائعين، ومن خلال هـذا التطـور تقرأ على الإنترنت كثير من الأخبار وكذلك على الأجهزة النقالة، وهناك أجهزة أصبحت تجمع بين وظائف الهاتف المحمول والبريد الإلكتروني والتصفح عن طريق الإنترنت.

هذه الميزة الإلكترونية يجب الاستفادة منهـا مـن قبـل الصحـف، ولا ننسى ـ بـأن هنـاك كثـير مـن الشركات الإلكترونية والبرمجية ستفيد من هذه الخدمـة، إذ من خلال الهاتف المحمول يمكن الحصول عـلى النسخ الإلكترونية من الصحف. وقد أصبحت هذه الخدمة موجودة لدى كثير من شركات الهواتف النقالـة إذ يمكن للمشتركين تصفح وقراءة اكثر من 350 مجلة وصحيفة. وتتوفر من خلال 12 لغة مختلفـة، ويمكـن للمستخدمين أيضاً الاستفادة من خدمات أخرى يتيحها الهاتف النقال من خلال الاستماع إلى قصص.

وتتولى شركة News paper Direct طبع أكثر من 450 صحيفة من 69 بلـداً و 37 لغـة، وواشـنطن بوست تنتهج هذه الخدمة لأنها تمكن وصول الصحيفـة إلى جميع أنحـاء العـالم. كما أن استخدام هـذه الخدمة تعمل على توفير تكاليف الطباعة وإيجاد عدد من المشتركين مهتمين ببرامج التعليم في الصحف.

وقد استفاد كثير من المشتركين في هذه الخدمـة، كـما أن هنـاك طموحـات مسـتقبلية بالتوسـع باستخدام البرمجيات لدى صحيفة Active Paper.

جميع المدارس:

وبحلول نهاية عـام 2008 وصلت خدمـة الصحيفـة الإلكترونية إلى جميع المـدارس المتوسطة والثانوية، وهي وسيلة فعالة للأهل لقراءة صحيفة الصباح التقليدية على شبكة

الإنترنت، وهذا الأسلوب يعمل على تخفيض التكاليف اللازمة للطباعة، وهذه التجربة رحب بها لدى الكثيرين وقد حصلت الصحيفة على ردود فعل إيجابية تثمن هذه التجربة ويعد هذا الأسلوب أفضل وأسهل من تزويد كل منزل بصحيفة الصباح كل يوم أمام المنزل.

سيتم انتاج البطاقات البلاستيكية لهذه الخدمة من خلال بناء مصنع بالقرب من مدينة دريسدن في المانيا، وقد تم تخصيص مبلغ 100 مليون دينار لهذا الغرض، ويتم من خلال ذلك تزويد المشترك ببطاقات بلاستيكية من خلالها يستطيع المشترك تصفح الصحف الإلكترونية.

اختبار النماذج البلاستيكية:

قام عدد من الباحثين اليابانيين بإعداد مجموعة من الأقراص تعمل على تخزين كم كبير من البيانات لأكثر من ألف سنة، وقد تم تعاون كثير من الباحثين اليابانيين من أجل الحصول هذه الأقراص. وسيتم من خلال هذه الأقراص تخزين مختلف التراث الثقافي للبشرية جمعاء وذلك عن طريق إيجاد نظام لتخزين البيانات لأكثر من ألف سنة والوصول على البيانات بسعة تخزينية مقدرة (1 Tbit) أو أكثر من ذلك، وبسرعة أكثر من (100Mbps)

إلا أن هناك عدة مشاكل تعترض هذا الأسلوب وهو أنه يمكن في غضون أربعة إلى أربعين عاماً يمكن ان تزول البيانات، وذلك بسبب المجال المغناطيسي، كما أن البيانات المخزنة في القرص يمكن ان تفقد خلال ثلاثين أو مائة عامة عندما تتأثر بالأوكسجين والرطوبة، ويمكن إبقاء البيانات سليمة لألف سنة أو أكثر إذاكانت درجة الرطوبة حول القرص أو بحوالي 2% أو أقل من ذلك، وقد اقترح الباحثين من أجل التغلب على هذه المشكلة بإنتاج أقراص مغلفة بشكل وطريقة متقنة.ومن خلال هذه الطريقة يمكن الوصول إلى المعلومات الموجودة في الأقراص بسرعة كبيرة وفي أي وقت.

وقد ارتفع مؤشر نيكي للإلكترونيات وقد بينت أنه بحلول نهاية عام 2008 تم إيجاد تجربة الصحف الإلكترونية، وبدأ العمل الفعلي في هذه الخدمة في النصف الثاني من عام 2009".وقد قال نائب رئيس الشركة المسئولة عن منطقة آسيا والمحيط الهادئ أنه يجري تطويراً من أجل الوصول إلى هذه الخدمة، والنهوض بالخدمة الإلكترونية للصحيفة.

كما بين المدير المسئول بأن معظم الصحف في اليابان من المرجح ان تركز على تطبيق الإلكترونية لصحف وتعزز دعمها لهذا التوجه، ولم تكن الصحف اليابانية الوحيدة التي تحركت نحو هذا الاتجاه. بل وقبل كل شيء بدأت الشركات الأمريكية بإطلاق خدمة الصحيفة الإلكترونية. ويعتقد أنه إن هذه التحركات في الولايات المتحدة في الآونة الأخيرة حفزت كثير من الصحف اليابانية والأوروبية لسلوك هذا المسلك.

وفي نهاية شهر تموز عام 2009، ارتفع مؤشر نيكي للإلكترونيات.إذ تم إيجاد هاتف يعمل بالطاقة الشمسية SH002، إلا أن هناك عدد من التعليمات التحذيرية وجدت على هذا الجهاز، كما يعرف هذا الهاتف بأنه صديق للبيئة ويمكن شحنه عن طريق الطاقة الشمسية.

والخلايا الشمسية الموجودة على الهاتف المحمول SH002 تعمل كعنصر مساعد من أجل تزويد الهاتف بالطاقة عند مستوى منخفض، وقد تم إعلان عن هذا الهاتف لدى شركة سام سونك وشركة أل جي للهواتف النقالة. لكثرة الميزات في هذا الجهاز هناك أشخاص كثيرون بانتظار هذا الجهاز.

وقد تم التأكد من فاعلية هذا الجهاز من خلال التعرف على أدائه وهو مركب على هيكل السيارة الخلفي باعتبارها سمة رئيسية تميز هذا الجهاز، إذ يتم شحن هذا الجهاز خلال عشرة دقائق في الوقت الجيد ويوفر مقدار ساعتين من الوقت للمكالمة.

كما ان هذا الهاتف يتميز بأنه يسمح للمستخدم التعرف على الوقت المتبقي لعملية الاتصال، قبل أن يفصل هذا الجهاز.

ازدياد انتشار الصحافة الإلكترونية

في ظل الانتشار السريع لشبكة الإنترنت وتكنولوجيا المعلومات يـزداد دور الصحافة الإلكترونيـة التي أضحت من أشد منافسي الإعلام التقليدي " المطبوع" على الرغم من نقـص الكـوادر المتخصصـة فيهـا، لتبرز مخاوف على مستقبل الأخيرة من الاختفاء أو تهميش حضورها الإعلامـي، مقابـل نمـو وارتقـاء مقـام الصحافة الإلكترونية ودورها الإعلامي. مما يمكن ألصحافة الإلكترونية من بنـاء صرح ثقـافي وصحافي تقـف من خلاله في وجه الصحافة المطبوعة وربما تزيحها من عرشها الذي طالما تربعت علية باعتبارهـا " السـلطة الرابعة "و تحل محلها بل والاهم من ذلك إمكانية الصحافة الإلكترونية المشاركه في قيادة الرأي العام وهـو ماكانت تنفرد به الصحافة الورقية طيلة قرون مـن الـزمن ، في وقـت يعتقـد فيه كثير مـن الباحثين ان الصحافة المطبوعة بدأت تفقد بريقها وسحرها أمام غزو الصحافة الإلكترونيـة وإغراءاتهـا بمـا تقدمـه مـن سهولة وسرعة وتوفرها في متناول الجميع .

الصحافة الإلكترونية.. نقلة نوعية

ان عدد غير قليل من المهتمين والصحافيين العاملين في الحقل الصحافي بشقيه الإلكترونـي والتقليدي، يؤكدون على اهمية دور الصحافة الإلكترونية وما وصلت اليه من تطور وما أحدثته من قفزات نوعية في مجال الإعلام.. مستغلة في ذلك التطور المتسارع الذي يشهده عالم الاتصالات وتكنولوجيا المعلومات.

لأن الصحافة الإلكترونية أحدثت قفزات كبيرة ونوعية من التطور في مجال الإعلام بحكم التقـدم الهائل والمتسارع الذي يشهده عالم الاتصالات وتكنولوجيا المعلومات، وما وفرته هـذه الشـبكة العنكبوتيـة من سبل سهلة ومرونة كبيرة في الحصول على الخبر ومتابعة الحدث أولا بـأول ليصبح العـالم وكأنـه قريـة صغيرة كما أن الصحافة الإلكترونيـة تنمو بـاطراد مسـتمر وبسـرعة عاليـة في عصـرـ التكنولوجيـا والتـدفق المعلوماتي

الهائل والقرية الكونية الإلكترونية كما أن الصحافة الإلكترونية اليوم أكثر فاعلية في تناول وتغطية الأحداث لما تمثله من مرونة ومساحة اكبر وعلى مدار الساعة وبتكلفة أقل جعلتها أكثر بكثير من الصحافة التقليدية في مواكبة التطورات والمستجدات بما يلبي رغبات القراء.

وبين هذا وذاك ثمة من يرى أن الصحافة الإلكترونية انما هي نتاج حديث أو مرحلة متطورة من مراحل التطور المستمر للصحافة بشكل عام، شأنها في ذلك شأن ما تمر به كثير من العلوم وكذا الصناعات من أطوار ومراحل في التطوير والتحديث.. منوهين بأنه من المبكر جداً الحكم على الصحافة الإلكترونية ومدى تأثيرها على مستقبل الصحافة الورقية، بالنظر إلى أن الأخيرة ماتزال إلى اليوم سيدة الموقف .

ان النظرة الموضوعيه يمكن ان تنطلق من فرضيه قوامها ان الصحافة الإلكترونية ونظيرتها التقليدية انما هما وجهان لحقيقة واحدة، يسعيان لذات الهدف.. لاسيما وأن أغلب المواقع الصحفية الإلكترونية تتبع الصحف المطبوعة وتعكس محتواها ومضمونها وكذا سياستها ورؤيتها الخاصة .

أن الصحافة الإلكترونية ورغم كل ما يثار حولها من جدل تمثل تطورا طبيعيا لمسيرة الصحافة التي كانت بأشكال قديمة مختلفة منها الخبر المنسوخ الذي تلته الصحافة التي نعرفها اليوم بشكلها الحالي المنتظمة وبالتالي فإن تطور العلوم والتقنيات أوصلنا إلى الصحافة الإلكترونية التي فرضت على الصحافيين مهام جديدة ومسؤوليات كبيرة لإستقطاب القراء الذي أصبح ارضائهم مسألة صعبه في ظل هذا التدفق الهائل للمعلومات عبر شبكة الإنترنت ومهما يكن فإن أطرافا أخرى تشدد على أن ثمة ملامح متعددة لتباين قائم بين الوسيلتين الصحفيتين من نواحي عدة، بدءا بشريحة الجمهور وقوة التأثير، ومدى السهولة وإمكانية التصفح، كما هو أيضاً في التحديات التي تواجه كلا منهما، وصولا إلى تأثر كل منهما حاضرا ومستقبلا بهذه العوامل والفروقات .

ومن هذا المنطلق فإن التحديات التي تواجه الصحافة الإلكترونية هي تحديات "مادية ومهنية "، ويتمثل التحدي الاول في ضعف الموارد المادية كسمة اساسيه لاغلب المواقع الإخبارية الصحفية مع غياب الإعلان في ان تأخذ طريقها كدعم مادي لهذه المواقع الإخبارية وإن فعلت بعض الجهات فإنها تدفع مبالغ ضئيلة لإعلانات تظل فترة طويلة في الموقع الإلكتروني وقد تؤثر على تصفح الموقع. أما التحدي المهني فيمكن تلخيصه في ضعف القدرات المهنية لدى معظم المشتغلين في الصحافة الإلكترونية.

ان وصف جمهور الصحافة الإلكترونية بأنه جمهور يتميز بسرعة متابعته ولكن دون تركيز بحكم تتابع المعلومات وسرعتها وبالتالي فأنه يفتقد للعلاقة الصميمة التي طالما تميزت بها الصحافة التقليدية مع جمهورها ومن ثم فإنه من الصعب لدى الكثيرين تخيل العالم بدون صحافة ورقية تقليدية، لأنها ستظل قائمة بحكم عراقتها وجمهورها الواسع.. كما أن المقارنة بين الصحافة الإلكترونية والتقليدية أشبه ما تكون بالمقارنة بين الكتاب العادي والكتاب الإلكتروني التي شغلت البعض اليوم ولكل منهما مؤيدون ومعارضون وثمة محايدون، وان كليهما "الإلكترونية والتقليدية" ستؤديان دورهما ووظيفتهما ولن تعدم إحداهما جمهور الأخرى الذي يتفاوت من بلد إلى آخر بناء على مستوى التقدم في المجتمعات..

ان النظر إلى بعض ماتقوم به الصحافة الإلكترونية من مهام قد تفقدها في بعض الأحيان مقومات أخلاق المهنة وخاصة التي تنتمي إلى هذا الطرف السياسي او ذاك، بدخولها في دوامة من الفعل ورد الفعل من المماحكات السياسية الحزبية متعددة الاغراض فيما بينها، وأن بدت تلك نظرية قديمة استخدمت ومازالت في الصحافة التقليدية .

ويكشف واقع الحال ان ثمة استخدامات كبيرة لهذه النوع من الصحافة وخاصة الحزبية منها، في المماحكات السياسية والأغراض الحزبية إلى جانب وجود العديد من

المواقع الاخبارية التي تفتقد لأدنى مقومات أخلاق المهنة والتي يقتصر ـ هدفها فقط في الاثارة والتشويه للحقائق.

ان استخدامات الصحافة الإلكترونية لأغراض سياسية ومماحكات حزبية يبدو بشكل اكبرمما هو في الصحافة الورقيه ربما يعود إلى التكلفة البسيطة كما أن وضع الصحافة الإلكترونية على الصعيد الوطني مختلف إلى حد ما، حيث إن انتشار أمية الحاسوب والإنترنت ترجح كفة استمرار الصحافة التقليدية إلى أجل غير مسمى.

وبخصوص الفاعلية الملموسة لمواقع الأخبار اليمنية وخصوصا على الصعيد السياسي، كذلك فان المواقع الاخبارية الإلكترونية باتت تعلن عن نفسها أيضا من خلال تفاعل مصادر الأخبار والشخصيات السياسية معها.. علما انه حتى إلى وقت قريب كانت هناك صعوبة في حصول المواقع الإخبارية على تصريحات خاصة لشخصيات وقيادات سياسية في الحكم والمعارضة, لكن الأمر قد اختلف في الوقت الراهن، فمعظم المواقع باتت تنشر التصريحات الخاصة والحوارات والمعلومات.

وبالنظر إلى الموضوع من زاوية أخرى، أوضحت نتائج دراسة عربية عن سوق الصحافة الإلكترونية العربية بعض سمات وخصائص قراء الصحف الإلكترونية العربية من حيث انهم في الغالب ذكور وشباب، ويشكل الطلبة والمهاجرون العرب حول العالم نسبة كبيرة منهم.

وكشفت الدراسة العلمية التي اعتمدت على نتائج استجابات القراء في قاعدة بيانات مسوح قراء الصحف الإلكترونية العربية - كشفت أن ما يزيد على نصف العينة يقررون بأنهم يتصفحون الصحف الإلكترونية بشكل يومي .وحسب الدراسة، يعزو قراء الصحف الإلكترونية سبب رضاهم وإقبالهم على الصحافة الإلكترونية إلى أسباب منها أنها متوفرة طوال اليوم وإمكانية الوصول إليها مباشرة ولا تحتاج إلى دفع رسوم إضافية، كما أنها تمكنهم من متابعة الأخبار من أي مكان وعن أي بلد مهما تباعدت مواقعهم.

وبرغم أن كثيراً من المبحوثين قد أشاروا إلى صعوبات فنية عند تصفح بعض مواقع الصحف، أو مشكلات عدم رضا عن المحتوى الرسمي لبعض الصحف، إلا أن نسبة كبيرة من القراء أبدوا مستوى معقولاً من الرضا عن هذه الصحف حسب ذكر الدراسة .

ويبدو ان طموحات الصحافة الإلكترونية لن تقف عند أي حدود، لما بدأته من استدراج للإعلام المرئي والمسموع (الإذاعات والفضائيات) إلى دائرتها، لتكشف إحصائيات عالمية ان نسبة عالية من المتصفحين تتابع برامج الراديو أو تشاهد التلفاز عن طريق الإنترنت، وصولا إلى التنامي الحاصل لظاهرة الخدمة الاخبارية للرسائل القصيرة (SMS) التي تطلقها شركات الاتصال لمشتركيها تطلعهم عبرها بآخر الأخبار معتمدة في ذلك على ما تزودها به الصحافة الإلكترونية .

ان هذا الانتشار الواسع للصحافة الإلكترونية كان وراء انتقاد الجمعية العالمية للصحف لهذه الظاهرة بشدة مفنده آراء كل من يتوقع اختفاء الصحف المطبوعة قريبا رغم إقرارها بتأثر هذا القطاع بشدة جراء الأزمة العالمية الراهنة وخصوصا في أوروبا والولايات المتحدة .

وخلال المؤتمر الـذي نظم مـؤخرا في برشـلونة عـن سـلطة الصحافة المطبوعـة... انتقد رئـيس الجمعية الايرلندي غافين اورايلي من وصفهم بالمعلقين والذين ينعون بانتظام مـوت الصحف المطبوعة مدافعا بأن هذا القطاع ينمو باستمرار .. لافتاً إلى التحدي الإلكتروني الذي تواجهه الصحف ورأى انها قادرة على التكيف مع الثورة الرقمية نافياً ان يكون المستقبل فقط للأخبار الإلكترونية قائلا:" وإلا لماذا يصر نحو 1.9 مليار شخص على قراءة الصحف المطبوعة يوميا .

وبحسب اورايلي فقد أرتفعت مبيعات الصحف اليومية بنسبة 1.3 بالمائـة العـام 2008م لتصـل إلى 539 مليون نسخة يوميا فيما بلغت الزيادة على مدى أربعة الأعوام الماضية بنسبة 8.8 بالمائـة (مـن خلال ما اطلعنا عليه من مصادر وجدنا اصرار من قبل

المدافعين عن الصحافة الورقيه وهم يستشهدون باحصائيات وارقام تثبت رصانة وقوة الصحافة الورقيه وكذا يفعل مناصروا الصحافة الإلكترونية) المؤلف.

جدير بالذكر أن سوق الإنترنت يشهد انتشاراً كبيراً في الدول المتقدمة، أما الدول العربية فلا يزيد مستخدمو الإنترنت عن 8% من إجمالي السكان، في حين يصل في بعض المناطق مثل أمريكا الشمالية إلى 67.4% وأوروبا إلى 35.5% طبقاً لأحدث الإحصائيات الدولية.

الصراع بين القديم والجديد

مع انتشار شبكة الإنترنت العالمية خلال تسعينيات القرن الماضي، ترددت أصوات تقول بأن المسألة مسالة وقت، لتفسح الصحف المطبوعة الطريق أمام التوزيع الإلكتروني بالكامل، وبعد مرور سنوات على تلك التنبؤات ترددت أحاديث بين مغامري النشر الإلكتروني العرب تبشر بترك النشر الإلكتروني والعودة للنشر والتوزيع التقليدي، دون أي إيضاح لأسباب نجاح أو فشل تجربتهم تلك، أو عن عوائدهم المالية التي هي في الحد الأدنى تكاد تغطي التكاليف. خاصة وأن نجاح أي مشروع إعلامي تجاري يعتمد بالدرجة الأولى على المبيعات، والاشتراكات، والإعلانات التجارية، في الوقت الذي تقدم فيه الصحف الإلكترونية خدماتها في البلدان العربية بالمجان تقريباً، لأن الإعلان يكاد في الآونة الأخيرة يغطي بعض نفقات تلك المواقع الإلكترونية بشكل لا يمكن التعويل عليه لإنجاح أي مشروع إعلامي الكتروني تجاري.

تؤكد تقارير صحفية دولية إلى أن ارتفاع تكاليف الطباعة وتقليص الإعلانات وتراجع الاشتراكات في الصحف الورقية بات يؤرق العديد من هذه الصحف، حيث دفعت ألازمة العالمية عددا من كبريات الصحف إلى أن تودع طبعاتها الورقية لتكتفي بمواقعها الإلكترونية.ومع ذلك فلا يزال هناك اعتقاد بعدم تأثير الصحافة الإلكترونية على الإعلانات في الصحف الورقية وأن التأثير ربما يكون فقط على القارئ وليس على المعلن.

إن الصحافة الورقية من وجهة نظر أنصارها ستبقى حاضرة دائما، ولها قرائها، وان هناك تأثيرات واضحة للصحف الإلكترونية على الورقية نتيجة للطفرة الرقمية التي غزت العالم.كما أن تنبوأت الخبراء الإعلاميين في اختفاء الصحف الورقية في السنوات القادمة لا يمكن اعتباره حقيقة مطلقة.

وذكر موقع إسلام اون لاين في تقرير له نشر منتصف عام 2009 ان عددا من الصحف الأميركية وعلى رأسها صحيفة كريستيان ساينس مونيتور التي توزع أكثر من 500 ألف نسخة كل صباح، توقفت عن الصدور كمطبوعة ورقية، واكتفت بموقعها على الإنترنت فقط.

ولحقت بها صحيفة سياتل بوست انتلجنسر الأسبوعية التي توقفت عن الصدور بشكل ورقي نهائيا،بعد ما يزيد على 146 عاماً، الأمر الذي يمثل ناقوس خطر يدق أمام أبواب العديد من الصحف الأمريكية الكبيرة مثل نيويورك تايمز التي تواجه مشكلة مالية.

وترزخ نيويورك تايمز تحت ديون بقيمة مليار دولار أمريكي، ولا تملك منها كسيولة إلا 60 مليون دولار، حيث سجلت أسهمها تراجعا بنسبة 55% خلال العام الماضي.

تقارير تقول إن عدة صحف أميركية بدأت تودع الورق للأبد ومن أبرزها صحيفة روكي ماونتن نيوز كولورادو وصحيفة سنسيناتي بوست وبالتيمور إكزامينر زكنتاكي بوست و ذا توكسون سيتيزن.ومنيت صحيفة سان فرانسيسكو كرونيل ضربة قاسية جراء تخفيض عدد نسخها الموزعة وتراجع عائداتها الإعلانية بسبب الصحف الإلكترونية الصادرة في ولاية كاليفورنيا ، حيث باتت الصحيفة التي توزع يوميا حوالي 400 ألف نسخة مهددة بالإفلاس.

ووفقا لموقع نيوز بيبر ووتشو فان نحو 23 مطبوعة أميركية سجلت تراجعا حادا بنسبة 6% في عدد النسخ الموزعة خلال عام 2008.

ويتوقع الخبراء الإعلاميون في السنوات القادمة ونتيجة للمنافسة الشديدة من جانب الإنترنت، أن تندثر الصحف الورقية والاكتفاء بالمواقع الإلكترونية ، خاصة في أوساط الشباب وتراجع التوزيع والاشتراكات.

ووفقا للإحصاءات ، يناهز متوسط سن قراء الصحف الورقية في الولايات المتحدة الأمريكية 55 عاماً وما فوق، بينما يصنف 19% فقط من شريحة تتراوح أعمارهم بين 18-34 عاماً أنفسهم بأنهم قراء للصحف الورقية، فيما تعتمد الغالبية على الإنترنت كمصدر للأخبار .

يخالفه في الرأي مايكل بورتر في كتابه الميزة التنافسية حيث يقول: إن الصحف ستبقى محافظة على زخمها أكثر من المواقع الإلكترونية نتيجة للتأثير في المجتمع.
ويؤكد خبراء إعلاميون أن الصحف ستبقى بعيدة كل البعد عن الاختفاء عن الأضواء، بالرغم من المنافسة الشديدة التي تواجهها من المواقع الإخبارية الإلكترونية. ووفقا لمدير رابطة الصحف العالمية تيموثي بالدينج فان مبيعات الصحف العالمية الورقية ارتفعت بنسبة 1,2% خلال عام 2007 ، كما ارتفعت أرباح الصحف من الإعلانات بشكل ملحوظ أيضا. كما اظهر المسح السنوي الذي تجريه رابطة الصحف العالمية والذي نشر في مؤتمر سيؤل .

ويرى عدد من الباحثين في وسائل الاعلام، انه من السخرية أن تظل الكرة في ملعب الصحف المطبوعة بعد أن بلغ عمرها 400 عام، مر عليها منذ أن ظهرت منافسة بدأت بالراديو مرورا بالتلفزيون ثم الوسائل الإعلامية الحديثة في العصر الرقمي.

الفصل التاسع

صناعة الاخبار في الصحافة الإلكترونية

الفصل الحادي عشر

تطبيقات الإعلام في المجال طبي

ما هو الخبر الإلكتروني

إن التكنولوجيا الحديثة خلقت وسائل جديدة وأوجدت أعمالا إضافية للصحفي بحيث اصبحت الكتابة الاخبارية للوسائل الإلكترونية حقلا كبيرا يوفر المزيد من فرص العمل لمن يريد ان يؤسس محطة او نظام بث كابلي.

فالجريدة والمجلة ظلتا تتحكمان بشكل الاخبار التي تصل إلى الجمهور قرابة قرنين من الزمن ولكن الثورة الإلكترونية في مجال الاتصالات اخذت تستقل تدريجيا وتؤسس لها تقاليد وقوالب خاصة تنسجم مع طبيعة الوسيلة الإلكترونية الجديدة وخصائصها المميزة حتى اصبح لدينا اليوم خبرا اذاعيا واخر تلفزيوني يتميز عنه ببعض الخصائص التي تستدعيها وسيلة التلفزيون

ان الاذاعة منذ نشوئها والتلفزيون ظلتا تستخدمان اساليب الجريدة في معالجة الاخبار لان كتابها ومحرريها جاءوا اليها من الصحافة اصلا ونقلوا معهم الارث الاخباري القديم إلى ان بدأت الاخبار الاذاعية والتلفزيونية تقترب من جمهورها وتسعى لتلبية حاجاته ومواجهة خصوصياته.

ان ما يكتب للجريدة يخاطب القاريء وليس المستمع وهذا مالا ينسجم تمام الانسجام مع فن الكتابة للأذن الذي استحوذ على طرائق إعداد الخبر الإلكتروني وتأسيس بخصائصه ومميزاته التي تضع المستمع والمشاهد في اولى الاعتبارات.

وحين ظهر الراديو في العشرينات والتلفزيون في الثلاثينات كانت اخبارهما تكتب من قبل أناس تلقوا تدريبهم في تراث الصحيفة ولكن أصبح من الواضح بالتدريج ان خبر الإذاعة ليس من الواجب ان يكون احد موضوعات الجريدة التي تتلى تلاوة.. فالمستمع لا يستطيع ان يقلب ويختار من بين موضوعات الإذاعة ففي الإذاعة والتلفزيون الاختصار من الأسفل كما في قالب الهرم المعكوس يعني إلغاء الموضوع كليا.

وهذا يعني ان خبر الإذاعة لكي يجتذب المستمع يجب ان يكتب بطريقة جادة تناسب جمهور المستمعين ومستوياتهم المختلفة فمن الأسهل على الاطفال وغير المتعلمين وفاقدي البصر ان يحصلوا على المعرفة عن طريق آذانهم وهناك كثيرون يجدون ان الأذن هي السبيل الأفضل لتلقي المعلومات فالحاجة إلى مخاطبة الاذن في الخبر الإذاعي لم تخلق من هذا الخبر جنسا غريبا بل ان هذه الحاجة اكدت على خصائص معينة فرضتها طبيعة الوسيلة الإعلامية الجديدة ومستلزمات ادائها كما ان كاتب الأخبار الإذاعية أو التلفزيونية يستحسن ان يكون قد أتقن اصول كتابة وتحرير اخبار الجريدة اليومية لان هذه الأصول تفرض حضورها في كل نشرة اخبار إذاعية وتلفزيونية وهناك تشابه وثيق بين الراديو والجريدة بحيث ان كاتب التعليق الاذاعي يسمى في ادبيات الاذاعة والتلفزيون كاتب الافتتاحية على الاثير ويعرف التلفزيون احيانا بانه جريدة الهواء المصورة.. ورغم التشابه الكبير الا ان هناك فروقا اساسية بين الاسلوب الصحفي والاسلوب الاذاعي والتلفزيوني واهم هذه الفروق:

1- في أخبار الإذاعة والتلفزيون يتم تجنب البنية المعكوسة للجملة.

2- تكون الجملة قصيرة جدا في الأسلوب الإلكتروني.

3- في الخبر الإلكتروني يكون الفعل قريبا من فاعلة قدر الإمكان.

4- التعريف بالأشخاص القائمين بذكر الأسماء والوظائف والأعمار يأتي قبل الاسم في الأخبار الإلكترونية.

بعض قواعد كتابة الخبر الإلكتروني:

ان تحرير الخبر الإلكتروني يبدأ باختصار المعلومات ثم الكلمات والعبارات وهذه عملية اسلوبية تحتاج من المحرر إلى مهارة لغوية عالية وذوق فني وحس صحفي بطبائع جمهور الاخبار.ويمكن اجمال مهمة محرر الخبر الإلكتروني بالنقاط الأساسية الآتية:

1- التحقق من المعلومات

2- معرفة القانون

3- التحرير من اجل المستمع والمشاهد

4- التأكد من عدم الانحياز

5- إدراك دور المذيع ومتطلباته

6- فهم المرئيات

ان هذه النقاط مجتمعه تعمل على خلق صورة لهيكل الخبر الإلكتروني في ذهن المحرر الـذي امتلك بجدارة ادوات صنعته وتحسس بمشكلات المذيع ومخرج الاخبار الإلكترونيـة وتمثـل في ذاكرته هـذه الحالة يكمل ابعادها.

ان الخبر الذي يصل القاريء والمستمع والمشاهد يشبه اية بضاعة اخرى وصلـت إلى السـوق او أيدي الزبائن بعد ان مرت بمراحل تصنيع مختلفة.

هذا هو شأن الخبر فبعد ان يصل إلى مكاتب التحرير واقسام الاخبار يخضع إلى عمليـة مراجعـة دقيقة وتتجاذبه اقلام مختلفة بالتشذيب والصقل واعادة الصياغة.. وعملية التحرير الدقيقـة التـي يخضـع لها الخبر تشبه العملية الجراحية التي تستأصل الاورام وترمم الجرح حتى يستقيم الجسم سليما قادرا على الفعل، وهذه العملية التحريرية ضرورية بسبب عامل السرعة الحاسم الذي تتسم بـه التغطيـة الاخباريـة التي تحكمها المفاجأة وتحديد الوقت .

عند تناول قواعد كتابة الخبر الإلكتروني لابـد مـن الاشـاره إلى التشـابه او القواسـم ألمشـتركه بـين كتابة الأخبار في وسائل الإعلام المختلفة وعلى سبيل المثال لا الحصر هناك تشـابه كبيـر بـين الخـبر الإذاعـي والخبر التلفزيوني ذلك ان الإذاعة قد سبقت الشاشة الصغيرة في تقديم الاخبار بحوالي عقـدين مـن الـزمن واستطاعت ان تؤسس تقاليدها

وممارساتها الصحفية وتطور لها اسلوبا مميزا عن اسلوب الجريدة.. وحين ظهر التلفزيون أفـاد كثـيرا مـن الفن الإذاعي الذي يشترك معه في مخاطبة الأذن.. وهنا تستطيع القـول ان الخبر التلفزيـوني يعتمـد كثـيرا على قواعد كتابه الاخبار الاذاعية مع الاخذ بنظر الحسبان وظيفة الصـورة ومكانتهـا العظيمـة في النشرة الإخبارية وابرز قواعد كتابة الأخبار الإذاعية هي:

1. الجمل قصيرة وبسيطة

2. يذكر الفاعل مع فعله سوية إذا أمكن

3. عدم استخدام الجمل المعقدة والكلمات النادرة

4. في الخبر الإذاعي الكلمات كتبت لكي تقرأ ولذلك لابد ان تكون سهلة النطق

5. استخدام اقل ما يمكن من الضمائر

6. حداثة الخبر الإذاعي

7. في الخبر الإذاعي تستخدم عبارة وصيغة قبل الاسم

8. لا تبدأ الجملة بمقتبس في الإخبار الإذاعية ولا يترك اسم المصدر في نهاية المقتبس.

9. لا تبدأ الجملة بالإحصاءات وكثرة الأرقام

10.استخدام المبني للمعلوم

11 .الحذر من تغطية أخبار الجريمة

أما الخبر التلفزيوني فشأنه شأن خبر الراديو لم يكتب لكي يمكن اختزالـه مـن النهايـة او مـن أيـة نقطة أخرى بل انه وحدة متماسكة وبناء معلوم متجانس الأجزاء له مقدمة ومـتن وخاتمـة وإذا حـذف أي جزء منه يصبح لا معنى له تماما مثلما لو حذف الفصل الاخير من مسرحية متقنة الصياغة.. ووجود الصورة إلى جانب الكلام الموجز

الذي يرافقها قد جعل كاتب الخبر التلفزيوني يتوخى الإيجاز بأقصى درجاته ولكـن هـذا الإيجاز يجـب ان يكون وافيا وهذا يعني ان على كاتب الخبر التلفزيوني أن يدع الصورة تصف الحدث لجمهور المشـاهدين.. وهذا يعني ان خصائص الخبر الإذاعي هي ذاتها خصائص الخبر التلفزيوني الذي كتـب للمشاهدين وليس للمستمعين فقط حيث تؤدي الصورة مهمة كبيرة في إيضاح الفكرة الأساسية للموضوع.

ومن أهم النقاط الأساسية التي لا بد أن يقف ويتأمل فيها كاتب الخبر التلفزيوني أكثر مـن غـيره هي:

1. الإيجاز
2. خلفية الخبر
3. التعبير المجازي
4. لباقة الحديث
5. التطابق بين الصورة والكلمة
6. أكثر الكلمات للمذيع واقلها للصورة
7. مشاهدة تربط الفيديو قبل كتابة الخبر
8. الإفادة من الصوت الطبيعي
9. توافق النص مع منطق الصورة

أحدث الطرق في تحرير الخبر الإلكتروني

يلتزم محرروا الخبر الاذاعي والتلفزيوني بقاعدة اساسيه وهـي اذا لم تكـن هنـاك حاجـة لكلمـة معينة في الخبر احذفها.. وإذا لم تضف الجملة في توصيل المعلومة شيئا احذفها.. وكلما ابتعد المحـرر عـن الحشو كلما كانت صياغة الخبر افضل ويـذهب بعـض الحـرريـن إلى إعـادة التفكـير في اختيـار الكلمـات او الجمل الا ان الشئ الصحيح هو ان عليه ان لا يكتب كل شيء متوفر عن شخص او حدث او فكرة لانه لـن يستطيع ذلك، وإذا

استطاع فمن يرغب في سماع ذلك ..بهذه الكلمات يمكن تلخيص احد اهم القواعد الأساسية في التحرير وهي الإيجاز وحسن الاختيار ومراعاة رغبة الجمهور وطبيعته.

فالمحرر الناجح هو الذي يهذب ويشذب النص الإخباري ليبقى على ما هو ممتع ومهم فتحرير الخبر الإلكتروني يبدأ باختصار المعلومات ثم الكلمات والعبارات وهذه عملية اسلوبية تحتاج من المحرر إلى مهارة لغوية عالية وذوق فني وحس صحفي بطبائع جمهور الاخبار.

ظاهرة النمو في الصحافة الإلكترونية

تشهد الصحافة الإلكترونية في العالم عموما وفي أميركا على وجه التحديد تطوراً وإقبالاً شديدين، يجعلها تتفوق إلى حد كبير على الصحافة الورقية، مع محاولات الأخيرة تطوير نفسها واهتمامها بالتواجد الإلكتروني عبر مواقع خاصة بها على الإنترنت.

ويظهر تقرير أعده مشروع الامتياز في الصحافة (Project for Excellence in Journalism) التابع لمركز بيو للأبحاث في الولايات المتحدة الأميركية النمو الكبير للصحافة الإلكترونية في أميركا ويعرض كذلك لأبرز الظواهر الصحفية خلال العام (2007)، والأجندة المختلفة للقنوات التليفزيونية ما بين قنوات الشبكة وقنوات الكابل. وفيما يلي ابرز ما ورد في التقرير:

أولوية الأحداث الدولية في صحافة الإنترنت

لا ينكر أحد أنها في تقدم وازدهار، فجمهور الصحافة الإلكترونية يزيد يوماً بعد يوم، لكن التحدي الأكبر الذي يواجه المواقع الإخبارية الكبرى هو التحدي المالي؛ فعائدات الإعلانات غير مربحة مثل عائدات الإعلان على مواقع الإنترنت. وقد شهد عام 2007 تحالفات بين شبكات تليفزيونية ومواقع اليكترونية تُنشر- بموجبها هذه المواقع الواسعة الانتشار أخبار القنوات التليفزيونية لضمان أوسع انتشار ممكن. ومن هذه التحالفات كان شراء قناة "أم اس إن بي سي" لموقع "نيوزفاين"، وتحالف قناة "أيه بي

سي" مع موقع فيس بـوك FaceBook، مـثلما تحالفـت غوغـل Google مـع يوتيـوب You Tube مـن قبـل، واشترت مؤسسة "نيوز كوربوريشن" موقع ماي سبيس My space

لكن السمة البارزة التي تُميـز ظاهـرة صحافة الإنترنت هـي الابتكار. فلـم تعـدّ المواقـع الإعلاميـة الإلكترونية تفرض على قارئها أطر معينة تنحصر ـ في مصادرها ومعلوماتهـا هـي فقـط، بـل أصبحت تمتـد وتتشعب لتصل به إلى مصادر إعلامية أخرى ذات توجهات ورؤى مختلفة. أما الظاهرة الأبـرز فهـي تنـامي البلـوجز Blooges أو المدونات، وزيادة عدد ما يُطلق عليهم "سيتزن جيرناليست" (المواطن الصحفي) الذين يزيد عـددهم عـن 1500 يُقـدمون القصص الإخبارية والبلـوجز والفيـديوهات المرتبطة بالأحداث التـي يصورونها ويكتبون عنها. ومن أكبر المواقع الإخبارية على شبكة الإنترنت مواقـع "أي او ال" نيـوز و"سي ان ان دوت كوم" و"غوغل نيوز" و"ام أي ان بي سي دوت كوم" و"ياهو نيوز". وتتنوع هذه المواقع الإخبارية بين مواقع تنتج مضمونها الإعلامي بالكامل، وأخرى تنتج بعض المضمون الذي تقدمه مـع الاسـتعانة بمـواد إعلامية من مصادر أخرى، أو مواقع تعتمد على نقل مواد إعلامية ولا تنتج شيئا.

وأبرز نتيجة خرج بها التقرير هي أن تلـك المواقـع الإخباريـة تركـز عـلى الأخبـار الدوليـة وتحديـداً الموضوعات التي لا تعنى الولايات المتحدة بشكل مبـاشر، وبالتـالي فـإن الأخبـار والموضوعات الداخليـة لم تأخذ نفس الحيز من التغطية. وبتحليل القصص الإخبارية تبين أن هذه المواقع الإخبارية الخمسة منحـت الأولوية لقصتها الرئيسية على صفحتها الرئيسية للأحداث الدولية.

وقد اهتم موقعا غوغل Google وياهو Yahoo بالأحداث الدولية. وكان موقـع يـاهو الإلكترونـي هـو الأكثر تركيزاً على أخبار العراق، بينما كانت أولوية التغطية في موقـع غوغـل لأخبـار السـباق الرئـاسي نحـو البيت الأبيض لعام 2009. واهتم موقع أميركا أون لاين بالأحداث الصغيرة الوقتية التي لا يكون لها متابعـة في أغلب الأحيان.

صناعة الاخبار في الصحافة والمدونات الإلكترونية

كانت الكفاءة الصحافية تجمع دائما بين السرعة والشمول والكشف عن الجديد والنقل عن المصادر والجدية والمرح، والكثير من الأشياء الأخرى التي يمكن أن تتعارض مع بعضها في بعض الأحيان. والقضية هي تحقيق التوازن الصحيح بين هذه الأمور إن الإنترنت يعرض «نوعا جديدا من فن التصوير به مزايا وعيوب أن المعايير تختلف نوعا ما. تكون اللغة في بعض الأحيان أقل دقة، وقد يكون التحرير أضعف، ويمكن للقراء التعليق على ما هو مكتوب، ولا يكون ذلك بطريقة متحضرة دائما ولكن، يعد الإنترنت «ثقافة تشجع علاقة أكبر مع القراء، خاصة، وغير رسمية بدرجة أكبر. لها ما يميزها وعليها بعض العيوب، في رأي خبرة تتميز بالثراء على شبكة الإنترنت، حيث يوجد كلام مكتوب، وعروض جانبية ومقاطع فيديو وأخرى صوتية ووسائل تفاعلية وصفحات تتناول خلفية الخبر. ولكن، أساس هذا كله هو النطاق والعمق والاستشهاد الذي تتميز به كتابة التقارير.

عندما تظهر وسيلة إعلامية جديدة يقوم روادها عادة بتقليد النمط الشائع في وسائل الإعلام التي سبقتهم قبل أن يقوموا بتطوير أنماطهم الخاصة التي يستغلون فيها القدرات الجديدة التي تضيفها لهم الوسيلة الإعلامية الجديدة. حدث هذا عندما ظهر التلفزيون، فقد كانت أخباره في البداية تقليدا لأخبار الراديو الذي كان الوسيلة الإعلامية السابقة له، ولم يكن هناك فرق بين أن تستمع إلى الأخبار في الراديو أو التلفزيون سوى في أنك ترى المذيع وهو يقرأ.

وبعد فترة بدأ رواد العمل التلفزيوني تدريجيا في الالتفات إلى أهمية تفعيل وتطوير الإمكانات الفريدة والمميزة للتلفزيون كوسيلة إعلام، فبدأ استخدام الصورة على نطاق واسع لتوصيل المعلومة ونقل المشاهد إلى جو الحدث، وتم تطوير تحرير الخبر ليناسب الكتابة للصورة المتحركة.

نفس الأمر حدث مع الصحافة الإلكترونية ولاسيما في العالم العربي، فقد كانت بواكيرها الأولى مجرد نسخ إلكترونية من الصحف الورقية، فهي تنشر في نفس وقت نشر الصحيفة الورقية، وتحرر بنفس صياغتها، وتتحكم فيها نفس السياسة التحريرية، وتهدف في الأغلب إلى مخاطبة ذات الجمهور و"مع مرور سنوات قليلة تطورت الصحافة الإلكترونية فأصبح لها دورية صدور مختلفة في الأغلب عن الصحف الورقية، وطورت جمهورها الخاص الذي يحمل بالضرورة أجندة مختلفة، وطورت سياستها التحريرية تبعا لتغير الجمهور وطبيعته وعاداته، وطورت تقنياتها الخاصة مستفيدة من إمكانات الكمبيوتر وشبكة الإنترنت التي تجمع بين مميزات الصحيفة والراديو والكتاب والتلفزيون المحلي والفضائيات.

وأصبحت الصحافة الإلكترونية تستخدم جميع التقنيات التي سبق وان استخدمتها وسائل الإعلام الاخرى ، وأضافت لها ميزة "التفاعلية" التي تجعل القارئ شريكا إيجابيا في العملية الإعلامية إذ يمكنه دائما أن يعلق مباشرة على ما يقرأ "ليتحول الإعلامبحق إلى إعلام ذي اتجاهين فالصحفي يعلم القارئ بالمعلومة وهو يعلمه برأيه، كما بدأت بعض الصحف الأجنبية الشهيرة تجربة جديدة تتيح للقارئ أن " يعيد تحرير الخبر على طريقته وينشره عبر صفحات موقعها الإلكتروني ليقرأ الجمهور ذات الخبر بأكثر من صيغة ".

ورغم العمر القصير للصحافة الإلكترونية مقارنة بالصحافة التقليدية إلا أن هذا العمر القصير شهد الكثير من الدراسات العلمية والملاحظات التي أبرزت سمات متعددة مرتبطة بهذا النوع من الصحافة، ذلك لإن الصحافة الإلكترونية تمتلك مجموعة من المميزات يأتي في مقدمتها التغطية الخبرية للأحداث، وإجراء المقابلات مع الشخصيات ذات الصلة بها.

بجانب التغطية الآنية للأحداث بالصوت والصورة من موقع الحدث، وهناك مميزات أخرى غير موجودة بالصحافة الورقية مثل سرعة تحديث الأخبار، وغرف الدردشة، وساحات الحوار والمنتديات.

المصــادر

المراجع العربية :

1. أبو السعود إبراهيم، محمد عبد الهادي (2001)، النشر الإلكتروني ومصادر المعلومات الإلكترونية (القاهرة: دار الثقافة العلمية).

2. أبو برك الهوش (2003)، التقنية الحديثة في المعلومات والمكتبات: نحو إستراتيجية عربية لمستقبل مجتمع المعلومات، القاهرة: دار الفجر للنشر والتوزيع.

3. أحمد أنور بدر (2001)، الاتصال العلمي، الإسكندرية: دار الثقافة العلمية.

4. أحمد فضل شبلول (2004)، ثورة النشر الإلكتروني، طب1، الإسكندرية: دار الوفاء لـدينا الطباعـة والنشر.

5. الأخضر ايدروج (1999)، ذكاء الإعلام في عصر ـ المعلوماتيـة، الريـاض: مطبوعات مكتبة الملك فهـد الوطنية.

6. أرنود دوفور (1998)، زدني علماً إنترنت، ترجمة منى مليحس، بيروت: الدار العربية للعلوم.

7. أسامة الحسيني (1996)، الشبكة الكمبيوترية العالمية إنترنت، القاهرة:مكتبة ابن سينا.

8. أسامة الشـريف (2001)، "مستقبل الصحافـة المطبوعـة والصحيفة الإلكترونيـة" نـدوة مستقبل الصحافة العربية (القاهرة: اتحادالصحفيين العرب).

9. انتصار رسـمي (2004)، تصـميم وإخراج الصحف والمجـلات والإعلانـات الإلكترونيـة، ط1 (بغـداد: مكتبة الذاكرة).

10. بهاء شاهين (1996)، شبكة إنترنت، ط2، القاهرة: كبيوساينس العربية لعلوم الحاسب.

11. بهاء شاهين، الإنترنت والعولمة، ط 1، عالم الكتب، القاهرة، 1999

12. بهجة بو معرافي،جاسم جرجيس (2001)، "التراث العلمي العربي والإنترنت" المجلة العربية للمعلومات (تونس: المنظمة العربية للتربية والثقافة والعلوم).

13. بوب نورتون، كاتي سميث، التجارة على الإنترنت، ترجمة مركز التعريب والبرمجة، ط 1، الدار العربية للعلوم، بيروت، 1997

14. بيتر دايسون، بات كولمان، لن غيلبرت، الفباء والإنترنت، ترجمة مركز التعريب والبرمجة، ط 1

15. بيل جيتس (1998)، المعلوماتية بعد الإنترنت، عالم المعرفة، ترجمة عبد السلام رضوان، الكويت: المجلس الوطني للثقافة والفنون والآداب.

16. تكنولوجيا المعلومات على أعتاب القرن الواحد والعشرين (1998)، الجزء الأول، مدخل تعريفي لتكنولوجيا المعلومات، ط1، دمشق: مركز الرضا للكمبيوتر.

17. جاسم جرجيس، بهجة بو معرافي (2001)، "التراث العلمي العربي للإنترنت" المجلة العربية للمعلومات، المجلد2، العدد الأول، تونس: المنظمة العربية للتربية والثقافة والعلوم.

18. جان كرم (1999)، الإعلام العربي إلى القرن الواحد والعشرين (بيروت: دار الجليل).

19. جمال عبد المعطي وآخرون، الإنترنت والاستخدامات المتطورة، مطابع المكتب المصري الحديث، القاهرة، 1997

20. جمال نادر (2005)، تعلم الإنترنت بدون معلم، ط1، عمان: دار الإسراء للنشر والتوزيع.

21. حازم الببلاوي (1997)، على أبواب عصر جديد، القاهرة: مكتبة الأسرة.

22. حسام الملحم، عمار خيربك، شبكات الإنترنت: بنيتها الأساسية وانعكاساتها على المؤسسات، ط1، دار الرضا للنشر، دمشق، 2000

23. حسن عماد مكاوي (1997)، تكنولوجيا الاتصال الحديثة في عصر ـ المعلومات، ط2، القاهرة: الدار المصرية اللبنانية.

24. حسني نصر (2003)، الإنترنت والإعلام، الصحافة الإلكترونية، ط1 (الكويت: مكتبة الفلاح للنشر ـ والتوزيع).

25. حسني نصر، سناء عبد الرحمن (2003)، التحرير الصحفي في عصر ـ المعلومات، الخبر الصحفي (الإمارات: دار الكتاب الجامعي).

26. حسنين شفيق (2006)، الإعلام الإلكتروني، ط2 (القاهرة: رحمة برس للطباعة والنشر).

27. حسين الإبراهيمي (1996)، دليل الصفحات الزرقاء بالكمبيوتر، دمشق: مركز الصفحات الزرقاء للمعلوماتية.

28. الحسيني، عدنان (1995)، ثورة النشر الإلكتروني، القاهرة: الشرق الأوسط.

29. خالد الطويل وآخرون (2000)، مدخل إلى الإنترنت وتكنولوجيا الحاسب الشخصي ـ ط1، بيروت: الدار العربية للعلوم.

30. خالد العبيدي، أنت والإنترنت: جل ما تحتاجه من الشبكة العالمية، دار الرشد للطباعة والنشر ـ والتوزيع، بغداد، 2001

31. خالد محمد (2005)، صناعة الأخبار في عصر المعلومات، دليـل إنتـاج النشرات الإخبارية (القـاهرة: دار الأمين).

32. خليل صابات (2001)، جمال عبد العظيم، وسائل الاتصال نشأها وتطورهـا، ط9 (القـاهرة: الأنجلـو المصرية).

33. خليل محمود (1998)، تكنولوجيا التحليل العلمي ببحوث الإعلام، القاهرة: العربي للنشر والتوزيع.

34. راسم محمـد الجمـال (2005)، نظـام الاتصـال والإعـلام الـدولي: الضـبط والسـيطرة، القـاهرة: الـدار المصرية اللبنانية.

35. رضا عبد الواحد (2007)، الصحافة الإلكترونية، القاهرة: دار الفجر للنشر والتوزيع.

36. زياد القاضي وآخرون (2000)، مقدمة إلى الإنترنت، ط1، عمان: دار صفاء للنشر والتوزيع.

37. زين عبد الهادي (1996)، الإنترنت العالم على شبكة الكمبيوتر، القاهرة: المكتبة الأكاديمية.

38. سارة مسلط ،المعاجة الصحفية لقضايا العنف الاسري في الصحافة الإلكترونية، كليـة الإعلامجامعـة الشرق الاوسط للدراسات العليا: رسالة ماجستير غير منشورة 2009 .

39. سعد غالب التكريتي، بشير عباس العلاق، الأعمال الإلكترونيـة، ط1، دار المنـاهج للنشر والتوزيع، عمان، 2002

40. سمير لافي وآخرون (2006)، المدخل غلى الرخصة الدولية والبوابـة الإلكترونيـة، ط1، عـمان: دار يافـا للنشر والتوزيع.

41. سوزان القلني (2000)، الصحافة الإلكترونية المصرية في عصر المعلومات، ط1، القاهرة: جامعة عـين شمس.

42. السيد بخيث (2000)، الصحافة الإلكترونية، ط1 (القاهرة: العربي للنشر والتوزيع).

43. السيد محمود الربيعي وآخرون (2001)، المعجم الشامل لمصطلحات الحاسب الآلي والإنترنت، ط1، الرياض: مكتبة العبيكان.

44. شـادي محمـود حسـن القاسـم (2007)، دور النشر الإلكـتروني في المكتبـات ومراكـز المعلومـات (الإنترنت- المعلومات)، عمان: دار ضياء للنشر والتوزيع.

45. شريف اللبان (2004)، شبكة الإنترنت بين حرية التعبير وآلية الرقابة (القاهرة: المدينة برس).

46. شريف اللبان (2005)، الصحافة الإلكترونية، دراسات في التفاعليـة وتصميم المواقـع، ط1 (القـاهرة: الدار المصرية اللبنانية).

47. شريف اللبان (2007)، الصحافة الإلكترونية، دراسات في التفاعلية وتصميم المواقع ، ط2، القاهرة: الدار المصرية اللبنانية.

48. شريف درويش اللبان، تكنولوجيا المخاطر والتحديات والتأثيرات الاجتماعيـة، ط 1، الـدار المصرية اللبنانية، القاهرة، 2000

49. صالح، أشرف محمود (1988)، إخراج الصحف العربية الصادرة بالإنجليزية، القاهرة: الطباعي العربي للطبع والنشر والتوزيع.

50. طارق محمود عباس (2003)، المكتبات الرقيمة وشبكة الإنترنت، ط1، القاهرة: مكتبة الأصيل للنشر والتوزيع.

51. طريف، آفبيق (1996)، "شبكة الإنترنت: نشأتها وخدماتها" ، مجلة الهندسة، العدد 17، بيروت.

52. طلال عبود، التسويق عبر الإنترنت، ط1، دار الرضا للنشر، دمشق، 2000

53. عادل زيادات، شبكة الإنترنت الاستخدام والتأثير على نظام الاتصال والإعلام في الأردن، (مجلة الإذاعات العربية، إتحاد إذاعات الدولة العربية، تونس)، ع 4، 2001

54. عاطف العبد (2003) الإعلام والتنمية، الأسس النظرية والإسهامات العربية والنماذج التطبيقية (القاهرة: مكتبة فيروز المعادي).

55. عامر إبراهيم قنديلجي وآخرون، مصادر المعلومات من عصر المخطوطات إلى عصر الإنترنت، ط1، دار الفكر للطباعة والنشر والتوزيع، عمان، 2000

56. عامر ابراهيم قنديلجي، انترنت Internet الشبكة العالمية للمعلومات وإمكانات استثمار خدماتها(مجلة الموقف الثقافي، دار الشؤون الثقافية، بغداد)، ع 13، 1998

57. عامر إبراهيم قنديلجي، شبكة انترنيت Internet واستخداماتها في الجامعات والمراكز البحثية، (مجلة أداب المستنصرية كلية الآداب، بغداد) ع30، 1997

58. عامر إبراهيم قنديلجي، شبكة انترنيت وتطبيقاتها في المكتبات ومراكز المعلومات، (المجلة العراقية للمكتبات والمعلومات، بغداد)، ع1، 1997

59. عامر إبراهيم قنديليجي، د. إيمان السامرائي (2000)، قواعد وشبكات المعلومات المحوسبة في المكتبات ومراكز المعلومات، عمان: دار الفكر للطباعة والنشر والتوزيع.

60. عامر قنديلجي (1998)، " إنترنت الشبكة العالمية للمعلومات المحوسبة وإمكانات استثمار خدماتها"مجلة الموقف الثقافي، العدد13، بغداد: دار الشؤون الثقافية.

61. عامر محمد خير (2004)، تعلم الإنترنت في أسبوع، ط1 عمان: دار عالم الثقافة.

62. عباس صادق (2005)، الصحافة الإلكترونية، بيروت: الدار العربية للعلوم.

63. عبد الأمير الفيصل (2006)، الصحافة الإلكترونية في الوطن العربي، ط1، الأردن: دار الشروق للنشر والتوزيع.

64. عبد الحميد عبد المعاطي (2001)، تعلم البريد الإلكتروني في لمح البصر، ط1، القاهرة: دار الفاروق للنشر والتوزيع.

65. عبد الرزاق محمد الدليمي، الإعلام اشكاليات التخطيط والممارسه، دار جرير، عمان،2010

66. عبد الرزاق محمد الدليمي، الإعلام والعولمة، مكتبة رائد العلمية، عمان 2005.

67. عبد الرزاق محمد الدليمي، الدعاية والارهاب، دار جرير، عمان،2010

68. عبد الرزاق محمد الدليمي، العلاقات العامة في التطبيق، دار جرير، عمان 2005.

69. عبد الرزاق محمد الدليمي، العلاقات العامة والعولمة، دار جرير، عمان 2005

70. عبد الرزاق محمد الدليمي، عولمة التلفزيون، دار جرير، عمان 2005.

71. عبد الرزاق محمد الدليمي، فن التحرير الاعلامي المعاصر، دار جرير، عمان،2010

72. عبد الفتاح عبد النبي (1990)، تكنولوجيا الاتصال والثقافة بين النظرية والتطبيق، القاهرة: العربي للنشر والتوزيع.

73. عبد القادر الفنتوخ (1998)، الإنترنت للمستخدم العربي، ط1، الرياض:مكتبة العبيكان.

74. عبد القادر الكاملي (2000)، حصاد 99- وإطلالة على القرن الحادي والعشرين"، مجلة إنترنت العالم العربي، العدد4، يناير.

75. عبد اللطيف صوفي (2000)، المكتبات الجامعية والبحث العلمي في مجتمع الملعومات، المجلة العربية للمعلومات، تونس: المنظمة العربية للثقافة والعلوم، العدد 2، المجلد21.

76. عبد الله احمد، هندسة تصميم المواقع، ط 1، دار الرضا للنشر، دمشق، 2001

77. عبد الله الفيصل (2006)، تضرر الخبر في الصحافة المصرية، ط1، عمان: دار الشروق.

78. عبد المجيد شكري (1996)، تكنولوجيا الاتصال والجديد في إنتاج البرامج في الراديو والتليفزيون، ط1، القاهرة: دار الفكري العربي

79. عبد الملك الدناني (2001)، الوظيفة الإعلامية لشبكة الإنترنت، ط1، (بيروت: دار الراتب الجامعي).

80. عصام زكريا (1995)، "ثورة اتصالات الإنترنت"، مجلة ستاليت جايد، العدد95، لندن.

81. علي شمو (2001)، الاتصال الدولي والتكنولوجيا الحديثة، طبعة خاصة بالسودان بتصريح من الشركة السعودية للأبحاث والنشر، القاهرة: دار القومية العربية للثقافة والنشر.

82. عماد الحداد (2000)، التجارة الإلكترونية، سلسلة العلوم والتكنولوجيا (القاهرة: مكتبة الأسرة).

83. عمار خير بك، البحث عن المعلومات في الإنترنت، ط 1، دار الرضا، دمشق، 2000

84. فاروق حسين، الإنترنت الشبكة الدولية للمعلومات، دار الراتب الجامعية، بيروت، 1997

85. فاروق سيد حسين، خدمات الإنترنت، دار الكتب الجامعية، بيروت، 1997

86. فرانك كيلش (2000)، ثورة الأنفوميديا الوسائط المتعددة، كيف تغير عالمنا وحياتك، ترجمة حسام الدين زكريا، مجلة: عالم المعرفة، الكويت: المجلس الوطني لثقافة والفنون والآداب.

87. فهد العسكر (1998)، التقينات الصحفية الحديثة وأثرها على الأداء المهني للصحف المعاصرة (الرياض: دال عالم الكتب).

88. فيليب بروتون وسيروج برو (1993)، ثورة الاتصال، ترجمة هالة عبد الرؤوف مراد، القاهرة: دار المستقبل العربي.

89. فيليب شانتيبي وآلان لوديبردير (2005) ، الثورة الرقمية والصناعات الثقافية ،الناشر: لاديكفورت باريس.

90. كارول ريتش (2002)، " كتابة الأخبار والتقارير الصحفية" ترجمة عبدالستار جواد (الإمارات: دار الكتاب الجامعي).

91. كريستيان كرومليش (1996)، ألف باء الإنترنت، بيروت: الدار العربية للعلوم.

92. كريستيان كرومليش (2000)، الإنترنت بدون خبرة، ترجمة خالد العامري، ط2، القاهرة: دار الفاروق للنشر والتوزيع.

93. اللبان: شريف درويش (2001)، تكنولوجيا النشر ـ الصحفي، الاتجاهات الحديثة، ط1 (القاهرة: الدار المصرية اللبنانية).

94. اللبان، شريف درويش (1999)، تكنولوجيا الطباعة والنشر ـ الإلكتروني: ثورة الصحافة في القرن القادم، ط4 (القاهرة: العربي للنشر والتوزيع).

95. مارتن مور (1996) ،مدخل إلى الإنترنت، ترجمة عبد السلام رضوان، الكويت: المجلس الوطني للثقافة والفنون الثقافية العالمية، العدد76، المجلد 13،مايو.

96. ماريتا تريتر (1996)، كيف تستعمل الإنترنت، ترجمة مركز التعريب والبرمجة، بيروت: الدار العربية للعلوم.

97. محمد الهادي (2001)، تكنولوجيا الاتصالات وشبكات المعلومات مع معجم شارح للمصطلحات، القاهرة: المكتبة الأكاديمية.

98. محمد تيمور، ومحمود علم الدين (1997)، الحاسبات الإلكترونية وتكنولوجيا الاتصال، ط1، القاهرة: دار الشروق.

99. محمد جمال أحمد قبيعة، متصفح مايكروسوفت لإدارة الإنترنت، دار الراتب الجامعية، بيروت، 1997،

100. محمد طلبة (1997)، الإنترنت، ط1، القاهرة: مطابع المكتب المصري الحديث.

101. محمود خليل (1998)، الصحافة الإلكترونية، أسس بناء الأنظمة في التحرير الصحفي (القاهرة: العربي للنشر والتوزيع).

102. محمود علم الدين (2000)، الصحافة في عصر المعلومات الأساسيات والمستحدثات (القاهرة: مطابع الأهرام).

103. محمود علم الدين (2003)، أساسيات تكنولوجيا المعلومات و الاتصال والتوثيق الإعلامي، ط1 (القاهرة: د. ن).

104. محمود علم الدين (2004)، الفن الصحفي، ط1 (القاهرة: دار أخبار اليوم).

105. محمود علم الدين، محمد عبد الحسيب (2003)، أساسيات تكنولوجيا المعلومات والاتصال والتوثيق الإعلامي، ط1 (القاهرة: د.ن).

106. محمود، سمير (1997)، الحاسب الآلي وتكنولوجيا صناعة الصحف، القاهرة: دار الفجر للنشر والتوزيع.

107. مرسيا ترنر، أودري سيبولد (2000)، الدليل العالمي لمواقع الإنترنت، ترجمة خالد العامري، عبدالحميد عبد العاطي، ط1، القاهرة: دار الفاروق للنشر والتوزيع.

108. مسحب، حلمي محمود محمد أحمد (2007)، إخراج الصحف الإلكترونية على شبكة الإنترنت، ط1، القاهرة: دار العلوم للنشر والتوزيع.

109. معتصم محمد شفا عمري، تعرف على الإنترنت، دار الرضا للنشر، دمشق، 2000

110. معتصم محمد شفا عمري، تعرف على البريد الإلكتروني، دار الرضا للنشر، دمشق، 2000، ص 28

111. ميتشل أنجولا (2004)، "الوسائط المتعددة وتطبيقاتها في الإعلاموالثقافة والتربية"، ترجمة نصر الدين لعياضي، الصادق رابح (الإمارات: دار الكتاب الجامعي).

112. نبيل علي (2001)، " الثقافة العربية وعصر المعلومات: رؤية لمستقبل الخطاب الثقافي العربي"، عالم المعرفة، الكويت: المجلس الوطني للثقافة والفنون والآداب، يناير.

113. نبيل علي، تحديات عصر المعلومات، دار العين للنشر، القاهرة، 2003

114. هايدي ستيل، كيف تستعمل الإنترنت، ترجمة مركز التعريب والبرمجة، ط 1، الدار العربية للعلوم، بيروت، 1998

115. هيثم فهمي (1996)، رحلة عبر الشبكة الدولية: إنترنت، القاهرة: مطابع الزهراء للإعلام العربي.

116. وائل أبو مغلي وآخرون، مقدمة إلى الإنترنت، ط 1، دار الميسرة للنشر والتوزيع، عمان، 2000.

117. الأيهم صالح (2000)،استخدام البريد الإلكتروني للوصول إلى موارد الإنترنت (سوريا: شعاع للنشر والتوزيع).

118. "ألياف بصرية لزيادة سرعة الإنترنت" مجلة لغة العصر، العدد الثامن، أغسطس، 2001.

119. "تعرف على شبكة إنترنت وإنترانت" الإمارات: إصدارات بايت الشرق الأوسط، 1997.

120. "يجري المكالمات ويتصل بالإنترنت في وقت واحد... السر في (أي-إس- دي-إن)" مجلة لغة العصر ـ السنة الثانية، العدد السادس عشر، إبريل، 2002.

121. إنترنت من شهر إلى شهر دراسات وأبحاث جديدة " مجلة إنترنت العالم العربي"، السنة الثانية، العدد9، يونيو 1999.

122. مجلة المستنصرية للحاسبات، مركز الحاسبة الإلكترونية في الجامعة المستنصرية، بغداد، ع 3، 2000،

المراجع الاجنبية:

1) Xigen, L., "web page design and graphic of three US. Newspapers, journalism and mass communication quarterly, vol. 75. no.2, spring, 1998.

2) Boynton, R., (2000), New media my be old media's savior, Columbia journalism review.

3) www. Albadrani.net/nuke/modules.php?.Name=news&fil=article&sid=564.

   www.informatics.gov.sa/magazine/modules.php.mame=setionsop=print.page&artid.

   www.Arabic.net/Arabic/5nadweh/pivot-7/Arabic-press-internet-html.

   www.Tit.net

4) Kayak, B. and Johnson, T., (2004), "Wag the Blog: How reliance on traditional media and the interet influences credibility perceptions of web logs among blog users" Kpirma;os, and mass communication Quarterly, vol. 18, No.3.

   www.kau.edu.as/hashi.

5) www..juej.org/modules.php?news&file=article=93.

6) Timothy, R., (1999), "The construction of the world wide web Audience" media culure and society, eov. 21,No.5.

7) Roald Rice, (1994), "Issues and concepts In Research on computer Mediated communication" communication Year R. Book, vol.12 (London: Sage Publications).

8) Christopher, h., (1998), and that's the way it be: news and information in digital world (New York: New York university press).

9) Herbert, j., (2000), Journalism in the digital age (Boston: focal press, 2000).

10) Massy, B. & Levey,M., (1999), "Interactivity on line journalism, and English Ianguage web news papers in Asis", journalism and mass communication quarterly, vol. 76, no. 1,spring.

11) Cristopher, h., (1996), "online news papers: going some where or going no where", news papers Research journal, vol. 17. no. 3-4. Summer.

12) Charles, R., (1994), "electronic publishing, anew way to use the internet", On Line And CD-Rom Review, vol. 18, no. 3.

13) www.newmedia.slis.umo.ca.

14) Quintana, Y., (1996), "Design of object- oriented multimedia database for personalized multimedia news", proceedings of the Canadian conference on electronic and computer engineering (Canada: ieee press, 1996)

15) Hedges, M., (1998), "Taking It Back in Cyber Space Newspaper", Newspapers research journal, vol. 19, no. 3.

16) www.miami.edu.com/car/tampa-index.html.

17) Aleden, chris, for most Africans, (2004), Internet Access is little more than a pipe dream, online Journalism Review, 12 March available at:attp://www.ojr.org/workplace.

18) Bamhurst, K. 6, New Geography and Monopoly: The from of Reports on U.S. Newspaper internet sites, (2002). Journalism studies. Vol. 3.

19) Harper, Christopher, on-line Newspapers: Going some where or Going Nowhere, (1997), Newspaper research journal, vol. 17.

20) Kanera, A.et al., web usability research at Microsoft corporation, (2002), Microsoft corporation, 12 march.

21) Media, Democracy & the information high,(2000), Conference report of the freedom forum media studies center, Columbia university.

22) Corcoran, café, (1994), Photographers remain worry of digital cameras, mac week. Nov.

23) Keely, james & Nace, Diana, (1994), Digital imaging and believing photos, new photographers, jan.

24) MoNamara, Mike, (1996), Top digital cameras, American photo, March- April.

25) Stranbbhaar, Joseph & LaRose, Rober, (1997), communication Media in the information society, New York: was worth publishing company.

http://www.futureprin.kent.edu.

26) Walfgang schweiger, (2000). Media creditability experience or Image? European Journal of communication vol. 15. no.1.

www.usatody.com

http://www.lynda.com/products/books.

http://www.hoshi.cis.ca/-guay/paradigm/functional.html.

www.annabag.org.

www.edkllan.com

http://www.tech-faq.com

http://www.nourschool.com

http://www.ahllquran.com/arabic/printpage.php?main_id=131&doctype=0

http://moheet.com/asp/show_m.asp?pg=13&1c=700&do=1936370.

http://www.daralhayat.com/science_tech/09-2006/Item-20060921-d0fb1860-c0a8-10ed-01b6-e3384d92f3c5/story.html.

27) Elizabeth. A, loran Zen (ed), career "Planning and job sea racing in the information age, New York, 1996.

28) Stephen E. Arnold, Internet (2000), The path to the total Net work, England, 1994.

29) J. Ellsworth and B. Boron, et. Al, (1997), The Internet 1997, 4th Ed., (USA: Sums Net Publishing).

30) Mohammed Wafai, (1991), Computer technology and Mass consumption Communication research (Cairo: Cairo university, faculty of mass Communication, vol. 4.

31) Cumpaine, Benjamin, The Newspaper Industry in 1980s. An Assessment of Economics and Technology, (New York: Knowledge Industry Publications, Inc. 1980).

32) Crow, Wendell, Communication Graphics, (=New jersey: Prentic- Hall Inc., 1986).

33) Garcia, Mario, Contemporary Newspaper Design: A structural Approach, (New York: Prentics-Hall, Inx.,1981).

34) Hurlburt, Allen, Publication Design: A Guide to page layout, Typography, format And Style, (New York: Van Nostrand Reinhold Co. Ltd., 1976.

35) Kenne, Martin, Practical Photojounalism, A Professional Guide, (Oxford: Butter Worth Heinemann Ltd, 1993).

36) Kobre, Kenneth, Photojournalism: The Professionals Approach, (U.S.A: Butterworth Pub., 1980).

37) Moen, Daryl. Newspaper Layout and Design, (lowa: the lowa state University Press, 1985).

38) Turnbull, Arthur & Russell Baird, The Graphics of Communication, 4th ed., (New York: Reinhart and Winston, 1980).

39) White, Jan, Designing for Magazines, Common Problems, Realistic Solution 2nd ed., (New York: R.R. Bowker Co., 1982).

40) White, Jan, Editing By Design, A G7uide to Effective Word-and Picture Communication for Editors ad Designers, 2nd ed., (New York: R.R. Bowker Co., 1982).

41) Widman, Jake, Dynamic Computer Design, (Ohio: North Light Books, 1994).

42) Rich Alberston, Jeffery fire and mike zender, designer's (1995), Guide to the internet (USA: Hayden Books).

43) Poul Hoffman and John Levine (1994), The Internet, Deluxe Ddition (USA: IDG Bools worldwide, Inc).

44) Eric Gagnon, (1998) whats on the Internet, the definitive Guide to the internets USA net news gtoups, 3rd Edition (USA: Peach pit press).

45) United Nation Development Program, In international Development Research Center, sustainable Development Network, (Canada: March 1994).

46) Uyless Black, (1993), Emerging communication technologies (New Jersey: prentice Hell series in Advanced communication technologies).

47) Terri Hudson (ed), (1997), Internet as group ware (Canada: John Wiley and sons, Inc).

48) Sinha (A.K), (1992), "a: information management in 21 st century", new trends and technology Annals of library and documentation.

http://www.Alsharq-Al-Awsat-.com

49) Sarrinli, Shu-Chu. New Media and Market Competition: A Niche Analysis or Television News, Electronic News, and Newspaper News In Taiwan, In: Journal of Broadcasting & Electronic Media, vol. 45, No. 2,2001.

50) Winters, Jefferety A. The Political Impact of New Information Sources and Technologies in Indonesia In: Gazette, vol.64, no.2, April 2002.

51) Phillip, Gaunt, Beyond Agendas: New Directions In Communication Research, (London: Greenwood Press, 1993).

52) http://www.alexa.com

53) http://www.elaph.com

54) Alshehri Fayes, (2000), Electronic Newspapers on the Internet: Astudy of the production and consumption of Arab dailies on the world wide web unpublished, Doctorate dissertation, University of Sheffield, UK.

55) Alshehri Fayes, Barrie, Gunter, The market for electronic Information Perspectives, vol. 45, no. 1, 2002.

56) Robert Larose & Joseph, Media I the information Ages, 3, edition , USA, 2002.

57) Sandra Amy, (1995), Family violence, current health, Journalism: a Content Analysis of 100 U.S Newspaper, Journal of Computer-Mediated- Communication 5. (1. September).

58) John Cokly and Christ Capel, The International Journal of Research Into New Media Tecnologies, Winter 2004.

59) Marril, Morrise & Christen Ogan the internet as Mas medium, Journal of Communcation, vol. 46, no.1. Spring 1996.

60) Merril Ban, The future of news in information age, A paper presented at conference of the impact of new communications technology, University of Soutern California, April, 7,1998.

61) http://www.darbabl.net/show_derasat.php?id=110

62) http://www.arabcin.net/arabiaall/.

63) www.albayan.com.ae/albayan.

64) http://www.cybrarians.info/journal/no5/ejournals.htm

65) www.nic.gov.ye/site

66) http://www.minshawi.com/other/gendelgy6.htm

67) http://www.arabcin.net/araviaall.

68) http://www.alyaseer.net/vb/showtherea.php?t=1751

69) www.islamonline.net

70) www.kfnl.org.sa

71) www.walraied.8m.com

72) www.itep.ae

73) www.shoura.net

74) www.islamonline.net

75) www.minshawi.com

76) www.itep.ae/arabic

77) www.walraied.gm.com

78) www.arablobby.com

79) www.geocities.com

80) www.hayatnafs.com

81) www.elakhban.org.eg

82) www.arabiat.net

83) www.geocities.com

84) www.arabat.net

85) www.geocities.com

86) www.geocities.com

87) http://www.saudir2.com/vb/showthread.php?t=13151

88) http://www.dez0.com/vb/t361.html

89) http://www.noreldonia.com/vb/showthread.php?t=1164

90) http://arablibrarians.wordpress.com/2009/10/08/2-81

91) http://www.alfnonaljamela.com/akhbar_show.php?id=12

92) 1484=nid&newsDetails=option?php.index/com.aitnews.www//:http

93) http://www.irakischerkv.de/mediapool/36/361739/data/Abo
     Hisham/Wissenschaft/ .doc

Printed in the United States
By Bookmasters